너
어떻게
살래

너 어떻게 살래 인공지능에 그리는 인간의 무늬

초판 1쇄 인쇄 2022년 5월 31일
초판 1쇄 발행 2022년 6월 10일

지은이 이어령
펴낸이 정해종

펴낸곳 ㈜파람북
출판등록 2018년 4월 30일 제2018 – 000126호
주소 서울특별시 마포구 토정로 222 한국출판콘텐츠센터 303호
전자우편 info@parambook.co.kr **인스타그램** @param.book
페이스북 www.facebook.com/parambook/ **네이버 포스트** m.post.naver.com/parambook
대표전화 (편집) 02 – 2038 – 2633 (마케팅) 070 – 4353 – 0561

ISBN 979-11-92265-38-4 03120
책값은 뒤표지에 있습니다.

인공지능에 그리는
인간의 무늬

너
어떻게
살래

이어령

파람북

이야기 속으로
in medias res

꼬부랑 할머니가
꼬부랑 고개를 넘어가는 이야기

아라비아에는 아라비아의 밤이 있고 아라비아의 이야기가 있습니다. 천하루 밤 동안 왕을 위해서 들려주는 이야기들입니다. 왕이 더 이상 듣기를 원하지 않으면 셰에라자드의 목은 사라집니다. 이야기가 곧 목숨입니다. 이야기가 끊기면 목숨도 끊깁니다.

한국에는 한국의 밤이 있고 밤마다 이어지는 이야기가 있습니다. 어렸을 때 들었던 꼬부랑 할머니의 이야기입니다. 아이는 할머니에게 이야기를 조릅니다. 할머니는 어젯밤에 했던 똑같은 이야기를 되풀이합니다. 꼬부랑 할머니가 꼬부랑 지팡이를 짚고 꼬부랑 고개를 넘다가 꼬부랑 강아지를 만나….

아이는 쉴 새 없이 꼬부랑이란 말을 따라 꼬불꼬불 꼬부라진 고갯길을 따라갑니다. 그러다가 이야기 속 그 고개를 다 넘지 못한 채 잠들어버립니다. 다 듣지 못한 할머니의 이야기들은 겨울밤이면 하얀 눈에 덮이고 짧은 여름밤이면 소낙비에 젖어 흘러갈 것입니다.

정말 이상한 이야기가 아닙니까. 왜 모두 꼬부라져 있는지. 가도 가도 꼬부랑이란 말만 되풀이되는데, 왜 같은 이야기를 매일 밤 조르다 잠들었는지 모릅니다. 옛날 옛적으로 시작하는 그 많은 이야기는 모두 다 잊혔는데, 꼬부랑 할머니의 이야기만은 아직도 남아 요즘 아이들이 부르는 노랫소리에서도 들을 수 있습니다. 신기한 일이 아니겠습니까. 이렇다 할 줄거리도 없고 신바람 나는 대목도 눈물 나는 장면도 없습니다. 그저 꼬부라지기만 하면 됩니다. 무엇이든 꼬부랑이란 말만 붙으면 다 좋습니다.

왜 모두가 꼬부랑일까요. 하지만 이렇게 묻는 우리가 이상합니다. 왜냐하면 옛날 할머니들은 누구나 다 꼬부랑 할머니였고, 짚고 다니던 지팡이도 모두 꼬부라져 있었지요. 그리고 나들이 다니던 길도 고갯길도 모두가 꼬불꼬불 꼬부라져 있었습니다. 외갓집으로 가는 논두렁길이나 나무하러 가는 산길이나 모두가 다 그랬습니다.

그러고 보니 생각납니다. 어렸을 때 말입니다. '너와 나'를 '너랑 나랑'이라고 불렀던 시절 말입니다. 그러면 정말 '랑' 자의 부드러운 소리를 타고 꼬부랑 할머니, 꼬부랑 고갯길이 보입니다. 한국 사람들이 잘 부르는 아리랑 고개도 틀림없이 그런 고개였을 겁니다. '꼬부랑' '아리랑' 말도 닮지 않았습니까. 이응으로 끝나는 콧소리 아름다운 세 음절의 낱말. 아리고 쓰린 아픔에도 '랑' 자 하나 붙이면 '아리랑'이 되고 '쓰리랑'이 됩니다. 그 구슬프면서도 신명 나는 노랫가락을 타고 한국인이 살아온 온갖 이야기가 들려옵니다.

그러고 보니 한국말도 아닌데 '랑' 자 붙은 말이 생각납니다. '호모 나랑스

Homo Narrans'란 말입니다. 인류를 분류하는 라틴말의 학명이라는데, 조금도 낯설지 않은 것을 보면 역시 귀에 익은 꼬부랑의 그 '랑' 자 효과 때문인 듯싶습니다. 지식이나 지혜가 있다고 해서 '호모 사피엔스'요, 도구를 만들어 쓸 줄 안다 해서 '호모 파베르'라고 하는가, 아닙니다. 몰라서 그렇지 과학 기술이 발전한 오늘날에는 그런 것이 인간만의 특성이요 능력이 아니라는 점이 밝혀졌습니다. 그러나 어떤 짐승도, 유전자가 인간과 거의 차이가 없다는 침팬지도 밤하늘을 바라보면서 별 이야기를 만들어내고, 땅과 숲을 보며 꽃 이야기를 만들어낼 수는 없습니다. 짐승과 똑같은 동굴 속에서 살던 때도 우리 조상들은 인간이 살아가는 현실과는 전연 다른 허구와 상상의 세계를 만들어냈습니다. 그것이 신화와 전설과 머슴방의 '옛날이야기' 같은 것입니다.

세상이 변했다고 합니다. 어느새 꼬부랑 할머니를 볼 수 없게 되었습니다. 동네 뒤안길에서 장터로 가던 마찻길도 모두 바로 난 자동찻길로 바뀌었습니다. 잠자다 깨어 보니 철길이 생기고 한눈팔다 돌아보니 어느새 꼬부랑 고개 밑으로 굴이 뚫린 것입니다. 그런데도 이야기는 끝난 게 아니라는 겁니다. 바위 고개 꼬부랑 언덕을 혼자 넘으며 눈물짓는 이야기를 지금도 들을 수 있습니다. 호모 나랑스, 이야기꾼의 특성을 타고난 인간의 천성 때문이라 그런가 봅니다.

세상이 골백번 변해도 한국인에게는 꼬부랑 고개, 아리랑 고개 같은 이야기의 피가 가슴속에 흐르는 이유입니다. 천하루 밤을 지새우면 아라비아의 밤과 그 많던 이야기는 언젠가 끝납니다. 하지만 아이들에게 들려주는 꼬부랑 할머니의 열두 고개는 끝이 없습니다. 밤마다 이불은 펴고 덮어주듯이 아이들의 잠자리에서 끝없이 되풀이될 것입니다. 그것은 망각이며 시작입니다.

아니, 아무 이유도 묻지 맙시다. 이야기를 듣다 잠든 아이도 깨우지 맙시다. 누구나 나이를 먹고 늙게 되면 자신이 어렸을 때 들었던 이야기를 이제는 아이들에게 들려주려고 합니다. 천년만년을 이어온 생명줄처럼 이야기줄도 그렇게 이어져왔다고 생각하면 됩니다. 인생 일장춘몽이 아닙니다. 인생 일장 한 토막 이야기인 거지요. 산속에서 길을 잃고 헤매다가 선녀와 신선을 만나 돌아온 나무꾼처럼 믿든 말든 이 세상에서는 한 번도 듣도 보도 못한 옛날이야기를 남기고 가는 거지요. 이것이 지금부터 내가 들려줄 '한국인 이야기' 꼬부랑 열두 고개입니다.

안드로이드 고개

네가 누구냐고 묻거든

기어코 네가 나를 깨우는구나

01 호주머니에서 안드로이드[*]가 울었다. 진동했다. 의식이 없는
물건이라도 꿈틀거리면 살아 있는 것 같다. 원래 동물[*]이라
는 한자말도 풀어쓰면 '움직이는 것'이라는 뜻이 아닌가. 오직 그 스마
트폰 하나만 내 호주머니 안에서 산다. 은퇴를 선언[*]한 뒤 나는 직장도
자동차도 없앴다. 완벽한 은둔, 칩거를 위해서다.

• Android | 動物 |《중앙일보》2015년 10월 31일;《매일경제신문》2015년 10월 11일

02 은퇴. 벼르기만 하던 내 마지막 작품, '한국인 이야기'를 정리
하는 데 그것만큼 좋은 기회는 없다. 서양 사람도 망명한 나
라에서《레미제라블》같은 명작을 남겼고, 우리 조상도 귀양 가서 〈사미
인곡〉 같은 아름다운 노래를 쓰지 않았는가. 은퇴란 자신이 선택한 망
명이요 자신이 자신을 쫓아낸 귀양살이다. 당연히 신문과 TV 그리고 속
세의 사람들로부터 미련없이 떠나야 했다.

그래서 내 휴대전화도 언제나 매너모드, 진동이었다. 그 녀석이 꿈틀거리
며 눈을 부비고 깨어나지 않으면 그 존재를 잊고 살도록. ⤷

03   그런데 그날은 예감이 이상했다. 스마트폰이 몸통만 떠는 게 아니다. 입을 틀어막았을 때의 신음소리 같기도 하다. 꼭 녀석이 호주머니 속에서 꺼내달라고 떼를 쓰는 것만 같다. 모르는 번호가 떴는데도 하는 수 없이 전화를 받는다. 신문사 전화다. 기자가 다급히 세 글자 말부터 꺼낸다. 알파고.

04   알파고! 알파고라니. 그 말을 듣자 가슴이 철렁 내려앉는다. 나는 녀석에 대해 이미 오래전부터 알고 있었다. 기자가 뉴스를 전한다. 알파고 그 녀석이 천하의 마왕 이세돌을 꺾었다. 세상에서 가장 바둑을 잘 두는 인간도 꼼짝없이 당했다는 거다. 기계가 사람보다 더 똑똑한 세상이 하루아침에 들이닥쳤다는 거다.

인터넷의 실시간 검색 순위에는 '알파고 포비아'* 라는 말이 AI* 라는 말과 함께 오르내리고 있단다. 아무런 대비도 없던 한국에 충격의 광풍이 몰아치는 광경이 딱 메르스* 때와 같단다. 인류가 완패한 날, 세상이 뒤집힌 판국인데 뭔가 한마디 코멘트가 있어야 하지 않겠느냐며 기자는 은퇴한 나를 재촉한다. 한마디로 인간이 알파고에 패한 충격에 대해 글을 써달라는 청탁 전화였던 거다.

• AlphaGo phobia | Artificial Intelligence | MERS(Middle East Respiratory Syndrome)

05   그래, 기자의 말대로 충격이다. "알파고 충격". 'AI'라고 하면 조류독감(Avian Influenza)의 AI인 줄 알고, '알파고'라고 하면 무슨 고등학교 이름인 줄 알았을 한국인들의 머리에 날벼락이 떨어진 셈나.

하지만 밥을 먹고 사는 게 아니라 충격을 먹고 살아온 우리가 아니냐. 실제로 젊은이들은 "충격을 받았다"가 아니라 "충격을 먹었다"고 하지 않나. 바둑이라는 놀이의 승패쯤이야 버들에 스치는 바람이다. 그 자리에서 충격 먹어도 시간이 흘러 잊어먹으면 그만인 게다. 금세 끓고 식는 냄비 물이 우리네 근성이라는 얘기들도 많다. 조류독감도 메르스도 마스크를 잘 쓰니 무사히 지나간 것 같지 않았나. 그런데 이걸 어쩌나, 이번 상대인 알파고의 정체를 안다면, 그렇게 그냥 지나쳐서는 안 되는 것이었다. ➦

➦ 12 디지로그 고개 1-07

06   AI(인공지능). 그 녀석들이 누군지 나는 잘 안다. 벌써 16년 전부터의 일이다. 대학 강당˙에서, 네이버 〈지식 프로모션〉˙에서, 그리고 새천년 행사장˙에서 수없이 이야기해온 화두다. 더구나 알파고는 내가 특별히 잘 아는 녀석이다. 출생의 비밀까지도 알고 있다. 출생의 비밀, 그건 한국 TV 드라마의 단골 메뉴가 아니냐. 입이 근지러워서라도 못 참는다. ➦

알파고, 언젠가는 한국에도 올 줄 알았지만 이렇게 일찍, 그것도 내가 은퇴를 결단하자마자 달아 놓은 문짝을 두드릴 줄이야. 그래, 은둔자의 문을 두드린 게다. 조금 전 안드로이드가 내 호주머니 속에서 진동할 때의 그 느낌처럼 말이다.

• 〈한국인과 정보문화〉, 이화여자대학교 개방 강의, 2000년 | "우리 시대 대표 명사분들이 지식iN에 묻습니다", 2007년 | 2000년 1월 1일 서울 광화문 부근에서 열린 '새천년맞이 자정 행사' | ➦ 10-6 샛길 〈커즈와일의 싱귤래리티〉

07   은퇴를 정보시대의 용어로 바꾸면 뭐가 될까. '플러그 오프'˙ 다. 그러고 보니 늘 보던 구글 안드로이드 로고가 다른 모양으

로 읽힌다. 초록색 인조인간 로봇의 다리가 영락없이 콘센트에 꽂는 플러그의 두 다리 아닌가. 아차, 은퇴를 할 작정이었으면 외계와 접속되는 그 코드부터 뽑았어야 옳았다. 스마트폰부터 버렸어야 했다.

그 스마트폰에서 들려오는 기자의 한마디. "한발 물러서 글은 몰라도 인터뷰라면…." 이렇게 나의 여산* 행은 시작하자마자 위기다.

• Plug off | 廬山 (중국 동진의 시인 도연명이 은거한 산)

안드로이드 초록 인종

귀엽고 동글동글한 이 안드로이드를 뒤집어 보면 통통한 두 다리가 영락없이 콘센트에 꽂는 플러그다.

알파고의 모습은 보이지 않는다. 인공지능의 모습 역시 보이지 않는다. 그걸 가시화할 수 있다면? 바로 이거다. 애플, 스타벅스, 나사와 함께 세계 4대 로고로 일컬어지는 안드로이드. 우리는 알파고 충격 직전까지도 매일 이놈과 눈을 맞추고 살았다. 그런데도 녀석의 정체는 몰랐던 게다.

안드로이드의 로고를 고안하고 디자인한 이리나 블록 *은 18살에 미국으로 건너온 러시아 출신의 여성 디자이너다. 그녀는 애플, 야후, 어도비 등에서도 일한 바 있다. 블록은 이 로고를 종래의 마케팅 대신 소문을 퍼트리는 방식으로 퍼져나가게 했다. 구글 오피스의 어느 특정 테이블에 이 로고를 포함한 종이 한 장을 둔 거다. 사람들은 공식 로고가 되기 전부터 이 단순한 초록 로봇을 좋아했다. 결국 구글 전체가 이 로고를 채택한 거나 마찬가지가 된 거다. 어느 날 출근 중에 자신이 디자인한 로고가 거대한 마스코트 조형물이 되어 있는 것을 발견했을 때 그녀가 느꼈을 기분을 상상해보라.

* Irina Blok

둘째 꼬부랑길

신체의 일부가 된 도구

01 '접촉'이 아니라 '접속'부터 끊었어야 했다. 플러그를 뽑았어야
했다. 플러그 오프, 그게 바로 현대인의 은둔이 아니었는가. 그
런데도 왜 그 위험한 스마트폰을 호주머니 속에 그대로 두었을까?

생각난다. 어렸을 때 개구쟁이 친구들이 내 호주머니에 몰래 개구리를 집
어넣었던 기억. 호주머니에 꼭 무슨 생물이 들어 있는 것 같은 징그러운
타자˙의 존재감. 갑자기 호주머니 속에서 무엇인가 꿈틀거리고 기어 나
오려고 할 때의 그 충격은 스마트폰 진동의 그것과 다를 게 없다. 이게 바
로 우리가 인공지능과 함께 살고 있는 일상의 경악이요, 어지러움이다. 다
만 길들여 있어 의식하지 못하고 살아온 게다.

˙ 他者

02 노키아 시절 휴대전화만 해도 선진국, 특수층의 전유물이었지
만, 스마트폰만은 나라와 지역을 가리지 않는다. 원시 그대로
살아온 절해고도의 어촌에서도 이제 스마트폰을 통해 주문을 받아 정어
리늘 삽고 생선값을 검색해 어획량을 소설한다. 스마트폰이라는 노깨비

방망이로 선진 기술을 하루아침에 따라잡은 게다. 어부들의 주머니가 두 둑해지면서 천년을 내려온 생활양식이 벼락 치듯 변하고, 팔딱팔딱 뛰는 물고기를 팔아서 한물간 죽은 생선 통조림을 수입해다 먹는 진풍경도 벌어진다.

03 그런 어촌뿐이겠는가. 선진화를 자랑하는 도시 뉴욕이나 파리라고 해도 예외일 수는 없다. 음식 주문은 최첨단 스마트폰으로, 배달은 한 시대 전 자전거로 받는다. 스마트폰의 진화를 미처 따라가지 못하기 때문이다. 두 남녀가 포옹을 하고 있는 순간에도 어깨너머 두 손으로 스마트폰을 보고 있는 뱅크시˙의 그라피티는 어떤가. 더 이상 말이 필요한가. 우리와 스마트폰은 단순한 도구 이상이다.

• Banksy

뱅크시, 〈Mobile Lovers〉, 2014.

04 스마트폰이 여성들에게 어떤 대접을 받는가. 애완견도 들어갈 수 없는 핸드백 안에서 사는 특권을 누린다. 그 안의 콤팩트, 립스틱과도 취급이 다르다. 남성의 경우는 더 특별하다. 훨씬 몸에 달라붙어

있는 호주머니다. 돈지갑, 카드, 비밀 메모 쪽지…. 그것들을 남의 눈에 띄지 않게 숨겨 놓는 은밀한 공간 아닌가. 그 안에 다른 누군가가 손을 넣는다면 그건 소매치기다.

05 자신이라고 해도 아무 때나 거기 손을 넣지 않는다. 하루의 일이 끝날 때, 언 손을 녹일 때, 손 둘 데가 없이 어색할 때, 길을 잃고 멈추어 설 때, 고향 하늘로 향해 날아가는 새 떼를 쳐다볼 때, 무엇보다 분노의 주먹을 쥐었다가 힘없이 감춰야 할 때…. 그래, 그건 나만이 아는 궁극의 은신처, 자신만의 생각을, 자유를 위해 비워둔 최후의 보루인 게다. 그 주름진 호주머니 속에 사는 스마트폰은 분명 나의 동반자다.

06 그 스마트폰은 생물이고 내 분신 같은 존재다. 내가 과민한 탓이 아니다. 그것이 꿈틀대고 진동할 때면 80조 개나 된다는 내 몸 안의 세포와 최첨단 햅틱* 기술로 교감해온 녀석이다. 나 말고도 똑같이 반응하는 시골 할머니의 걱정거리를 들은 적이 있다. 노모에게 스마트폰을 사드린 어느 효자의 전언.
"얘야. 네가 보내준 그 전화 말이다. 요새 병이 들었는지 가끔가다 개가 부들부들 떠는구나. 이걸 어쩌면 좋니. 병원도 없고, 그게 무섭게 떨 때마다 가슴이 내려앉는다. 네가 와서 어떻게 좀 해봐라."
그 시골 노모의 평은 정확하다. 스마트폰은 살아 있다. 하루거리*에 걸린 사람처럼 추워서 떨고, 말 못 해 떨고, 열받아 떤다.

• haptic ┃ 학질(瘧疾, 말라리아)

07 그 할머니를 비웃을 사람들도 스마트폰이나 컴퓨터처럼 OS 칩이 달린 물건들을 가리킬 때는 "얘"라든가 "이 녀석"이라든가, 마치 산 사람 친구를 부르듯이 한다. 스마트폰이 느닷없이 "카톡!"이라고 외칠 때, 알림 메시지가 꼭 투정을 부리는 아이처럼 칭얼댈 때 한 번쯤 속으로 이렇게 외쳐보지 않은 사람이 어디 있겠는가. '얘 왜 이렇게 성가시게 굴어. 다른 사람들이 보잖아.'

제법 무게를 잡던 신사가 전화의 착신음에 놀라 허둥지둥 바깥으로 뛰어나가는 걸 보고 우리는 무엇을 연상하는가. 그 모습은 틀림없이 콘서트홀에서 음악 연주를 듣고 있던 숙녀가 갑자기 우는 아이의 입을 가리고 허둥지둥 뛰어나가는 모습 그것이다. 시골 할머니의 거동과 다를 게 있나. 이게 인간을 닮아가는 스마트폰과 하루하루 살아가는 일상이요, 현대의 풍경이다.

08 스마트폰은 이제 우리 기억의 일부이기도 하다. 녀석이 알아서 전화를 걸어주는 것에 익숙해진 나머지, 자기 집 전화번호도 잊어버릴 때가 있다. 녀석이 내 사진첩이고 메모장이고 전화번호부인 게다. 실제로 영국의 노부부가 애플 상대로 소송을 일으켜 화제가 된 적도 있다. 스마트폰 수리를 맡겼다가 그 안에 넣어둔 자료들이 몽땅 날아가버렸기 때문이다. 자신들의 삶이 빈 플라스틱이 되어 돌아온 셈이다.

09 스마트ʼ의 본고장 뜻이 '똑똑함' 아닌가. 명불허전으로 과연 나보다 길도 잘 찾고, 전화번호도 잘 외우고, 배고플 때 맛있는 음식점이 어디 있는지도 용케 가르쳐준다. 내일 날씨도, 친구 만나는 스케줄도 나보다 먼저 꿰뚫어 본다. 내가 스마트폰보다 더 잘하는 게 뭐 있나?

내 생각이 들어 있는 그거 어디에 뒀는지, 스마트폰 찾아다니는 일 말고
는 별로 나은 게 없다. 바로 그거다. 스마트폰이야말로 '호주머니 속의 나
의 뇌'인 게다.

• Smart

10 스마트폰에 뺏긴 뇌를 걱정하는 사람들도 생겨난다. 스마트폰
의 강한 자극에 오랫동안 노출된 뇌는 현실에 무감각해지고 주
의력이 떨어진다는 게다. 이렇게 변한 뇌는 당장 튀어 오르는 것에만 반
응하고 사람의 감정이나 느린 현실의 변화에는 무감각하다. 그래서 '팝콘
브레인'˙ 이라고 한단다. 디지털 치매, 불면증, ADHD˙ 등이 그 망가진 뇌
에서 일어나는 현상이라고 주장하는 사람들도 있다. "인간은 도구를 낳고
도구는 인간을 낳는다"는 말이 실감난다.

• pop-corn brain | 주의력 결핍 과잉행동 장애(Attention Deficit/Hyperactivity Disorder)

11 이걸 실제로 실험해 본 심리학자도 있다. 아이들에게 영화배우
의 사진을 보여주고 그 표정에 나타난 감정을 물으면 제대로
읽고 대답할 줄 아는 수가 반도 안 된단다. 하지만 스마트폰을 빼앗고 한
주일 동안 캠프 생활을 하게 한 뒤 같은 테스트를 해보면 놀라운 변화가
일어난다는 거다. 대부분의 아이들은 훨씬 능숙하게 사진 속 인물의 감정
을 읽었다. 스마트폰 대신 서로의 얼굴을 보고 감정을 나눈 결과다. 청소
년의 행동 양식을 분석한 사회심리학자가《휴대폰을 든 원숭이》˙ 라는 제
목으로 책을 발간한 적도 있다. 휴대전화의 사용은 사람을 퇴화시켜 원숭
이의 상태로 되돌아가게 한다는 연구다.

• 止高信男,《ケ—タイを持ったサル—『人間らしさ』の崩壊》, 2003

12   실은 이런 스마트폰 위협론이라는 것도 신기술이 나올 때마다 생겨나던 고정 메뉴의 하나다. 자동차가 처음 등장하던 무렵 미국의 한 은행장이 "말은 계속 쓰이지만 자동차는 일시적인 유행이니 투자하지 말라"고 만류했다는 이야기와 같은 것들이다. 허풍이요 엄살이다. 어촌에서 신선한 생선 팔아 통조림 사 먹는 게 스마트폰 때문에 생긴 진풍경이라면, 다이얼 전화 돌리던 시절에 싱싱한 과일 팔아서 방부제 든 캔 주스 사 먹던 농촌 풍경에는 왜 놀라지 않았는가.

13   사실 인공지능, AI라는 것도 별다른 게 아니다. 스마트폰의 어느 보이지 않는 구석에 숨어 화상 인식도 하고 문자 인식, 음성 인식까지도 해온 그게 바로 인공지능이다.
전자회사들은 '스마트' 자가 붙은 기기는 모두 인공지능을 지니고 있다고 선전한다. 우리도 공기가 더워지면 저절로 켜지는 에어컨, 먼지가 일었을 때 절로 반응하는 공기청정기를 두고 "그놈 참 신통하다"라고 감탄한다. 그 기계가 아니라 그 '놈'이, 심지어 만든 사람의 기술이 좋은 것이 아니라 기계 저 혼자 '신통하다'. 전자기기 스스로 하는 일이라고 생각하기 때문이다.
사실 그것들은 인공지능이라고 할 만한 수준의 기계도 아니다. 간단하고 작은 센서나 타이머 정도나 붙은 거다. 하지만 제조사도 인공지능이라 선전하고, 쓰는 사람도 지능을 갖춘 무언가로 대접한다.

14   이제 그 조잡했던 물건들도 진짜 인공지능, AI가 되어 가는 중이다. IoT *의 등장으로 이젠 사람 제쳐놓고 냉장고와 자동차가 저희들끼리 말을 주고받고 한다. 프라이버시 중의 프라이버시인 화장

실 변기에 앉아도 인터넷에 연결되어 클라우드˙로 뜰 판이다.

이처럼 우리는 잘 모르면서도 인공지능과 같이 사는 삶에서 도망치지 않았다. 한국은 일찍부터 세계 최고 수준의 스마트폰 보급 국가 아니었나. 우리는 보이지도 않는 새로운 인공지능 인종들과 동거해 왔던 게다.

• IoT(internet of thing. 사물인터넷) | Cloud Computing

15 알파고. 이것 역시 알고 보면 우리와 이미 친숙한 사이다. 안드로이드와 그 DNA가 같은 디지털 알고리즘˙의 혈족˙이니 말이다. 한마디로 호주머니 속에 있는 우리 스마트폰의 의형제뻘 되는 놈이다. AI 그것도 요새 생긴 유행어가 아니다. 60년 전, 오늘과 같은 컴퓨터가 처음 등장할 때부터 써오던 말이다. 암호처럼 보이는 컴퓨터 용어들 때문에 가까이 지내면서도 인공지능 AI가 무엇인지 몰랐던 것뿐이다.

• Algorism | 血族

16 그동안 10억 4천만이 넘는 인간의 호주머니 속에서 살던 안드로이드가 진화하여 알파고의 모습으로 나타난 게다. 우리는 알파고를 알기 전부터 휴대폰 속에 숨어 있는 인공지능과 사이좋게 지내왔다. 그런데도 왜 사람들은 자기가 만든 그 인조인간에 대해서 두려움을 갖고 '알파고 포비아'를 말하는가. 왜 늘 보던 안드로이드는 예뻐해 놓고 이제 와서.

호주머니 속의 초록 인종

01   안드로이드는 구글이 만든 스마트폰의 OS(운영체제) *다. 한국
에서 벌어진 알파고 소동도 바로 그 구글이 기획한 이벤트다.
안드로이드라는 OS 이름부터가 이미 알파고처럼 인공지능을 가진 인조
인간을 뜻한다.

갤럭시 * 스마트폰을 켤 때마다 별들의 강을 건너 우리에게 인사를 건네
던 초록색 그 녀석 말이다. 처음 볼 때부터 우리는 녀석이 낯설지 않았다.
대머리에 꽂은 두 개의 안테나는 '고바우 영감'을 연상하게 한다. 하지만
녀석은 〈아바타〉의 나비 * 족에서 보았듯이 우리와는 전혀 다른 신인류다.

* Operating System | galaxy | Na'vi

02   인공지능을 가진 안드로이드는 인류학자들이 상상하지 못했
던 초록색 인종이다. 인류를 나눌 때 보통 피부 색깔로 삼등분
을 해 왔다. 검은색은 니그로이드, * 흰색은 코카소이드 * 그리고 노란색
은 우리를 가리키는 몽골로이드 * 다. 안드로이드는 다른 인종을 얼굴색으
로 차별하고 경계하던 백인들의 작품이다. 그 코카소이드 백인들이 이제

아예 다른 색깔의 인종을 만들어낸 게다.

• Negroid | Caucasoid | Mongoloid

03 왜 초록이 문제인가. 얼굴색이 초록빛을 한 인종은 지구 어디에도 없다. 초록색을 몸에 지닌 동물도 어디 있나 찾아봐라, 없다. 어떤 사람의 몸 어디에도 초록색이 없는 것은 인간이 식물이 아니라는 증거다. 광합성을 해서 직접 생명의 양식을 얻는 식물만이 파란 엽록소를 갖는다. 우리가 나무처럼 식물적 존재였다면, 구글의 OS 안드로이드의 로고나 아바타의 나비족처럼 그런 초록빛을 하고 화목하게 살고 있었을 것이다.

초록색 인종, 그것은 전쟁의 피를 흘리지 않아도 되는 평화롭고 어진 종족이다. 인간처럼 노동의 땀을 흘리지 않고서도 태양빛만 있으면 살아가는 놀라운 초(超) 생명체다. ↱

↱ 10 생명 고개 6-01

04 그 초록색 평화로운 인종에 누가 두려움을 품는단 말인가. 안드로이드 스마트폰을 우리가 경계하거나 두려워하지 않았던 이유다. 여기에는 구글의 디자인 전략도 숨겨져 있다. 안드로이드 로고를 만들어낸 디자이너, 이리나 블록은 유저와 브랜드 사이에 감정을 형성하는 것을 목표로 했다. 완성된 로고는 매우 간결하다. 로봇에 대한 향수를 빼면 다른 어떤 캐릭터나 문화 상징과도 관계가 없다. 아이들에게 유난히 사랑받은 이 안드로이드는 인터내셔널 심벌이 되었고, 개발자와 소비자 모두로부터 강력한 지지를 얻었다. '오픈 소스'*로 자유롭게 배포된 것도 인기에 한몫했다.

Open source(설계도에 해당하는 '소스'를 무산으로 공개한 소프트웨어)

안드로이드의 여러 버전들

05 안드로이드의 로고는 다양하게 변주된다. 2009년 4월 최초 배포된 이후 꾸준히 업데이트되는 안드로이드 OS의 각 버전들은 알파벳순으로 이름이 붙었다. 원래 구상은 그저 각자의 이름을 지닌 로봇이었고, 맨 처음 버전에는 아스트로 보이*라는 명칭이 붙었다.

그러나 디저트 이름이 좋겠다는 아이디어가 나왔고, 1.5버전 컵케이크(C)부터 12.0버전 스노우콘(S)까지 이어진다.* 이렇게 안드로이드 버전은 그대로 안드로이드 패밀리가 된다. 벌써 새끼를 친 게다.

* Astro Boy | 버전마다 Cupcake, Donut, Eclair, Froyo, Gingerbread, Honeycomb, Ice Cream Sandwich, Jelly Bean, KitKat, Lollipop, Marshmallow, Nougat, Oreo, Pie, Queen Cake, Red Velvet Cake, Snow Cone이라는 이름이 붙었다.

06 귀엽고 동글동글한 이 안드로이드를 뒤집어 보라. 그러면 그 통통한 두 다리가 영락없이 콘센트에 꽂는 플러그로 보일 게다. 나 자신도 바로 이놈 때문에 '플러그 오프', 은퇴를 못 한 게다. 그 다리를 뽑지 못한 거다.

그렇게 보면 안드로이드, 오히려 별거 아니다. 원래부터 찾을 때면 없고 필요할 때면 배터리 나가는 녀석 아니었나. 오죽하면 요즘 사람들이 제일 많이 하는 거짓말이 "배터리가 나가서~"겠는가. 우리보다 몇 배나 더 놀라운 지능을 가진 인공지능이 우리를 지배한다고 걱정하지만, 이 다리가 인공지능의 폭주를 멈추는 빨간 단추다. 그 플러그만 빼면 끝나는 거다.

07 괜히 내가 방심하고 내 호주머니를 내어주었겠는가. 뒤집어진 녀석은 더 이상 로봇의 역할을 하지 못하는 맥주 깡통이다. 안테나같이 보이던 두 줄기 머리카락은 에너지가 흐르지 않는 전깃줄에 지나지 않는다.
하지만 무서운 건 그다음 단계부터다. 인터넷으로 서로 연결(IoT)되면, 다리를 뽑아도 저희들끼리 에너지를 주고받을 수 있다. 실제로 이미 무선 충전 기능도 나와있지 않나. 아니나 다를까, 안드로이드 최신 버전(10.0 이후)들에서는 로고에 그 플러그마저 사라진다.

08 인간보다 똑똑한 지능을 만들려고 한 것은 컴퓨터가 태어나기 전부터 튜링*이 만방에 예고했던 일이다. 인간보다 빨리 달리자고 자동차 만들고 인간보다 무거운 물건 들어 올리자고 기중기를 만든 게 아니냐. 당연히 인간보다 똑똑한 지능이 필요해서 노심초사 만들어낸 게 컴퓨터요 그 AI다. 인간의 근력*보다 힘센 동력혁명으로 산업시대가 열렸듯이, 인간의 지력*을 뛰어넘는 디지털 혁명으로 정보 지식시대가 열리는 게다.

• Alan Turing | 筋力 | 知力

09 그것이 원래부터 정해져 있던 사실이고, 그것이 서양문명이 걸어온 낭연한 귀결이다. 알파고와 이세돌의 내국노 뻔한 결과였

다. 지는 게임을 하자고 구글이 엄청난 돈과 시간을 들여 잔치판을 벌였겠나. 문제는 내 호주머니 속 동반자였던 안드로이드가 인간보다 진짜 스마트해진 괴물로 변신했을 때, 진짜로 몇백 배 몇천 배 똑똑해진 녀석과 함께 동거해야 할 때, 운전대에서 사람이 사라진 차들이 광화문 거리를 질주하는 진짜 진풍경이 벌어졌을 때의 우리다. 바로 몇 년 후 찾아올 그때를 위해서 우리 인간, 우리 한국인은 지금 당장 무엇을 해야 하는가.

10 기자의 전화를 받는 순간, 나는 직감한다. 알파고와 첫인사를 나누는 순간 한국인의 앞날은 갈림길에 선 게다. 맞다, 우리는 철마가 출현하여 삼천리를 누빌 때 풍수 타령하다 산업화를 놓친 적도 있다. 과거의 그 아픈 기억, 그것을 안드로이드의 진동이 일깨워 준 거다. 그것을 알고도 귀거래사*를 읊으며 남산만을 초연히 바라볼 수 있을까. 어찌 버드나무 아래*에서 '한국인 이야기'를 쓰려고 고집하겠는가. 알파고의 피(알고리즘)를 받은 안드로이드와 함께 살아갈 한국인의 이야기라면, 마땅히 광화문 네거리의 현장으로 달려가며 시작해야 한다. 아직은 악마인지 수호천사인지 알 수 없지만, 스마트폰이 파우스트 박사를 서재 밖으로 끌어낸 메피스토의 역할을 한 것만은 분명하다.

* 〈歸去來辭〉. 도연명이 쓴 은퇴시의 제목 | 오류(五柳). 다섯 그루의 버드나무는 도연명의 은둔처를 상징한다.

11 핑계 없는 무덤이 없다지만, 정말 그때 안드로이드가 떼쓰지 않았더라면, 그게 알파고 이야기만 아니었더라면, 여산의 도연명은 몰라도 청양산의 퇴계* 선생 근처까지는 갈 수 있었을지 모른다. 출사했다가 물러서기를 무려 70여 번이나 되풀이했다는 퇴계 이황이다.

은퇴지에서 쓴 시에서 "백구(갈매기)야 헌사하랴 못 믿을 손 도화˙(복사꽃)
로다"라고 분명히 경고하지 않았나.˙ 선생의 은거를 고자질하던 그 못 믿
을 복사꽃과 갈매기들. 그게 내 경우에는 호주머니 속의 구글 안드로이드
스마트폰이었던 게다. '헌사'란 '수다스럽다'는 옛날 말이라는데 정말 녀
석에게는 딱 맞는 말이 아닌가. 같은 구글이라고, 알파고와 녀석이 내통하
고 있었는지도 모른다.

• 退溪(이황의 호) | 桃花 | 〈淸凉山六六峰(청량산육육봉)〉

12　별수 없다. 나는 다시 사람 사는 와자지껄한 동네를 향해 신발
　　　끈을 맨다. 이렇게 한 통의 전화 인터뷰는 끝이 아니라 시작이
되고, 나는 예정에 없던 '한국인 이야기'의 다른 한 편을 쓰기 위해 닫았던
문을 연다. '채국동리하, 유연견남산˙'이 아닌 게다. 알파고가 바둑 두고
있는 광화문 네거리를 향해 눈을 부릅뜬다.
맨 처음 말하지 않았나. 안드로이드가 울었다고. 의식이 없는 물건이라도
꿈틀거리면 살아 있는 것 같다고. 내 호주머니에서 스마트폰이 눈 비비고
깨어나는 한, 은퇴 불가다.

• "採菊東籬下 悠然見南山(동쪽 울타리에서 국화를 따니 한가로운 남산이 눈에 들어온다)", 도연명,
〈飮酒(음주) 제5수〉

안드로이드와 고바우 영감, 나비족

고바우 영감은 1950년부터 《사병만화》, 《만화신문》, 《월간희망》 등에서 연재되기 시작해 《동아일보》, 《조선일보》, 《문화일보》 등의 일간지를 거치면서 모두 1만 4139회가 연재된 한국 최장수 시사만화다. 우리나라 현대사를 연구하는 데 중요한 사료적 가치를 지니고 있다고 하여 2013년 등록문화재에 올랐다.

나비는 영화 〈아바타〉에 등장하는 신 종족이다. 행성 판도라에서 살아가고 있는 원주민으로, 트롤(troll) 인간에 고양잇과 맹수를 뒤섞은 외형에 초록(푸른) 피부를 하고 있다. 이름 나비는 곤충 나비(Butterfly)가 아니라 고유명사인 Na'vi로, 북아메리카 원주민 중 한 부족인 나바호족에서 따온 이름으로 추정된다. 거의 모든 것이 뉴런 체계망으로 이루어진 판도라 행성의 특성을 최대한으로 사용하여 행성의 모든 생물과 소통하는 능력을 가졌다.

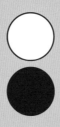

미래의 동화 고개

아이들의 질문에 답해야 하는 이유

첫째 꼬부랑길

알파고는 코끼리처럼 왔다

01   다음날, 내 집에 찾아온 기자들의 인터뷰가 시작된다. 여러 매
체, 여러 기자였지만 그 질문은 똑같을 수밖에 없다. 나나, 기자
나 열심히 코끼리를 만지고만 있다.

미디어는 뉴스를 생산하는 곳이다. NEWS는 North East West South의
동서남북 두문자를 딴 것이란 얘기가 있다. 그렇게 생각하면 정말 뉴스란
사방팔방에서 불어오는 소식의 바람이다.

하지만 그건 멋대로 꾸며낸 '도시 전설'*에 지나지 않는다. 뉴스란 실제로
는 새로운 것을 뜻하는 라틴어의 NOVA*에서 온 말이다. 무조건 새로워
야 하는 거다. 이세돌이 알파고를 이겼다면 일 단짜리 로컬기사도 못 된
다. 그러나 인공지능 알파고가 바둑의 마왕 이세돌을 이겼다면 이건 글로
벌 일면 톱뉴스다. "개가 사람을 물면 뉴스가 아니지만, 사람이 개를 물면
뉴스가 된다"는 법칙 그대로다.

• Urban legend(근현대를 무대로 한 전설) l 중세 라틴어로 'NEWS'를 뜻함. 문자 그대로 새로운 것

02 뉴스를 소비하는 독자도 마찬가지다. 원하는 것은 뉴스가 아니다. 충격이다. 충격을 발굴하고 키우고 확대하는 것, 신문이든 방송이든 그리고 인터넷이든 그 점에서는 모두가 이웃사촌이다. 요구 사항이 뻔하니, 누가 누구와 인터뷰를 해도 이 수준에서 벗어나지 못한다. 난들 예외겠는가. 누가 한국인의 냄비근성을 탓했을 때 내가 한 말이 있다. "걱정 마. 계속 때면 되는 거야. 계속 불 질러."

한 자루의 부채만 있으면 족하다. 뉴스에 부채질을 하면 불꽃은 타오른다. 연기가 나고 티끌이 난무해도 불구경은 재미있다.

03 더구나 신문은 언제나 지면이 좁다. 신문에 글을 쓸 때마다 "몇 줄 잘라주세요, 몇 행이 넘칩니다." 방송국에 가면 어떤가. 항상 시간이 초 단위다. TV에 출연하여 이제 막 중요한 말을 하려고 하면 PD가 손으로 목을 치는 시늉을 한다. 시간이 없으니 빨리 말을 끝내라는 신호다. 편집을 한다는 말이 있다. 글을 잘라내고, 말을 끊는 것을 그렇게 말한다. 내게는 그 글귀 하나 말 한마디가 다 생명의 신경줄로 이어준 내 자식 같지만 어쩌랴.

04 이세돌이 알파고에 연패하자 사람들은 한마디씩 했다. 보통 사람들은 물론이고 전문가, 지식인 집단까지 "봉창 두드리는 소리"를 낸다. 모든 매스컴이 그것을 확대 재생산하는 공명기 노릇을 한다. 그럴 수밖에 없다. 나도 마찬가지다.

한 시간 가까웠던 전화 인터뷰가 다음 날 신문에 나온 것을 본다. 그 전면 기사의 캡션은 "산업혁명에 비견될 사건…. 그런데 왠지 <u>으스스하다</u>". 그 옆의 특별기 기념기사의 세톱은 "두 살 인공지능 5000년 바둑 넘나. 인류의 마지막 희망이었던 바둑마저 무너져 큰 충격".

학자, 문인, 변호사 같은 각계 명사들 틈에서 내 말도 몇 줄 등장한다. 다행히 짧지만 하고 싶었던 말이 족집게처럼 뽑혀 나왔다. 싱귤래리티˙(특이점)라는 키워드다.

• Singularity

05 "이어령 전 문화부 장관은 '인간의 패배가 충격적이지만 본질은 인류의 승리란 점을 간과해선 안 된다'며 '알파고를 만든 사람도 인간이므로 인간과 인간의 대결이었을 뿐'이라고 했다. 그는 '인공지능이 스스로 인공지능을 만드는 특이점을 넘어설 때가 인공지능이 실질적으로 인간을 넘어서는 새로운 세상이 펼쳐지는 것'이라고 내다봤다."˙

•《조선일보》 2016년 3월 10일

06 예상한 대로 나를 포함해 어느 한 사람의 말도 틀린 말이 없다. 각자가 다 자기 전문분야에서 한 소리이기 때문이다. 하지만 그렇다고 옳은 말이라고 할 수 있는 것도 없다. 당연한 일이다. 오히려 전문가일수록 코끼리의 한 부분만 만지는 군맹무상˙의 위험을 범하기 쉽다.

군맹무상은 그냥 글로만 전해지는 사자숙어가 아니다. 실제로 코끼리가 나왔을 때도 마찬가지였다. 봐라, 알파고가 처음 나타난 것처럼, 진짜 코끼리가 몇백 년 전 조선에 나타났을 때도 똑같았다.

• 群盲撫象

07　조선 태종 12년, 코끼리가 정말로 조선에 들어왔다. 코끼리는 오자마자 공조전서 이우*를 밟아 죽인다. 이우가 그 꼴이 추함을 비웃고 침을 뱉자 코끼리가 노한 게다. 참 이해가 안 간다. 알파고 때나 똑같다. 처음 보는 그 코끼리에 대해 호기심을 갖고 관찰을 하거나, 하다못해 모여들어 구경이라도 하지 않고, 왜 알지도 못하는 코끼리에 침을 뱉고 비웃다 밟혀 죽나. 가만두면 코끼리가 화를 내고 사람을 죽였겠나. 태종 12년 12월 10일에 실제 일어난, 어이없는 사건이다. 실록에도 적혀 있다.*

08　거기서 끝이 아니다. 그걸 또 인간의 법으로 심판해 코끼리를 외딴 섬에 귀양보내니 더 웃지 못할 촌극 아닌가. 외딴섬으로 귀양 간 코끼리는 "피골이 상접하게 말라 사람을 보면 눈물을 흘린다"는 전라 관찰사의 장계로 풀려난다. 6개월 만에 다시 육지로 돌아온 것이다. 그래도 정이 많은 한국인답다. 병 주고 약 준다는 한국 속담이 생각난다. 그리고 다시 6년 뒤 세종 3년, 전라 관찰사는 코끼리 사육의 어려움을 호소하는 상소를 올린다. 하루에 쌀 두 말, 콩 한 말을 비롯해 많은 먹이를 먹고도 사람을 해하려 드니 백해무익한 짐승이라고 생각한 것이다. 이에 세종은 전라·충청·경상도 3도가 돌아가며 돌볼 것을 명한다. 코끼리 한 마리의 먹이로 조정까지 나서야 하는 내 가난한 조국의 이야기.

그러나 그 코끼리에 대한 세종의 마지막 전교*는 아름답다. "물과 풀이 좋은 곳을 가려서 이를 내어놓고, 병들어 죽지 말게 하라." ↪

・ "擇水草好處放之, 勿令病死."《세종실록》11권, 세종 3년 3월 14일 병자 | ↪ 11 인터페이스 고개
　4-01

2. 미래의 동화 고개　037

09 한국인이 다 그랬던 것은 아니다. 박연암도 북경에서 코끼리를 보고 그 기이한 모습에 놀란 충격을 글로 남겼다. 《열하일기》에 나오는 〈상기〉*다. 하지만 연암은 불안해하거나 두려워하는 대신 그것을 통해서 천하 만물의 이치와 변화를 논한다.

"실로 코끼리는 눈에 똑똑히 보이는 것인데도 불구하고 그 이치를 이처럼 알지 못하는데, 하물며 코끼리보다도 만 배나 더 복잡한 천하 사물에 있어선 어떨까? 따라서 성인이 '역경'**을 지을 때, 코끼리 상*자를 쓴 것도 다 이치가 있어서이니, 이 코끼리 같은 형상을 보고 만물이 변화하는 이치를 연구하게 하려는 것이었을 것이다."

• 象記 | 易經 | 象

10 우리는 알파고를 잘 알지 못했다. 녀석이 서울에 나타나기 전까지 AI라고 하면 그건 당연히 조류독감이었다. 600년 전 코끼리를 처음 본 사람들처럼 알파고를 비웃고 침 뱉는 글들이 인터넷에 많이 올라와 있다. 알파고를 대신해 바둑을 둔 아자 황을 '앞잡이' '매인노'**라고 부른 낯선 신조어 욕도 만만찮게 등장했다🔗
2016년 신문잡지를 도배한 저명인사들의 논평에서도 알파고는 인간을 해하는 코끼리, 아니면 인간의 먹이를 축내는 코끼리다. 조선의 식자들이나 관찰사의 걱정과 다를 게 없다. AI를 인간의 직업을 빼앗거나 인간의 안전을 위협하는 괴물로만 보고 있으니, 알파고를 외딴섬으로 귀양이라도 보낼 셈인가. 딱 연암의 말대로다. "언제나 생각이 미친다는 것이 소·말·닭·개뿐이요, 용·봉·거북·기린 같은 짐승에게는 생각이 미치지

못한 까닭이다." ➦

11　그래도 그때에는 물과 풀이 있는 넓은 곳에서 돌보고 병들어
죽는 일이 없도록 하라는 세종대왕의 전교가 있지 않았나. 코
끼리를 놓고 사나운 짐승이냐 어진 짐승이냐의 공리공담이 아니라 그것
을 통해 만물의 이치와 변화를 보아야 한다던 박연암 같은 실사구시의 사
상가도 뒤를 잇지 않았는가.
알파고는 처음 보지만, 박연암처럼 유추로 지적인 통찰을 끌어내고, 세종
대왕처럼 배려하는 사랑, 관대한 관용의 마음으로 대할 수는 없는가. 거기
에다 상상력을 가지게 될 수는 없는가.

12　사실 코끼리의 성정은 한국인과 많이 닮았다. 어린 새끼를 끔
찍이 위하는 가족주의가 그렇고 정이 많아 짐승 가운데 장례식
을 하는 유일한 짐승이라는 점을 봐도 그렇다. 심지어 그 뼈를 코로 보듬
어 안고 가지를 꺾어 덮어두고, 과장인지는 모르나 꽃까지 꺾어 헌화하는
유튜브의 동영상 같은 것도 심심찮게 오른다.
한국의 코끼리 이야기는 슬프지만 해피엔딩으로 끝이 난다. 그 코끼리가
인도만 갔어도 짐을 끌었을 것이고, 동물원에 갔다면 구경거리가 되어 괴
롭힘을 당했을 게다. 하지만 조선의 코끼리는 세종 덕분에 물과 풀이 좋
은 곳에서 천수를 다하고 편히 죽었다고 하지 않는가. 세종의 역할을 우
리가 할 수도 있다는 거다.

13 알파고 포비아는 '네오포비아', 새로운 것을 싫어하는 현상이
다. 우리가 모르는 알파고에 도전하려고 하는 것은 그 반대인
'네오필리아'다. 인간이나 문화에는 이런 두 가지 유형이 있고, 그 갈림길
에서 라이얼 왓슨*이 이야기하는 사자형과 호랑이형으로 나뉘는 거다.
사자와 호랑이는 가죽을 벗겨보면 같은 고양잇과 맹수로 전문가도 구분
을 못 한단다. 생체학적으로는 구별이 가지 않는다.

그런데 성격은 정반대다. 사자는 새것을 싫어하고 안주하는 동물이다. 먹으
면 잔다. '잠자는 사자'라는 말은 은유, 메타포가 아니다. 실제로 동물원에 가
보면 사자는 늘 자고 있지 않던가. 하지만 호랑이는 똑같이 울안에 가둬놔
도 끝없이 어슬렁거리고 무언가를 찾고 포효하고 새것을 찾아 도전한다.

• Lyall Watson

14 자고로 백두산 호랑이로 상징되는 한국인이다. 육당 최남선
은 한국 지도를 토끼로 그린 것이 못마땅해 그가 발간하던《소
년》*지에 호랑이가 대륙을 향해 포효하는 것으로 그리기도 했다. 그런 한
국인이 알파고 포비아라니.

"군자는 위험한 곳에 가까이 가지 않는다"라는 유교 가르침의 영향인가.
하지만 항상 새로운 것에는 위험이 따른다. 기억에는 없지만 어렸을 때
네발로 기어 다니던 우리가 두 발로 일어서면 무릎을 깨뜨리고 머리를 부
딪칠 위험이 따랐다. 그런데도 우리는 두 발로 일어섰다. 이것만 봐도 인
간이란 동물은 기본적으로 네오필리아, 벤처동물이다.

그런데 알파고 포비아라니!

• 《少年》

박지원의 상기

코끼리의 성격은 인간과 비슷하다고 한다. 평균 수명도 인간과 비슷, 혈연관계로 무리를 만들고, 아이들을 훈육한다. 코끼리 장례식에서는 인간처럼 조문하는데, 차례대로 죽은 코끼리의 몸을 쓰다듬고 꽃을 갖다주기도 한다.

선무문(宣武門) 안에 있는 상방(象房)에 가면 코끼리를 볼 수 있다. 코끼리가 걸어가는 것은 풍우(風雨)가 움직이는 듯 몹시 거창스럽다. 몸뚱이는 소 같고 꼬리는 나귀와 같으며, 약대 무릎에, 범의 발톱에, 털은 짧고 잿빛이며 성질은 어질게 보이고, 소리는 처량하고 귀는 구름장같이 드리웠으며, 눈은 초승달 같고, 두 어금니는 크기가 두 아름은 되고, 길이는 한 장(丈) 남짓 되겠으며, 코는 어금니보다 길어서 구부리고 펴는 것이 자벌레 같고, 코의 부리는 굼벵이 같으며, 코끝은 누에 등 같은데, 물건을 끼우는 것이 족집게 같아서 두루루 말아 입에 집어넣는다.

그 몸뚱이를 통틀어서 제일 작은 눈을 집어 가지고 보면 엉뚱한 추측이 생길 만하다. 눈이 몹시 가늘어서 간사한 사람이 아양을 부리는 눈 같으나 그의 어진 성품은 역시 이 눈에 있는 것이다.

강희 시대에 코끼리가 사나운 범 두 마리를 죽인 일이 있었다. 범을 죽이고 싶어서 한 것이 아니라 범의 냄새를 싫어하여 코를 휘두른 것이 잘못 부딪쳤던 것이다. 코끼리는 범을 만나면 코로 때려눕히니, 그 코는 천하에 상대가 없으나 쥐를 만나면 코를 가지고도 쓸모가 없어 하늘을 쳐다보고 멍하니 섰다니, 이렇다고 쥐가 범보다 무섭다고 하면 하늘이 낸 이치에 맞다고는 못할 것이다. 언제나 생각이 미친다는 것이 소·말·닭·개뿐이요, 용·봉·거북·기린 같은 짐승에게는 생각이 미치지 못한 까닭이다. *

• 박지원, 《열하일기》, 〈산장잡기(山莊雜記)〉 중 〈상기(象記)〉. 이가원 역, 한국고전번역원, 1968. 중에서 요약 발췌

아이들에게 들려주는 꼬부랑 이야기

01 알파고 충격 당시의 내 모습도 코끼리를 만지는 사람들과 다를
것이 없었다는 얘기는 이미 했다. 군맹무상의 인터뷰가 있었던
그날, 그 인터뷰를 보며 또 다른 기자가 쓴 글이 있다.《주간조선》의 연재
물 "이어령의 창조 이력서"를 싣던 기자다. 이 책,《너 어떻게 살래》가 탄
생하던 순간이 거울에 비치듯 리얼하게 묘사된다.

02 "이어령 교수를 만나기 위해 지난 3월 11일, 서울 평창동에 있
는 한중일비교문화연구소를 찾았다. 소란스러웠다. 한 일간지
의 기자 세 명이 인터뷰 중이었고, 안쪽 연구실에는 또다른 팀이 대기 중
이었다. 전화벨도 수시로 울렸다. 그동안의 연구실과는 사뭇 다른 분위기
다. 다 알파고 때문이었다. 나는 약속시간보다 한 시간 늦게 지나서야 그
와 마주 앉을 수 있었다.

(…) 이날은 이세돌이 알파고와의 대결에서 두 번 연달아 패한 날이다. 매
스컴은 앞다퉈 '인공지능의 공포' '인공지능의 습격'을 다뤘다. 인터넷에
는 '포비아'라는 연관검색어가 상위권에 랭크됐다. 기사 본성으로 그냥 넘

어갈 수 없었다. 본래 목적을 잃고 그에게 첫 질문을 던졌다. '인공지능이 인간지능을 넘어서서 인류를 멸망시키는 날이 정말 올까요?' 이 교수는 즉답을 피하고 농담을 했다."

03 "이런 이야기가 있어. 어른들이 하도 야단들이니까 바둑의 '바' 자도 모르는 유치원생이 물었어. '엄마, 인공지능이 뭐야? 이세돌 아저씨가 알파고에 지면 우린 이제 다 죽는 거야?' 그때 엄마는 뭐라고 답했는지 알아? 아마 이렇게 말하겠지. '별거 아니야. 너 밤낮 하는 게임 있잖아. 일본 닌텐도게임. 알파고의 '고'도 바둑이라는 일본말이래. 네 게임기의 마리오가 졌다고 네가 진짜로 죽니? 걱정할 것 없어. 공부 열심히 해서 네가 알파고를 이기면 돼. 아니, 네가 만들어. 개들이 만든 걸 네가 왜 못 만들어. 알파고는 바둑밖에 둘 줄 모르지만 넌 노래하는 알파고, 춤추는 알파고, 세상에서 제일 일 잘하는 알파고를 만들면 되는 거란다.'"

• "알파고가 한국을 점령하던 날 – '千의 색깔로 빛나는 물고기 떼' 이야기", 《주간조선》 2016년 3월 18일(2399호)

04 그때 내가 했던 농담을 그대로 옮긴 것이다. 오래 기다리게 한 것이 미안해서 웃자고 던진 말인데, 정작 알파고 취재 기자들 앞에서 인터뷰한 것보다 훨씬 생생하다. 농담이었는데도 더 진담 같다. 어른 기자들이 아니라 유치원 아이의 얼굴이 떠오른 순간, 내 맨살에서 느낀 이야기를 하게 된 거다. 내가 역시 깔아놓은 멍석에 약한 한국인이라는 증거이기도 하다.

044 너 어떻게 살래

05   아이들과 진지하게 이야기해 나눠본 사람은 안다. 아이들은 어른들과는 다른 방식으로 질문한다. 어른들의 질문은 항상 자기가 아는 것, 정답이 있는 것을 묻는다. 수능 시험 문제처럼 정답이 확실한 것을 묻지 않으면 야단난다.

하지만 아이들은 이미 정답이 있는 것을 묻지 않는다. 정말 궁금한 것, 그것도 아주 가까이에 있는 것부터 묻는다. "새가 왜 울어?"

우리 아버지들은 이런 뻔한 질문을 귀찮아한다. 그러나 막상 대답하려고 들면 그게 뻔할 뻔 자가 아니라는 걸 알게 된다. 기껏 내놓을 수 있는 답은 "쓸데없는 걸 미주알고주알 다 캐묻는 게 아니다".

그러나 새가 왜 우는지, 아이를 키워본 엄마와 할머니들은 안다. 배가 고파서 우는 새와 외로워서 우는 새의 그 소리가 어떻게 다른지를 식별할 줄 안다. 조류학자의 도감에는 없어도 여인네들이 부르는 민요에는 있다. "아침에 우는 새 배가 고파 울고요/저녁에 우는 새 임 그려 운다."*

• 제주 민요 〈너영나영〉('너녕나녕'이라고도 불린다)

06   아이를 키우는 주부들은 용감하고 실전에 강하다. 아이가 알파고에 대해 질문을 했을 때 어느 어머니가 신문 톱기사처럼 인류 멸망을 말하겠는가. 아이의 궁금증을 풀어주기 위해서도, 그리고 기를 살려주기 위해서도 내가 농담한 것처럼 말했을 거다.

그렇지. 알파고에 이세돌이 졌다고 해서 간단히 물러날 한국 주부들이 아니지. 암탉이 병아리를 지킬 때 매를 무서워하던가. 한국의 주부들은 매도 무서워 피한다는 그 맹모계*인 게다. 문제는 식자우환 지식인들이다. 바로 그 조금 전 기자들 앞에서 인터뷰를 하던 내 자신의 모습인 게다.

• 盲母鷄

07   그래, 나도 어머니가 아이들에게 이야기하는 것처럼 시작해야
했던 게다. 그래서 본격적으로 인공지능 본론으로 들어가려는
이 자리에서, 알파고를 그 출생의 비밀부터 복기하려는 대목에서, 나는 글
쓰는 비평가 혹은 대학에서 강의하던 교수의 태도에서 잠시 벗어난다. 학
자들의 인공지능 이야기는 KTX나 고속도로로 간다. 일직선으로 반듯하
게 학술적으로 풀어낸다. 내게 필요한 것은 그런 일직선의 고속도로가 아
니라 아이들이나, 아이를 키우는 주부가 다니는 그 꼬불꼬불한 꼬부랑 오
솔길이다. 꼬부랑 할머니가 꼬부랑 지팡이를 짚고 꼬부랑 고갯길을 가는
이야기다.

인터뷰 자리에서 내놓은 그 농담처럼 그렇게 살아 있는 이야기를 하려면
어찌해야 하나. 역시 아이들이 필요하다. 가상의 아이들이라도 괜찮다. 내
앞에 있는 아이들의 눈높이에서, 아이들에게 들려주듯 이야기를 시작해
야 한다.

08   아이들은 기자들처럼, 아니 모든 어른들처럼 묻지 않는다. 인
류의 멸망에 대한 궁금증이 아니라 알파고가 사람인지 로봇인
지 그것부터 궁금해할 거다.

"알파고가 사람이에요? 로봇이에요? 어디서 왔어요? 왜 왔대요?"
좀 더 호기심 많은 아이들은 "구글이 뭐예요?"라고 물었을지 모른다. 그리
고 그 옆에 개구쟁이가 있었다면 "개굴개굴" 개구리 울음소리를 냈을 게다.
그래. 올바른 질문이다. 심지어 개굴개굴 장난까지 '옳거니'다. 어른들은
정답*만을 찾고 있는데 너희들은 정말 정문*을 하는구나.

• 正答 | 正問

09 그리고 나는 이 철없는 질문에 꼬부랑길로 갈 수밖에 없다. 그
러자면 식자연하는 심각한 얼굴부터 바꿔야 할 거다. 어려운
전문용어로 연막을 치지 않아도 될 것이다. 나는 아이들에게 이렇게 대답
한다.

"알파고 있지. 걔 인공지능이야. 안드로이드 스마트폰 만든 구글에서 만든
인조인간이야. 인조인간 하면 너희들이 좋아하는 로봇을 생각하겠지. 하
지만 아니야. 알파고는 보이지 않아. 누구니? 아이폰 가진 아이. 네게는 애
플의 아이오에스.˚ 안드로이드 가진 아이에게는 안드로이드 오에스.˚ 그
프로그램 속에 인공지능이 숨어 산단다. 불쌍한 총각을 위해 보이지 않는
곳에서 상도 차리고 밭도 매주는 우렁각시처럼 말이야. ➤

• iOS | OS | ➤ 2 미래의 동화 고개 3-01

10 너희들, 나쁜 말이지만 화나는 걸 '뚜껑 열린다'고 하잖아. 정말
머리 뚜껑이 열리면 거기에 우리 뇌가 있어. 호두처럼 생긴 뇌
말이야. 거기에는, 세포 알지? 우리 머리에는 뇌세포가 1000억˚ 개나 들
어 있단다. 그리고 그것들을 이어주는 시냅스는 100조˚ 개나 있어. 우리
가 보고 듣고 생각하는 것들을 걔들이 서로 이어주고 날라다주는 거야.
그런데 인공지능 얘들은 머릿속에 세포 대신 0과 1 숫자로 된 계산 공식
만 잔뜩 들어 있단다. 그걸 알고리즘이라고 하지. 그거 어려운 것 아냐. 우
리가 철수 영희 하듯이 아랍 사람 수학자˚의 그냥 이름이야. 원래 수학은
그리스에서 발달한 건데 인도 수학과 아랍에서 만났어. 이 사람이 아주
유명한 수학책을 썼고, 유럽에 그 책이 전해지면서 '알고리즘'이라는 이름
이 퍼진 거래."

"정말요? 미국 사람이 아니고 왜 아랍 사람이에요?"라고 아이들은 불을

게다. 어떤 아이는 "그럼 알고리즘도 사람 죽이는 테러해요?"라며 눈이 동그래지겠지. 벌써 아이들에게 편견을 가르쳐준 사람들이 있거나, 어깨너머로 그 편견을 배웠을 거다.

• 億 | 兆 | 알콰리즈미(al-Khwārizmī)

알고리즘

'알고리즘'(Algorithm)은 9세기 페르시
아 수학자 무함마드 이븐 무사 알콰리즈
미(al-Khwarizmi) *의 이름에서 유래한
다. 그리스 수학과 인도 수학이 아랍에
서 만났고, 그것을 집대성한 사람이 알콰
리즈미다. 그는《al-Kitab al-mukhtasar
fi hisab al-jabr wa'l-muqabala》(825)
라는 수학 교과서를 저술했는데, 이 책이
라틴어로 번역되면서 대수학이 유럽에까
지 퍼졌다. 대수학(Algebra)이라는 말도
책 제목의 아랍 단어 'al jabr'에서 유래한

것이다. 알고리즘은 처음에는 'Algorism'이라고 표기되었다가 산수(Arithmetic)에
서 영향을 받아 'Algorithm'로 철자만 바뀐다.

알고리즘은 간단한 수식으로부터 프로그래밍 수식(컴퓨터), 비유적인 문장으로 결
과를 내는 것까지 다양하다. 알고리즘은 결과물을 내기까지 정해진 절차에 따라 명
령을 수행한다. 명확하게 정의된 명령에 따라, 입력에 따른 결과를 효과적으로 도출
한다면 알고리즘으로 본다. 반대로 명령이 명확하지 않거나 유한한 시간 안에 결과
가 나오지 않는 경우는 메서드 *라고 구분한다.

그런데 아랍에서 왜 수학이 발달했나. 중세 이후 유럽에서는 그리스·로마 문화를
이교도의 것으로 탄압했다. 하지만 이슬람이 그것을 보존하니까 그리스와 로마의
학문적 지식이 모두 아랍으로 간 거다.

* Muḥammad ibn Mūsā al-Khwārizmī (780~850) | Method

셋째 꼬부랑길

한국인이 누군가 시리에게 물어보라

01　이 아이들은 인공지능이 무엇인지 한발 가까이 체험하고 있다.
나는 즉석에서 내 스마트폰이나, 아이들이 갖고 있을지도 모를
휴대전화로 실험해 보일 수 있다. 그렇다. 삼성 갤럭시라면 '구글 어시스
턴트'나 '빅스비'(구 S보이스) 앱을 열어서 당장에 이렇게 말하면 된다. "10
분 후에 날 불러줘." 그러면 우렁각시 같은 목소리가 "예, 몇 시 몇 분에 알
람을 설정했습니다"라고 대답을 하겠지. 그리고 애플 아이폰을 가진 아이
가 있다면 더 실감나게 대화를 나눌 수 있다.
"시리 누나, 시리 언니에게 물어봐. 이젠 남자 목소리도 있으니까 시리 형
이나 오빠, 아저씨한테."

02　우리에게 가장 친근한 인공지능, 시리는 대체 어떤 존재일까?
나는 아이들을 모아놓고 시리가 누군지 얘기해준다.

"시리는 사람의 말을 알아듣고 그에 맞는 대답을 찾아주는 아이야. 이걸
'음성 인식'이라고 해. 처음엔 자판으로 일일이 손으로 글자를 쳐줘야 움

직이던 컴퓨터가 말이야, 이제는 사람 말이며 손 글씨를 다 알아듣는 똑똑한 머리를 갖게 된 것이지. 스마트폰이라고 하잖아. 스마트는 똑똑하다는 영어고 거기에 전화 '텔레폰'의 폰을 붙인 말이야. 그런데 시리가 왜 생겼을까?

컴퓨터는 점점 작아지잖아. 이제는 손목시계만큼 작아졌어. '아이워치'나 '갤럭시 기어'처럼 말이야. 지금 너희들이 가지고 있는 스마트폰만 하더라도 키보드로 문자를 입력할 수 있지만 손목시계만 한 요것들에 키보드 입력이 돼? 절대 안 돼. 그래서 시리 같은 것이 생긴 거야."

03 심심해진 아이들은 '시리 누나, 심심해 나하고 놀자'로 이야기를 시작할 게다. '국민학교' 때 국어책에 등장했던 철수와 영희 시리즈, "바둑아 이리 와, 나하고 놀자"로 시작하는 책을 보고 배우지 않았다고 해도 말이다. 그 문화유전자가 어디 가겠나.

아이: 심심해.

시리: 어떻게 하면 즐겁게 해드릴 수 있을지 연구해볼게요.

아이: 놀자.

시리: 글쎄요, 아직 근무 시간 중이라…. 하지만 잠시 휴식 취하는 것도 좋겠죠.

아이: 바보야!

시리: 어째서…. 저한테 왜 이러시나요….

아이: 멍청이.

시리: 세상에 이럴 수가…. 나름 최선을 다해 봉사하고 있는데….

가상으로 만든 문답이 아니다. 이 글을 쓰기 위해서 실제로 시리에게 불어본 것을 그대로 적은 거다. 아이들은 우리가 생각하는 것보다 짓궂은 데가 있다. 민망스러운 질문을 할 거다. 하지만 똑똑한 대답에 오히려 아이들은 부끄러워하며 더 이상 욕을 못 할 거다.

04 "점심 먹었어?"라고 다시 시리에게 묻자, "전 음식이 필요 없습니다. 전 의지와 보조하겠다는 열망으로 살아가고 있어요"라고 대답한다. 가슴이 찡하다. 시리의 점잖고 똑똑한 대답을 들은 아이들도 똑같은 마음일 것이다. 이건 로봇이 어머니에게 사랑받기 위해서 인간을 따라 시금치 샐러드를 먹었다가 고장이 나는 영화 〈A.I.〉의 한 장면이 아니다. 지금 바로 우리 곁에서 일어나는 인공지능과의 대화다.

05 어른들도 시리에게 실용적인 것만 묻지 않는다. 근처에 맛있는 음식점을 소개해달라, 내일 날씨가 어떠냐, 여행 갈 지역의 예상 날씨나 시차가 있는 다른 나라의 현재 시간을 물었을 때, 시리의 대답은 꽤 쓸 만하다. 그러나 사람은 이런 정보만으로 만족하지 않는다. 심심하면 시리에게 이상한 질문을 던지곤 하는 것이다.

"결혼했어? / 노코멘트입니다."
"결혼하자. / 저랑 결혼하고 싶어 하는 사람들이 한둘이 아니라는 사실을 잊지 마세요."
"사랑해. / 아…. 말씀만이라도 고맙습니다. 하지만, 이루어질 수 없는 사랑이에요."

요즘 젊은 사람들이 쓰는 말로 '철벽'을 친다. 삼성 갤럭시 쪽도 만만치 않았다. "사랑해"라고 구애를 하면 "사랑은 사람끼리"라고 대답한다. 바둑 게임이 아니라 문답 게임에서도 인간이 밀린다.

06 시리의 지능을 테스트하기 위해서 철학자도 대답 못 할 어려운 질문도 던진다. "천국이 어디야?"라고 물어보라.
"인간에게는 종교가 있고, 저에게는 단지 신기술이 있을 뿐이에요"라는 답이 돌아온다.
안드로이드 휴머노이드가 우리 곁에 도우미로 온다면 어떤 세상이 올까. 그 예고편을 오로지 신기술만 있다는 이 시리에서 보는 느낌이다.

07 하지만 인공지능에게도 사람처럼 어엿한 생일날이 있고 나이가 있고 자신을 만들어준 부모 형제가 있다는 게다. 이것 역시 지금 당장 시험해볼 수 있다. 아이들 만나면 우리는 "우리 누구 몇 살?" 그런다. 시리에게도 그렇게 물어보라.

"넌 몇 살이야? / 우리 사이에 나이는 상관없잖아요"
"시리 생일이 언제야? / 2011년 10월 4일자로 제가 동작하기 시작했습니다."

자기가 어디 식구인가도 안다.

"삼성이 좋아, 애플이 좋아? / 제가 좀 선입견을 갖고 있을지도 모르겠지만 저는 애플 제품이라면 다 좋아해요."

가재라서 게 편이다. 원래 미 국방성 '다르파'에서 탄생한 시리는 이제 빈

간복을 입고 애플에서 근무하고 있다. 시리. 눈치까지 볼 줄 안다.

08　시리에게 마음과 생각이 있을 리 없지만 튜링 테스트에서 시도
했던 것처럼 기계와 사람을 커튼으로 가리고 그 대답만 듣는다
면 어느 게 진짜 인간인지 구별하지 못할 정도다. 스스로 답변을 찾아낼
수 없는 경우(데이터가 없는 경우) 자동적으로 "저에게는 관련이 없는 질문
입니다"라고 응답한다. 사람도 대답을 피하고자 할 때는 이렇게 반응한다.
우리가 시리나 빅스비와 대담하는 동안 그곳에는 데이터가 쌓인다. 우리
가 키우는 것이다. 그러니 한국말을 하는 시리와 일본말을 하는 시리, 영
어를 하는 시리 사이에 문화적 차이가 생긴다. 하지만 주어진 데이터만
앵무새처럼 되풀이하는 게 아니다. 같은 질문을 해도 정말 그때그때 임기
응변하는 사람처럼 다른 대답이 나온다. 그래서 영어는 물론이고 한국말
이냐 일본말이냐에 따라서 시리가 응답하는 내용이 달라진다.
인공지능에는 그것을 길러낸 곳의 문화까지 배어 있다. 그러니 인공지능
이 인간지능을 초월하느냐 아니냐 이전에, 인공지능이라 해도 현실과 동
떨어질 수 없다는 게다. 인공지능이 아니라 그것을 사용하는 인간지능이
더 중요하다는 거다.
자, 지금 비교를 해보자.

09　일본에서 시리에게 질문을 하고 들은 답을 쓴 기사*를 본 적이
있다. "지구는 언제 멸망해?"라는 질문에 일본 시리는 "지구가
멸망하는 것을 내가 알고 있다면 알려드리겠지요. 그래서 최후의 그 멋있
는 하루를 위해서 온 생명을 불어넣고, 함께 아이스크림을 먹거나 해안가
를 달릴 것입니다." 이런 놀랍고 위트 있는 답변이 나온다. SF영화 〈Her〉

의 사만다도 이런 대답은 하기 어렵다. 인간인들 할 수 있을까?

지구 멸망, 아이들 옆에 두고 하기는 두려운 질문이다. 나는 혼자서 똑같은 질문을 한국말로 한국 시리에게 물은 적이 있다. 한국 시리는 일본 시리처럼 위트 있는 답변 대신 "다음은 제가 '지구는 언제 멸망해'에 대해 찾은 검색 결과입니다"라는 대답과 함께 인터넷 검색 결과를 쭉 띄워 보여주었다.

• 마쓰오 유타카(松尾豊), 《인공지능은 인간을 초월할까(人工知能は人間を超えるか)》,
　KADOKAWA, 2015

10 이때 나는 절망했고 우리 한국인에게 내일은 없느냐고 외치고 싶었다. 진짜 살아 있는 마음을 가진 〈Her〉와 같은 드라마를 기대했는데, 우리 시리는 내가 자판 두드리는 것과 똑같은 결과가 나온 거다. 똑같은 시리, 똑같은 아이폰인데 문화의 차이에 따라 시리가 달라진다는 말이 거짓말이 아니다.

인공지능과 인간지능이 경주를 하고 있는 게 아니다. 시리를 놓고 벌써 한국의 지능과 일본의 지능이 경쟁이 붙었던 거다. 축구를 하건 뭘 하건 우리가 다른 나라에 지는 건 다 괜찮다. 하지만 일본에 질 때는 아무리 지식인인 척 쿨해지려고 해도 아이들 식으로 뚜껑이 열린다.

질 수 없다. 창의성이라면 한국인이라 하지 않았나.

11 절망하기는 역시 일렀다. 한국 시리에는 일본 시리에는 없는 끝말잇기 놀이가 있었던 게다. 무료해진 아이들처럼 시리를 붙잡고 끝말잇기를 하자고 졸라본다. 시리는 얼른 "좋아요, 제가 먼저 시작할게요. 해질녘!"이란다. 내가 먼저 하겠다고 해도 매번 제가 먼저 시작한다면서 내놓는 말들이 걸작이다. '과녁, 꽃부늬, 마귀광대버섯' 이런 뉘를

잊지 못할 단어들만 내놓는다. 어지간히도 짓궂다.

일본어 시리에게 끝말잇기˙ 하자고 하면 "죄송해요. 끝말잇기는 아직 공부 중이에요"라며 단칼에 거절했다. 끝말잇기 자체가 일본에서 온 것인데도, 우리는 우리 나름대로 시리를 훈련시켜 그들이 쫓아오지 못하는 시리를 만들어낸 거다.

이게 다 한국인들이 시리와 대화하며 입력한 정보가 아니겠나. 지구 멸망 같은 철학적인 이야기는 하지 않아도 시리와 이런 아이다운 장난은 많이 했다는 이야기다. 그래서 나는 한국인들에게 내일은 없어도 모레는 있을 것이라 기대를 걸어본다. 전에는 시리, 문자 인식 이런 것이 있는지도 모르던 사람들도 알파고 쇼크 이후로 인공지능에 부쩍 관심을 가지게 되었으니 말이다.

• 시리토리(しりとり)

12 하지만 시리의 재주에 완전히 넘어가서는 안 된다. 정말 마음이라고 할 만한 게 있어 시리가 우리와 대화하는 건 아니다. 시리 수준의 인공지능은 마음이 있는 척 우리를 속이는 게다. 아주 옛날에도 시리와 비슷하게 사람과 대화를 해주는 프로그램이 있어서 크게 문제가 되었던 적도 있다.

하지만 알파고의 경우는 다르다. 시리와는 다르게 기계가 진짜 마음이 되는 길을 녀석이 열어주고 있는 게다. 우리 아이들이 내 나이가 되면, 진짜 마음을 가진 인공지능과 살게 될지도 모른다. 나는 산타클로스의 비밀도 어쩌면 모를 우리 아이들에게 시리의 비밀은 숨긴 채, 그 뒤의 이야기를 마저 들려준다.

13 "시리의 음성 인식처럼 이렇게 나와 컴퓨터를 이어주는 것을 인터페이스*라고 해. 인터페이스는 우리의 '목'과 같은 거야. 목이 없으면 우리는 어떻게 되니. 인터페이스가 없으면 우리와 기계 사이도 끊기는 거야. 기계에게 우리 생각을 전할 수 없으면 기계가 작아져도 소용이 없잖니. 인터페이스가 그래서 중요한 거야.

시리의 음성 인식 기술이 지금 알파고까지 온 거야. 앞으로는 상상도 할 수 없는 인공지능이 더 나올 거야. 지금은 시리 정도지만. 기계가 인간과 똑같이 스스로 생각을 하게 될 거야. 인간보다 더 나을 수도 있다. 너희들이 내 나이쯤 되면, 아니 틀림없이 그 전에 진짜 마음을 가진 인공지능과 살게 될 거야. 인간보다 더 인간 같은 기계라니, 무섭니? 아니면 재밌니?"

* Interface

샛길

시리, 다르파

시리의 이름은 'Speech Interpretation and Recognition Interface'의 앞 글자를 딴 것이다. 2013년 10월 4일, 애플은 시리의 생일을 맞아 시리 목소리의 주인공을 공개했는데, 미국에서는 수잔 배넷이라는 여성이고, 한국은 지하철 9호선 안내방송과 KT 고객센터의 ARS 이윤정 성우다. Siri라는 이름은 시리를 만든 회사의 대표 대그 키틀러스[*]가 지었다. 시리는 노르웨이 말인데, 우리나라의 순이, 영희라는 이름처럼 북유럽에서는 흔한 여자 이름으

시리의 로고

로, '승리로 이끄는 아름다운 여인'이라는 뜻이다. 그는 딸을 낳으면 시리라는 이름을 붙이려 siri.com의 도메인도 일찌감치 등록해놓고 기다렸다. 그러나 아들이 태어났고, 그가 준비한 이름은 그가 런칭한 음성 인식 기술에 붙여줬다. 시리는 그에게 딸이나 마찬가지인 거다.

시리의 기반이자 전신은 미 국방부의 군사 프로젝트이다. 무려 300명 이상의 연구팀과 수백만 달러가 투입된 초대형 프로젝트로 국방부 산하의 방위고등연구계획국(DARPA)에서 시작되었다. DARPA는 미국 국방성의 연구, 개발 부문을 담당하고 있으며 인터넷의 원형인 ARPANET을 개발한 것으로 잘 알려져 있다. DARPA는 20년 전부터 PAL(Personalized Assistant that Learns)이라는 군사용 학습형 인공지능 프로젝트를 시작하고, 후에 이 프로젝트는 SRI(Stanford Research Institute)가 리드하게 되고 좀 더 진보적인 성격의 CALO(Cognitive Assistant that Learns Organizes) 프로젝트로 개칭된다. SRI의 지휘 아래 하버드, MIT, 예일, 보잉 등 알 만한 곳들이 참여하게 된다. 2007년에는 상업화를 위해 Siri,Inc가 설립되고 이를 스티브 잡스가 2,000억 원 이상을 들여 인수하였다.

다르파의 로고

* Dag Kittlaus

3

아버지 찾기 고개

그들은 세계를 바꾸려고 했다

알파고의 출생신고서

01 내가 아이들을 가르친다기보다, 아이들이 그 물음으로 나에게 새로운 대답, 새로운 상상의 세계를 열어줄 거다. 아마도 시리 이야기를 들으면 그야말로 이렇게 말하는 스마트한 아이가 있을지 모른다. "피노키오도 그랬어요. 초록색 요정이 와서 그 인형을 사람처럼 만들어줬지요." 맞아. 이러면 의외로 어려운 문제를 쉽게 풀 수 있게 된다.

"피노키오 아버지가 누구야?"

"제페토 목수요."

그러면 한 아이가 물을 것이다.

"그럼 알파고 아버지는 누구예요?"

그렇다. 내가 기다린 질문이다. 그 아버지를 알아야 한다. 그가 누구인지 질문해야 한다. 그런데 그 많은 신문 방송, 눈을 뒤지고 봐도 알파고 아버지가 누구인가 관심을 갖고 묻는 사람은 가뭄에 나듯 하다. 아이들 같으면 당연히 묻는 질문인데도. ➤

➤ 10 생명 고개 5-03

"특집 A.I.와 Wired city", 《WIRED JP》 2016년 1월호(20호, 특별 보존판)

"Mastering the game of Go with deep neural networks and tree search", 《Nature》, 2016. 1. 28. (vol. 529)

02   "아주 중요한 걸 잊을 뻔했네. 그래, 알파고 아버지는 데미스 하사비스˙라는 사람이야."

그래. 아이들이 피노키오의 아버지가 제페토라는 걸 알고 있듯이 나는 알파고의 아버지가 누구인가를 잘 알고 있다. 이세돌과의 시합이 있기 바로 두 달 전에 내가 애독해온 《와이어드 JP》 특별 보존판을 읽었기 때문이다. 그리고 과학 전문지 《네이처》에서는 하사비스의 논문뿐 아니라 이미 2015년 10월 비공개리에 그의 인공지능이 유럽 바둑 챔피언 판 후이˙를 5차례나 모두 꺾었다는 기사도 접하게 된다.

• Demis Hassabis | Fan Hui

03   아이들을 빼면 누가 알파고의 아버지에 관심을 갖겠는가. 어른
들 생각으로는 그 아버지, 알아봤자 뭐하나 싶을 거다. 하지만
그 어른들도 길거리에서 개구쟁이 짓을 하거나 착한 일을 하는 아이를 보
았을 때 욕이든 칭찬이든 하기 전에 "너희 아버지가 누구냐?"라고 묻지 않
는가.

청문회에서는 으레 그 자식 문제가 가장 중요하게 대두된다. 장관, 총리는
그만두고라도 대통령도 자식 문제가 걸리면 꼼짝할 수가 없다. 그런데도
누구 하나, 언론이나 인터넷이나 술좌석에서라도 알파고가 누구 자식이
냐고 묻는 사람이 없다.

04   서양 동화에서만 아버지가 나오는 게 아니다. 괴테의 그 유명
한 《파우스트》 2부의 한 대목이다. 연금술사들이 시험관에서
인공생명(호문쿨루스)'를 만든다. 인공생명은 태어나자마자 파우스트의
조수 마그나를 "아버지!"라고 부른다. 내가 그 장면을 읽었을 때의 충격이
"알파고 아버지는 누구예요?"라는 질문을 받았을 때 되살아난다. 그 가슴
찡하면서도 애잔한 충격 말이다. 이처럼 서구에서는 인조인간이 창조자
와 부자 관계가 된다. 우리는 인조인간을 만들어도 누구 자식이란 감각이
없는데 얘들은 벌써 그것이 내 자식이다.

• Homunculus

05   아이들에게는 어떤 현실도 동화나 신화로 이야기해주어야 한
다. 그걸 동화로 만들어줄 수 있는 능력이 다행히도 글 쓰는 나
에게는 있다. 나는 과학자가 아니지만 《와이어드》와 《네이처》를 읽고, 그
러면서도 어디 가면 그래도 소설가, 시인이라고 소개해주는 사람이 있다.

데미스 하사비스

아이들에게 숫자가 아니라 세 살 먹은 우리 토박이말로 인공지능의 꼬부랑 이야기를 해줄 수 있는 점에서 나는 축복받은 사람인지 모른다.

06 "이게 알파고를 낳은 아버지 하사비스 사진이야. 영화에 나오는 '해리 포터'가 나이를 먹어 아저씨가 된 것 같지 않니. 그래, 하사비스는 해리 포터를 능가하는 진짜 마술사야. 네 살 때 처음 체스를 배웠는데 2주 만에 어른들을 물리쳤으니까.* 13살에는 전 세계에서 두 번째로 체스를 잘 두는 사람이 되었지. 체스 신동이었어. 그런데 체스보다도 컴퓨터를 더 좋아했던 게다. 8살 때 체스 대회에서 받은 상금으로 컴퓨터를 샀다고 해.

그때 하사비스의 아버지가 컴퓨터를 사는 걸 허락해주지 않았더라면 알파고는 태어나지 않았을 거다. 알파고의 아빠의 아빠니 할아버지가 되는구나. 그 할아버지는 원래 장난감 가게를 했는데, 하사비스의 재능을 알아보고는 가게를 접고 집에서 아들에게 컴퓨터를 가르쳤대. 알파고의 탄생에는 그 할아버지 덕도 있는 거야. 하사비스가 너희들만 할 때 그런 신화 같은 이야기들이 생겨난 거란다. 어떠냐. 바로 앞으로의 너희들 이야기가 아니니.

* http://www.wired.co.uk/magazine/archive/2015/07/features/deepmind 참고

07   너 몇 살이야? 열한 살? 그래, 그때 너만 한 나이에 하사비스는
처음으로 컴퓨터로 게임 인공지능을 만들었어. 그리고 그 인
공지능이 하사비스의 동생을 이겼지. 버릇없게도 삼촌을 이긴 거야. 하사
비스는 대학 등록금도 게임 개발하는 회사에서 일하면서 자기가 벌었어.
너희들 〈테마 파크〉* 라는 게임 아니? 그게 하사비스가 만든 게임이야. 전
세계적으로 수백만 장이 팔렸대. 그 돈으로 케임브리지대학 가서 본격적
으로 컴퓨터를 공부하면서* 특히 인공지능, 그래 알파고 같은 것 말이야,
그걸 연구했단다. 그런데 컴퓨터만으로는 뭔가 부족하다고 생각했나 봐.
그래서 이번엔 런던대학에서 사람 뇌를 공부하기 시작했어. 사람 지능은
뇌에서 나오는 거잖니. 하사비스는 어렸을 때부터 '생각에 대한 생각'을
했대. 사람의 기억과 상상력에 대해 공부하면, 사람 아닌 생각하는 기계를
만들 수 있다고 생각한 거야.

• 〈Theme Park〉 | 퀸즈 칼리지 컴퓨터공학과

08   서양 사람들은 우리와 달랐어. 아주 오랜 옛날 그리스 신화 시
절부터 줄곧 생각하는 인조인간이나 기계를 만들고 싶어 했거
든. 조금 있으면 알게 되겠지만, 현대에 그런 것을 컴퓨터로 하려고 했던
게 바로 그 튜링이란 사람이야. 같은 생각을 하사비스도 하게 된 거지. '돈
을 벌자!' 한 게 아니라, '인간 같은 지능을 기계가 가질 수 있을까?' 하는
단순한 호기심이었던 거야. 마침 런던대학에는 뇌를 연구하는 컴퓨터 신
경과학 연구소가 있었어. 그래서 결국은 딥 러닝*을 알게 되고 그 방법을
써서 알파고까지 만들게 된 거야. 딥 러닝이 뭐냐고? 조금 있다 이야기해
줄게.

• Deep Learning

09   딥 러닝을 하려면 수학 알고리즘만 가지고는 안 돼. 숫자 0 1 0
           1 0 1 0 1…. 이 깜빡이는 0과 1 하나를 비트*라고 하는데 말이
다. 맞아. 요새 어른들이 이거다, 저거다 얘기하는 비트코인의 비트가 여
기서 나온 거야. 0과 1의 컴퓨터 계산으로 만든 돈이라는 뜻이지. 이걸로
돈은 혹시 몰라도 말이다. 비트만 가지고 인간 같은 마음을 만들 수 있겠니.
알파고 아버지가 되려면 서양 뇌만 가지고도 안 되고 또 동양 사람들의 뇌
만 가지고서도 안 돼. 그런데 놀랍게도 하사비스의 아버지는 그리스 사람이
고, 어머니는 중국계야. 동서 문명의 원조 격인 그리스와 중국이 만난 거지.
하사비스 아버지는 하사비스가 어렸을 때부터 위대한 고대 그리스 철학자
들, 수학자들, 그리고 과학자들의 작품을 읽을 수 있게 해줬어. 과학에 대한
열정만이 아니라 자기 핏줄의 위대한 그리스 문화의 전통을 깨닫게 된 거야.

• bit

10   거기에 또 어머니를 통해 아시아적인 것들에도 많은 영감을 얻
           었던 거야. 뭔가를 고쳐서 새로운 것으로 바꾸는 것을 한자말
로 개선이라고 하는데 이걸 일본말로 '가이젠'*이라고 읽어. 중국의 바둑
이 일본말 '고'라는 이름으로 서양에 퍼졌듯이, 개선도 가이젠이란 이름으
로 유럽에도 널리 퍼지게 된 거지. 하사비스는 그리스 키프로스 출신 사
람들 모임에 가서 희랍 문화만이 아니라 동양의 가이젠에 관한 것을 즐겨
이야기했다고 해. 하사비스는 아빠의 그리스 문화와 엄마의 중국이 평생
자신에게 따라다녔다고 말한 적이 있어. 이것이 바로 알파고에도 동양과
서양의 핏줄이 흐르고 있다는 증거란다."

• カイゼン(改善). 개선의 뜻만이 아니라 제조업에서 현장 작업자 중심으로 이루어지는 활동, 전략을
  일컫기도 한다.

둘째 꼬부랑길

그들은 모두가 흙수저였다

01   "알파고 아버지는 하사비스만이 아니야. 같이 한 친구 두 명이
더 있어. 그중 한 명인 세인 레그*라는 친구를 만난 곳이 아까
그 런던대학 연구소야. 세인 레그는 뉴질랜드 사람인데, 인공지능의 한 분
야에서는 제일 잘하는 기술자래. 그런데 있잖아, 너희들 에디슨 알지? 아
인슈타인 아는 아이도 있니? 세인 레그도 그 사람들처럼 어렸을 때는 글
을 잘 못 읽는 난독증 때문에 낙제를 한 적이 있단다. 신기하지 않니?

딴 얘기 했구나. 또 다른 친구 한 명이 누구냐고? 무스타파 술레이만*이
라는 사람이야. 아버지가 시리아 사람인데, 하사비스 동생의 절친이래. 그
런데 이 사람은 컴퓨터 하는 공학자가 아니야. 철학자 겸 신학자지. 쉽게
말하면 인간이 왜 사는가에 대해 고민하는 사람이란다. 그런 사람이랑 왜
인공지능 회사를 같이 차렸냐고? 인공지능에는 철학과 신학이 꼭 필요하
거든. 조금 기다려, 곧 알게 될 거야."

• Shane Legg | Mustafa Suleyman

02 하사비스의 이 친구들만 봐도 알 수 있다. 인공지능은 거의가
다 2~30대의 젊은이들에 의해서 연구되고 개발된다. 그리고
한 나라가 아니라 여러 나라 사람들이 공동으로 협업한다. 순혈주의보다
는 혼혈적 요소가 많다는 거다. 알파고의 개발자들도 이런 점에서 예외가
아닌 게다.

사실 우리가 인공지능을 얘기할 때 가장 어깨가 좁아지는 것은 이런 국경
을 넘어선 다국적 문화, 글로벌 네트워크에 관한 약점이다. 더구나 우리
는 아시아 문화권 문자라는 핸디캡도 있다. 알파벳 문화권에서는 글자 하
나에 1바이트인데 비해 한자나 한글은 2바이트를 단위로 하고 있다는 거
다. 인공지능은 하드웨어가 아니고 0과 1을 기초로 한 프로그램이다. 그
래서 인공지능에서 자연어나 문자 인식을 하는 데 있어서 알파벳 문화권
과 한자 문화권 사이에는 일종의 만리장성 같은 것이 쳐져 있다는 이야기
다. 처음 뗄 때부터 서양 사람들은 여러모로 저만큼 앞서 있다. 하지만 아
이들에게 무슨 죄가 있나.

03 "너희들도 '흙수저' 얘기하니? 하사비스가 딱 그래. 하사비스의
엄마 아빠도 바다 건너에서 온 가난한 사람들이었어. 앞에서도
말했지만 하사비스의 아버지는 키프로스 섬에서 태어난 그리스인인데 중
국계 싱가포르 여성을 만나 결혼을 하게 되었어. 하사비스처럼 사회 안의
다른 사람들과 구별되는 뿌리를 가진 사람들을 마이너리티˙라고 불러.
참 신기한 일 아니니? 코로나19 백신을 처음 개발한 독일인 부부도 터키
에서 이민 온 사람의 아들딸인 걸 보면 말이다. 또 흙수저의 자식들이기
도 하고. 너희들이 살아갈 미래에는 이런 마이너리티들의 역할이 커질 거
라는 예감이 들지 않냐.

하사비스의 어머니는 영국 런던 존 루이스 백화점에서 점원으로 있으면서 생계를 유지했지. 아버지는 조그만 장난감 가게를 하던 사람이야. 아무리 봐도 금수저가 아니지. 우리말로는 '개천에서 용 났다'고 하지만, 거꾸로 생각하면 개천에서 난 사람들이 용이 되는 세상이 온 거야. 하사비스도 알파고를 낳을 때 얼마나 힘들었으면 양자를 보냈겠냐."

• Minority

04

"양자요? 그럼 아버지가 또 있어요?"

"그래 구글!"

"구글 구글 개골 개골."

"어느 녀석이냐, 개구리 흉내 낸 녀석. 바로 그거야. 잘 들으려무나. 하사비스가 인공지능 자식을 낳아놓고 알파고란 이름도 짓기 전이야.《네이처》지에 녀석의 논문을 썼는데 이때 처음으로 세상에 하사비스의 인공지능이 알려져. 뭐겠어, 그게. 그렇지. 출생신고지. 출생신고를 할 때는 하사비스가 DQN이라는 이름을 임시로 지어줬단다.˙ 그걸 보고 달려온 게 바로 지금 그 알파고라는 아이의 양아버지들이었단다."

• 아명(兒名)

05

양아버지가 하나가 아니라 둘이야. 이 사람들 이름을 잘 기억해 두렴. 래리 페이지와 세르게이 브린. 이 사람들이 구글 검색 엔진을 만들었고, 지도, 번역기, 안경, 세상 책들이 다 있는 도서관도 만든 이들이란다. 이제 운전사가 없는 자동차까지 만들고 있어. 그리고 너희가 쓰는 안드로이드 스마트폰을 만든 사람도 이 두 양아버지들이야. 틀림없이 너희들은 앞으로 이 사람들이 만든 인공지능과 함께 살게 될 거다. 이런 것을 만든 사람들이 양자로 들여온 것이 바로 그 알파고야. 한국에 알파고를 데려오는 데도 엄청난 돈을 썼다고 하더라.

세르게이 브린, 래리 페이지. 구글 검색 엔진을 만든 지 불과 15년 만에 4930억 달러의 회사를 만들었어. 사람들은 그 돈을 보고 놀라는 거 같은데, 사실은 그게 중요한 게 아니야. 돈 이야기보다도 우리 가슴에 와닿는 이야기가 있어. 그들이 원하는 것은 우리가 살고 있는 이 세계, 지구를 바꾸려고 하는 것이란다.

06 그들은 인공지능으로 다른 세상을 만들려고 해. 그들은 그것을 코드*로 바꾸는 세상이라고 그런다. 정치가는 권력으로, 기업가는 돈으로, 군대는 무기로 각자 자기가 그리는 세계를 바꾸고 지배하려고 하지. 그런데 이 두 사람은 대학 때부터 아까 말한 비트, 컴퓨터의 0과 1로 이 세상 모든 것들을 바꾸려는 꿈을 꿔왔어. 그 꿈을 이루기 위해 하사비스의 아이를 양자로 들이려 했던 거지.

얼마나 기가 막혔겠니. 5~6년이나 걸려 갖은 고생 끝에 겨우 낳은 아이를 출생신고만 해놓고 남에게 주어야 한다니. 아직 정식 이름도 짓기 전이야. DQN이라는 아명만 지어놓고 돌잡이도 못한 채 구글의 양아들 신세가 되어 버린 알파고. 우리가 알고 있는 그 이름은 틀림없이 양아버지들이 지어준 이름일 거다.

• Code

07 그 구글의 회장 래리 페이지가 하사비스한테 직접 달려왔어. 사실은 말이다, 구글만이 아니었어. 양아들 삼으려고, 페이스북 알지? 마크 주커버그도 뒤에서 힘을 썼는데 구글한테 뺏기고 만 거야. 대

체 알파고가 뭐길래, 겨우 태어난 녀석을 말이다. 양아들을 들이는데 4~5
억 달러를 내놓았다는 이야기가 있어. 우리나라 돈으로 얼마인지 아니?
기절할 정도야. 5천억 원이 넘어. 63빌딩 한 채를 살만한 돈이야. 그래도
설마하니 하사비스가 돈 때문에 자식을 팔았겠니. 사연이 있었던 게야.
아이를 낳는 연구에 시간을 다 써도 모자란다. 그 연구를 하려면 돈이 들
지. 그 돈을 구하러 다니다 보면 막상 연구하는 데는 10퍼센트, 하루로 치
면 두세 시간밖에 시간을 낼 수 없다는 거다. 배보다 배꼽이 크다는 말은
이런 때 하는 말이지.

하사비스는 양아들 삼자는 구글의 창업자 페이지에게 조건을 붙였어. '얘
를 절대로 나쁜 애로 만들지 마세요. 그러기 위해서 이 아이에게 나쁜 짓
을 시키지 않도록 '윤리위원회'를 만들어주세요. 무서운 아이입니다. 능력
있는 아이입니다. 나쁜 데 힘을 쓰면 무슨 짓을 할지 몰라요. 인류가 망할
지도 모릅니다.'

이제 알겠지? 인공지능에 왜 무스타파 술레이만 같은 신학자와 철학자가
필요한지. 그 사람이 구글 윤리위원회로 들어간 거야."

08 　원래 구글의 창업이념이 'Don't Be Evil', '나쁜 짓 하지 말자'
　　　다. 양자 들인 것도 돈 벌려고 한 일이 아니다. 창업자 페이지는
하사비스에게 이렇게 얘기했단다. "우리가 그동안 쌓아올린 그 15년을 당
신네들이 지금부터 시작한다면 너무나도 힘이 들 거요. 우리가 키우면(인
공지능 딥 마인드) 그 수고를 하지 않고서도 더 많은 연구를 할 수 있겠지
요. 꿈의 동행자가 되어달라는 것이고 일체 그 딥 마인드 회사를 인수한
다 하더라도 당신네들이 자유롭게 연구를 계속할 수 있는 권한과 자유를
주겠소." 참 부러운 이야기다. 나도 사실 책 읽고 글 쓰는 시간보다 그러기

위해서 들인 노력과 시간이 더 많았다.

09 "얘야. 이게 우리나라 얘기라면, 오죽이나 좋겠니. 하지만 겁먹을 거 없다. 너희들은 알파고보다 더 착하고 똑똑한 인공지능을 만들 수가 있어. 인공지능이 바둑은 이길지 모르지만, 너희들이 잘하는 다른 게임들은 이제부터 대봐야 알 거야. 인간이 하는 일 가운데 아직까지 컴퓨터가 못 따라 하는 것들이 얼마나 많니. 그러니 너희들이 앞으로 해야 할 일이 많은 거야.

10 인공지능 AI 가족이라고 다 알파고 같은 게 아니야. 얼마 전부터 딥 러닝 항렬을 가진 세대가 나타나면서 너희들의 지능과 본격적으로 경쟁을 벌이게 된 거야. 그 애들은 옛날 AI와 달리 가르쳐주는 것만 외우고 다니는 그런 단순한 녀석들이 아니라고. 왜? 뜨끔하니? 그전 인공지능 아이들까지는 지식을 줬어. 너희들 암기교육 있잖아. 인공지능한테 무턱대고 외우기라고 했던 거야. 암기 가지고 인간을 따라올 수 있겠니? 그래서 받아먹는 공부가 아니라 제가 만들어가는 공부를 하는 인공지능이 생겨난 거야. 알파고 또래들이지. 얘들은 학원이나 학교 선생님 없이도 제가 혼자서 학습을 해. 일일이 가르쳐주지 않아도 혼자 공부를 해 똑똑해지는 거지. 그게 바로 '딥 러닝'이란 거야.

11 놀랄 일이 또 있지. 그건 알파고를 포함해서 딥 러닝이라고 하는 혈통을 가진 애들 아버지가 따로 있다는 거야. 캐나다 마피아 3인방이라고 불리는 사람들이야."

"마피아요!"

"진짜 마피아가 아니야. 떨 필요 없어. 모두가 토론토대학 연구소의 교수 선생님들이지. 하지만 그 이름들은 꼭 기억해두거라. 제프리 힌튼,* 얀 러 쿤,* 요슈아 벤지오.* 이 사람들이 지금 사방에 돌아다니면서 알파고처 럼 자기가 스스로 학습하고 생각할 줄 아는 무시무시한 딥 러닝 인공지능 을 만들어 퍼트리고 있는 거야. 그러니까 그들은 알파고의 숨은 아버지, 대부*인 셈이야. 혹시 마피아 영화 중에 〈대부〉라고 아니? ➡

* Geoffrey Hinton | Yann LeCun | Yoshua Bengio | 代父 ➡ 8. 1. 〈박비향〉

12 이 사람들 말고도 사실 알파고에는 숨어 있는 아버지들이 참 많단다. 내가 아는 의붓아버지만 해도 확실히 세 명이야. 그리 고 옆에서 알파고가 태어날 때 아버지나 다름없었던 사람들을 다 합치면 백 명까지 된단다. 하사비스가 자기 입으로 한 소리야. 알파고가 서울에 서 시합을 벌이기 두 달 전에 발표된 《와이어드》라는 잡지에서 밝힌 이 야기야.

13 하사비스는 그 잡지에서 이렇게 말했어.
'우리는 40개의 나라에서 온 100사람의 과학자들을 모아 될지 안 될지도 모르는 일을 착수한 겁니다. 그것도 최단 시일에 말입니다. 그 런 점에서 우리의 계획은 아폴로 우주선의 계획과도 맞서는 것이라고 생 각합니다.'
그 계획이라는 게 알파고 녀석이었던 게지. 봐라. 우주선 계획처럼 100사 람이 일을 했다잖니."
"와!"
"정말요? 알파고가 우주선이라고요?"

"그렇지. SF 영화를 보면 우주선을 움직이는 인공지능 로봇이 나오잖니. 맞아. 그런 컴퓨터야."

아이들은 입을 다물지 못할 것이다. 이제는 고전이 된 큐브릭 감독의 〈스페이스 오디세이 2001〉.* 그리고 그 영화에 등장하는 로봇 'HAL9000'. 그가 예측한 2001년은 이미 지나갔지만, 그가 생각한 초인공지능의 HAL은 바로 우리 곁에 다가오고 있는 거다.

* 〈2001 : A Space Odyssey〉

14 HAL9000. 그 인공지능이 오늘의 현실 속에서 가장 가까운 거리에 있는 것이 알파고를 만든 DQN이다. 딥 러닝을 더 강화학습 한 거다. HAL의 알파벳 철자를 한자씩 그 순서를 아래로 내려보자. H는 I, A는 B, 그리고 L은 M. 놀랍지 않은가. HAL은 IBM이 된다. 큐브릭 감독은 소송을 당할까 봐 극구 부인했지만.

IBM이 누군가. 최초로 인간을 이긴 슈퍼컴퓨터 딥 블루를 만든 회사다. 당시 11년째 체스의 챔피언 자리를 지키고 있던 전설적인 가리 카스파로프를 꺾어 세상을 놀라게 한다. 그런데 20년 뒤 IBM을 구글로, 딥 블루를 딥 마인드로, 체스를 바둑으로, 가리 카스파로프를 이세돌로 미국에서 서울로 옮겨봐라. 하사비스와 알파고가 나온다.

15 〈스페이스 오디세이 2001〉을 본 아이들이라면 HAL9000 인공지능 로봇이 어떤 비참한 꼴을 당했는지 알 것이고 금세 풀이 죽을 수도 있다. 하지만 지금 아이들은 아버지가 백 명이 넘는다는 말, 그것도 40개국에서 모여온 사람들에 의해 태어났다는 것을 더 신기하게 생각할지 모른다. 나는 아이들에게 이렇게 넋붙이려나 말을 삼킨다.

'그런데 말이다. 40개국에서 모여온 그 100명의 과학자 가운데 한국인은 단 한 명도 없는 것 같구나.'

16 그런 촌스러운 이야기는 하는 게 아니다. 요즘 아이들은 지구를 공격하는 우주인과 싸우는 데 이골이 나 있다. 지구방위대원의 국적이 영국이건 러시아건 중국이건 상관하지 않는다. 우주인과 싸우는 지구 사람은 다 한편이다.

하지만 인공지능을 이야기할 때마다 조금씩 울화가 치민다. 왜 그들만의 잔치냐. 좋은 것이든 궂은 것이든 인공지능이 산업혁명처럼 어쩔 수 없이 우리 앞에 다가올 새로운 문명 천지인 것만은 분명한데 우리가 또 그때처럼 세계에서 소외된 은둔의 나라가 되어야 하겠는가. 그러면서도 인공지능 하면 SF 같은 인류 멸망설에만 관심을 두는 우리다. 인공지능의 위기는 인류에 있는 것이 아니다. 바로 그것을 받아들이는 한국의 사회, 그리고 한국인의 지능인 게다.

셋째 꼬부랑길

알파고는 왜 어머니가 없나

01 여기서 아이들이 말 그대로 뜻밖이지만, 중요한 질문을 내게 할 수도 있다. 실제로 아이들은 아무도 생각해보지 않는 질문을 하곤 한다.

"근데 왜 알파고의 어머니는 없어요? 왜 아버지만 그렇게 많아요?"

가부장제도에 찌든 남정네들은 한 번도 생각해보지 못한 질문이다. 왜 알파고에는 아버지들만 있고 어머니들은 없나. 청천벽력 같은 질문에 응답할 사람 있는가.

02 인공지능을 연구하는 당사자들은 물론이고 《와이어드》의 칼럼니스트, 《네이처》의 과학기고가들도 모르는 질문이다. 어쩌면 한 번도 이런 질문해본 적도 없을 것 같다. 그야말로 임금님이 발가벗은 것을 보고 소리 지른 것은 아이가 아니었는가.

컴퓨터의 역사는 아담의 역사다. 컴퓨터가 태어나고 인공지능의 연구가 시작된 그 순간에서부터 오늘에 이르기까지 그들을 낳은 아버지들은 있어도 어머니는 없다. 단적으로 말하면 여성은 생명을 낳고 남자는 생명을 죽인다. 화낼지 모르나 전쟁이 남자의 본업이었음을 어쩌랴. 여성들이 낳은 생명을 서로 죽이는 게 전쟁 아니냐. 컴퓨터도 인공지능도 전쟁의 산물이었음을 어쩌랴. 컴퓨터가 생기기 전에 그 개념을 만들어낸 튜링이 그렇다. 그는 2차 대전 때 독일군의 암호통신기 에니그마를 해독한 숨은 전쟁 영웅이다. 튜링은 더구나 동성애자가 아니었나. 최초의 컴퓨터 애니악을 만든 모클리 일족들 가운데서도 독신자가 많다. 그들은 아이를 낳을 수 없다. 튜링은 결국 비상이 든 사과를 깨물어 먹고 자살을 한 사람이다. 그의 죽음을 에워싼 여러 가지 억측도 있지만 말이다.

오늘 디지털 컴퓨터의 시조라고 일컬어지는 노이만. 그가 없었다면 오늘의 컴퓨터는 태어나지 않았을 것이다. 그는 원자폭탄을 제조한 맨해튼 계획의 주도적 인물이다. 진공관, 공공계가 달린 인류 최초의 디지털 컴퓨터 에니악을 만든 것도 전쟁의 탄도 계산 목적으로 개발된 것이다.

모클리,* 에커트,* 폰 노이만,* 섀넌,* 1세대 컴퓨터 개척자들은 모두가 남성들이고 존 매카시,* 마빈 민스키* 등 인공지능의 아버지라고 불린 사람들 중에도 여성의 얼굴은 찾아보기 힘들다. 그리고 그들을 막후에서 도와준 것도 전쟁 병기를 개발하는 군부다➦

• John William Mauchly | John Presper Eckert | John von Neumann | Claude Shannon | John McCarthy | Marvin Lee Minsky | ➦ 7 AI의 마을로 가는 고개 3-03

03   "그래, 피노키오도 엄마가 없었잖아. 알파고도 피노키오처럼 엄마가 없단다. 왜 없는지 실리콘밸리에 가서 물어보거라. 그곳은 피노키오를 만든 제페토 영감 같은 목수들이 모여 일하는 곳이란다. 다만 삼나무를 베어다가 뭘 만드는 게 아니라 실리콘으로 말이다. 아 실리콘. 마술의 돌이야. 차돌멩이라고 아니? 그걸 서로 부딪치면 불이 나, 그

래서 부싯돌이라고도 그랬지. 옛날 사람들은 그걸로 불을 만들었단다. 지금은 반도체 칩을 만들어. 하기야 전기도 같은 불로 볼 수 있겠구나." ➲

➲ 10 생명 고개 6-07

04 나는 지도를 펴놓고 아이들에게 애플과 구글의 본사가 있는 마운틴 뷰, 실리콘밸리가 위치한 팔로알토를 이야기할 것이다. 쿠퍼티노,˙ 사라토가,˙ 로스 가토스,˙ 산타클라라,˙ 멘로 파크˙ 그리고 산호세.˙ 스페인 발음의 이국적 정조가 넘치는 도시의 이름을 말할 것이다. 이름은 밸리지만 한국인에게는 끝없는 벌판이다. 실리콘밸리는 12월에서 2월에 걸치는 우기 외에는 비도 별로 오지 않아 한국의 가을 날씨처럼 맑고 기온 차가 별로 없는 곳이다. 그 일대의 산들은 원래 세계 자두 생산의 반 이상을 담당하던 과수원이라 옛날에는 'Valley of Heart's Delight', '희열의 골짜기'라 불렀다. 샌프란시스코만의 남쪽 끝 산호세부터 북쪽으로는 레드우드 시티,˙ 동쪽으로는 프레몬트˙까지의 도시들이 실리콘밸리로 통칭된다. 반도체에 쓰이는 실리콘˙과 산타클라라 계곡의 밸리를 합친 말이다.

• Cupertino | Saratoga | Los Gatos | Santa Clara | Menlo Park | San Jose | Redwood City | Fremont | Silicon(규소)

05 《사피엔스》˙의 저자 유발 하라리˙는 한국 강연에서 상식을 뒤엎는 이야기를 한다. 종교적 관점으로 볼 때, 세계에서 가장 흥미로운 곳은 중동 지역이 아니라는 거다. 그곳은 다름 아닌 기술과 종교가 결합된˙ 실리콘밸리라는 거다. 그래서 "이제 미래를 알기 위해서는 워싱턴의 대통령이 아니라 실리콘밸리의 래리 페이지, 그리고 마크 수거버

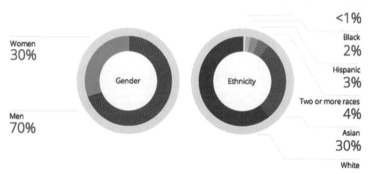

구글의 인종별, 성별 분포도. 출처 https://googleblog.blogspot.kr/2014/05/getting-to-work-on-diversity-at-google.html

그를 찾는 세상이 되었다"고 말한다. 왜 알파고는 아버지들만 있고 어머니는 없는지? 그것을 알기 위해서도 우리는 실리콘밸리에 가야 한다.

• 《Sapiens》 | Yuval Noah Harari | Techno-religion

06 왜 어머니가 없냐는 아이들의 질문에 나는 한 장의 도표를 보여줄 것이다. 그 도표는 그동안 기업 비밀이라 하여 발표하기를 거부했던 구글이 2014년 미국에서 일하고 있는 직원의 인종 구성과 남녀 비율 등을 공개한 그래프다. 아이들에게 이 도표를 보여주면 "그거 도넛이야?"라고 말할 것이고 "귀퉁이 먹다 말았네?"라고 말할 거다. 맞는 말이다. 귀퉁이에 비어 있는 17퍼센트 부분이 바로 여성 고용자들이다. 만약 다른 곳에서 남녀 비율이 이런 수치로 나왔다면 그건 폭동이다.

실리콘밸리가 남성들의 제국이라는 것은 통계상의 숫자만이 아니다. 최근 실리콘밸리의 대표적인 사모펀드에서 중역으로 일하던 여성 하나˙가 1600만 달러, 우리 돈 180억 원의 성차별 손해배상 소송을 낸 것에서도

에니악을 움직인 여성들

역연 *하다. 결국 패소했지만 실리콘밸리 '판도라의 상자'가 열렸다는 의
견들이었다.

• 엘렌 파오(Ellen Pao) | 亦然

07 애들만이 아니라 왜 알파고에는 어머니가 없나 하는 생각을 전
문가들도 하긴 한다. 그게 캐시 클레이먼 * 기자다. 그녀는 미
국방성에서 공개한 에니악 사진을 보다 거기 찍힌 여성들을 발견한다. 다
들 그저 모델일 뿐일 거라 했지만 그는 미 국방성에까지 문의하여 사실을
밝혀낸다. 에니악을 만든 것은 모클리를 비롯한 남자지만 그걸 움직인 것
은 6명의 여성이 이끈 200명이 넘는 여성 집단이란다. *

그러나 사실은 슬픈 사진이다. 2차 대전의 전시라 남자들은 다 군대에 징
집되어가 고급인력이 딸리니 허드렛일을 여자들에게 맡긴 것이다. 마치
전화기를 만든 것은 남자지만 그 전화 교환수가 모두 여자들이었던 것처
럼. 그러니 이건 아이들이 묻는 "왜 엄마가 없나"의 대답이 될 수 없다. 결국
만든 것은 죄다 남자니까. 굳이 따지자면, 그래, 그녀들은 유모쯤 되겠다.

• Kathy Kleiman | 이 기획에 대한 내용은 http://eniacprogrammers.org에서 자세히 볼 수 있나.

08   여성의 뇌가 수리에 적합하지 않기 때문에 뛰어난 여류 수학자
가 나오지 않는다는 말을 해서 쫓겨난 외국 대학 총장도 있지
만, 여자의 뇌는 공감의 뇌, 남자의 뇌는 시스템 뇌라는 것이 지금까지의
정설이다. 그래서 지금까지의 통설로는 자식을 낳을 수 없는 남자들은 자
식 대신 법률을 만들고, 나라를 세우고, 컴퓨터를 만든다. 수학자 물리학
자들이 로봇과 인공지능을 만드는 것은 아이를 낳지 못하기 때문이라는
설도 있다.

09   여기서 인공지능이 나오고, 인류 문명의 내일이 탄생된다고 하
니 그 우려의 목소리는 더 커질 수밖에 없다. 하지만 아이들의
눈으로 보면 그런 것보다는 "왜 알파고에는 아버지만 많고 어머니는 하나
도 없어요?"라는 물음에 진짜 해답이 될 만한 것은 더 중요한 곳에 있다고
생각한다. 아마도 내가 '한국인 이야기'를 하는 자리에서 알파고 인공지능
의 탄생에 왜 그렇게 관심을 두게 됐는지의 진짜 이유일 것이다.
왜 인공지능이나 로봇에는 아버지만 있고 어머니는 없느냐에 대한 대답
을 찾기 위해서는 여러 고개를 넘을 때까지 참을성 있게 기다려봐야 할
것이다. 왜 우리에게 내일은 없어도 모레는 있다고 했는지 그 의문에 대
한 해답일 수도 있기 때문이다.

10   한국에서는 지금에야 알파고 소동을 벌이고 있지만, 벌써 전
세계 곳곳에는 실제로 인공지능을 종교처럼 믿는 '싱귤러리스
트'˚라는 과학집단이 있다. 그게 유명한 레이 커즈와일˚이라는 과학자요
발명가다. 이 사람이 바로 2045년 인공지능이 인간을 초월, 우리가 상상
할 수 없는 세계에 이른다는 현대판 묵시록이요, 한국으로 치면 정감록과

같은 예언을 하고 있는 사람이다.

문제는 그가 헛소리할 사람이 아니라는 데 있다. 문자 인식 기술*을 처음 개발한 사람도, 음악계에서 인기 있는 '커즈와일 신디사이저'를 개발한 사람도 바로 그 사람이다. 그 바람에 우리나라와도 인연이 생긴 게다. 네이버에서 이 사람 이름 쳐봐라. 한국 영창피아노 고문이다. 무엇보다 알파고를 만든 구글의 인공지능을 주도하는 중요한 사람 중에 하나다. 우리는 알파고 덕에 이제 겨우 인공지능을 알게 되었는데, 커즈와일은 2007년 이미 특이점 대학*을 세워 미래를 대비하고 있다.

• Singularist | Ray Kurzweil | OCR | Singularity University

11 "이번 서울에 나타난 알파고 녀석은 다른 애들과 달라. 너희들, 인터넷 게임 좋아하지 않니. 너희 이모할머니들도 이 게임은 잘 알 거야. 〈스페이스 인베이더〉,* 대단했지. 우주인이 쳐들어와서 지구를 마구 폭격하는 내용이야. 세계가 망하게 생겼어. 인류는 그런 걸 만들어서 게임 안에서나 밖에서나 사서 고생이었지. 일본에서는 게임기에 넣는 100엔 동전이 품귀 현상을 일으키고, 1시간 만에 기계에 동전이 가득차 작동이 멈추는 일까지 생겼어. 동전들을 운반하기 위해 크레인 달린 트럭까지 동원되었다고 해. 하지만 그건 약과야. 동전을 싣고 가던 트럭이 동전 무게에 앞바퀴가 들려 뒤집힌 일이 실제로 일어났다는구나.

한국은 어떻구. 그 우주인이 한국이라고 봐주겠니? 지금의 오락실, 그게 그때 생긴 거야. 1000개가 넘는 오락실이 생겼는데 그게 대개가 다 무허가였대. 그리고 그게 청소년 탈선의 온상이 된 거고. 하지만 진짜 놀라운 건 그런 얘기들이 아니야. 알파고 인공지능이 바로 그 스페이스 인베이더 게임 공략부터 출발했다는 사실이지.

• 〈Space Invaders〉 | "Human-level control through deep reinforcement learning", 《Nature》, 2015. 2. 26.

12 어쨌든 말이야, 이 알파고 녀석 말이지. 태어나자마자 이 인베이더, 지구를 습격한 우주인과 게임 한판 겁 없이 붙은 거야. 첫 판은 몇 초 만에 게임 오버. 알파고가 우주인에게 까무러치고 말아.

그런데 이게 웬일이니? 가르쳐주지도 않았는데 30분도 안 돼서 게임의 법칙을 눈치채고, 24시간 만에 제가 알아서 완전히 우주인을 제압한 거야. 다음엔 〈벽돌깨기〉*를 해. 이것도 처음에는 호구야. 하지만 역시 무섭게 배워. 2시간 만에 인간 수준으로 게임을 하고, 4시간이 지나자 누구도 하지 못한 방식을 스스로 발견해 점수를 올리기 시작했어.

그다음 상대는 요즘의 닌텐도 같은 게임기인 '아타리 2600'*이야. "아타리 2600 나와라!" 그러고는 그 안에 든 49개의 게임을 한꺼번에 마스터한 거야. 불과 6주 동안에. 그래. 너희들이 숙제하기에도 바쁜 여름방학 그 사이에 말이야.

• 〈Breakout〉 | Atari 2600

13 이젠 더 상대가 없어. 체스. 서양장기 있잖아. 그건 이미 25년 전에 IBM이 만든 슈퍼컴퓨터 딥 블루가 사람을 꺾었어.* 그리고 그와 상대한 챔피언 가리 카스파로프*는 말이야. 그는 딥 블루에 지고 그냥 주저앉지 않았어. 사람 혼자로는 못 이기니까 컴퓨터와 인간이 한편이 되어 체스를 두는 프로젝트를 기획했어. 그 이름이 그리스 신화에 나오는 반인반마* 켄타우로스야. 컴퓨터와 사람이 한 몸이 된 거지. 이제 이런 모양으로 슈퍼컴퓨터와 싸우고 있어. 2014년에는 일본에서 매년 열리

는 '장기 전왕전'에도 참가했다고 해.

• 뉴욕, 1997년 5월 11일 | Garry Kasparov | 半人半馬

14 해마다 체스를 두는 사람들은 기계와 편 먹고 기계를 상대로 싸워. 처음에는 인간과 기계가 힘을 합치면 그래도 기계보다 더 셌어. 하지만 요새 들어와서 인간 편들이 자꾸 진다구. 인간 입장에서는 좀 창피한 일이야. 그러니 알파고가 붙을 상대는 바둑밖에 더 있겠어? 그러니까 녀석이 '바둑 나와라!' 한 거야.

그렇지. 알파고가 마지막 도전장을 내기 위해서 어디로 갔겠어. 자기가 놀던 런던? 양자로 들어간 구글의 미국? 아니지. 걔들 바둑 잘 못 둬.

바둑은 아시아 사람의 두뇌에서 나온 신선놀음이잖아. 유럽에도 미국에도 신선 산다는 말 들어봤어? 서양에는 우리보다 더 깊은 산은 있는데 말이야. 우리 옛날 그림 있지? 바위 위에서 노인 둘이 하얀 수염을 바람에 날리면서 바둑 두는 광경 말이야. 그거 서양에서는 구경할 수 없어. 우리한테는 수천 년 내려온 모습이지만.

너희들만 한 아이들이, 뭐 어른들은 삼척동자라고 해. 뭐 말하다가 있지, 아주 쉬운 말 할 때 말이야, "삼척동자도 알다시피"라고 하는 바로 그런 아이들만이 신선들이 바둑 둘 때 옆에서 차를 끓여주고 술 심부름도 해. 알파고가 그걸 아는지 모르겠다. 너희들이 신선들의 무서운 도우미라는 걸. 어쨌든 알파고는 온 거야. 용케 알고 서울로, 바둑의 마왕, 잘못된 말이야. 신선 바둑을 두는 이세돌 아저씨를 찾아서.

15 사람들은 알파고 같은 인공지능이 이세돌 아저씨 같은 최고의 프로 기사를 꺾으려면 10년은 걸릴 거라 했어. 그런데 녀석이

3. 아버지 찾기 고개 083

와서 도전장을 낸 거라구. 서부 영화를 보면 〈OK 목장의 결투〉, 〈돌아온 장고〉 이런 거 있잖아. 어느 마을에 낯선 총잡이가 와. 그가 누군지 아무도 모르지만 사실은 이름난 고수 총잡이라고. 〈포시즌스 호텔의 결투〉라고나 할까. 〈돌아온 알파고〉는 아니겠구나. 세상에 알파고를 제대로 아는 사람이 없었으니까.

바로 전날 일본의 바둑 평론가는 이세돌 아저씨가 전승하리라고 공언했지. 그런데 다섯 판에 한 판만 지고 알파고가 모두 이긴 거야. 알고 봤더니 딥 러닝 말고도 DQN이라는 새로운 권총을 차고 있었던 거지. 쌍권총이었어. 구글이 이걸 시험하려고 이세돌 아저씨한테 도전장을 냈던 거야."

"DQN이 뭐예요?"

"이미 말했잖아, 알파고가 태어났을 때 이름이라고. 딥 러닝이라는 신무기를 아무도 모르게 더 무섭게 다시 개발한 거야. 딥 러닝만 해도 똑똑한데 더 똑똑하게 하는 프로그램이야. 강화학습이라고 하지. 딥 러닝을 가지고도 컴퓨터가 인간 바둑을 이기려면 10년 걸린다는데 이 녀석이 겁도 없이 나온 거야. 처음엔 사람들이 아무도 믿지 않았어. 그런데 프로 2단이라는 유럽 챔피언을 꺾고, 고작 4달 뒤에 전 세계 챔피언 이세돌 9단을 꺾은 거야."

16 잘 보면, 알파고 이름부터가 바둑이 들어 있어. 사실은 처음부터 구글에서 다 생각이 있었던 거라고. 알파고의 알파(α) '는 알파벳 a의 그리스 말이야. 그리고 보니 알파벳도 그리스 말에서 온 거지. 그러네. 알파고 아버지 하사비스도 그리스 사람이라고 했잖아. 그런데 고(Go)는? 고는 뭐야?"

"가다?"

"그래, 맞아. 그리고 아니기도 해. 한자로 바둑을 기(棋)라고 해. 바둑 두는 곳을 기원이라고 하잖아. 기를 중국말로 읽으면 '치'고 일본말로 하면 '고'가 되는 거야. 이상하지 않니? 바둑은 중국에서 시작한 거니까 '알파치'˙라고 해야 옳다. 아니면 말이다, 서울에서 자기 진가를 세계에 떨쳤으니 아예 '알파바둑'이라고 하든가, '알파기'˙라고 하든가. 그런데 왜 일본식 이름이 붙었을까? 그 이름 하나에도 너희들이 앞으로 살아갈 문명의 흐름과 바람이 숨어 있는 거란다." ↪

• Alpha | AlphaQi(Alpha+棋[qi]) | AlphaBaduk | AlphaGi(Alpha+棋[Gi]) | ↪ 6 태극 고개 1-07

17 중국의 《북방시공》˙이라는 언론사에서 알파고를 아이파구˙라고 했다. 알파고의 '고'를 개를 뜻하는 구(狗)로 표기했을 뿐만 아니라, 실제 개 사진까지도 넣어서 보도했다. 의도했든 안 했든 알파고를 비하한 것은 물론이고 서양에서 바둑을 일본 표기로 적은 것에 대한 무시, 또는 항의의 뜻이 숨어 있다는 오해를 불러일으켜도 할 말이 없을 것 같다. 아무러면, 알파고의 '고'가 서양에서 바둑을 의미하는 것을 모르고 했을까.

• 北方時空 | 阿爾法狗

18 "그렇구나. 문명의 '문'을 '이응'자 한 자만 바꿔도 너희들의 '운명'이 되는구나. 뒤에서 다 이야기해줄게. 여기서는 우리나 중국이 일본보다 뒤늦게 세계를 향해 문을 열었기에 그런 일이 생겼다는 것만 알아두거라. 이젠 우리의 김치가 기무치˙가 될지도 몰라. 아까 말했지. 알파고가 꺾었다는 아타리의 비디오 게임들. 그런데 그 아타리란 말도 실은 일본의 바둑용어 아타리˙에서 따온 거라고 해. 이래서래 알파고에는

사연도 많구나. 난데없이 그리스다, 일본이다 끼어들고 태어날 때부터 바둑과 관계가 깊어. 출생의 비밀이 많은 녀석이지."

• kimuchi(キムチ) | アタリ. 한국에서는 '단수'라는 표현을 쓴다.

이세돌 고개

상대는 로봇도 서양 귀신도 아니다

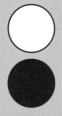

• 첫째 꼬부랑길 •

이세돌이 앉은 외로운 자리

첫째 꼬부랑길

이세돌이 앉은 외로운 자리

01 "그래, 출생의 비밀. 그 애 진짜 숨은 아버지가 또 있거든! 있잖
니, 사람들이 처음에 알파고 로봇인 줄 알았던 바로 그 사람 말
이야. 아무 표정도 없어. 다섯 시간이나 물 한 모금 안 마시고, 변소도 안
가고 바둑알만 놓고 있었으니 그럴 만도 해. 할머니들도 '저게 알파고니?'
라고 물었다고 하더구나.

그분들은 오해하신 거야. 인공지능은 로봇이 아니야. 더구나 그 사람 말이
야, 아자 황.* 대만 출신 중국인인데 말이다. 실은 그 사람이 알파고를 만
드는 데 숨은 주역이었던 거지. 숨겨진 생아버지라고도 할 수 있어. 이번
있지, 알파고 이벤트를 총지휘한 데이비드 실버* 박사도 이 아자 황의 선
생님이었던 거야.

• Aja Huang(黃士傑) | David Silver

02 늘 로봇 뒤에는 사람이 있어왔지. 사람이 로봇을 뒤에서 조종
하는 거야. 그런데 이번에는 거꾸로야. 인공지능이 사람 뒤에
서 바둑돌을 여기 놔라 저기 놔라 시키는 거야. 그것도 그냥 사람이 아니

라 자기 생아버지한테 말이야. 너희들은 그 사람을 알파고 앞잡이라고 해
서 '앞잡이'라고 했다더구나. 'ㅎㅎㅎ' 소리 안 나는 웃음 표시까지 붙여서.
인터넷을 뒤져보니 정말 별의별 별명을 다 붙여놓았더구나. 친일파란 말
을 빗대어 '친알파'라고 하질 않나, 매국노가 아니라 '매인노'라고 부르지
를 않나, 심지어는 말이야, '기계제국 노예1호'에서 '컴퓨터 바둑왕'에 이
르기까지 웃기는 말들이 많더라. 그래, 사람들 맘 알 만해. 알파고 녀석이
보이지 않으니 애꿎게 그 사람에게라도 분풀이를 했어야 해.

03 그게 아니야. 화풀이할 때가 아니라구. 너희들이 본 대로 중국
아저씨 아자 황은 알파고가 시키는 대로 바둑알을 놓았지. 이
거 하나만 가지고도 인공지능 시대가 오면 세상이 어떻게 변하게 되는지
짐작할 수 있어. 세상 모든 게 뒤집히는 거라구. 지금까지는 로봇 뒤에 사
람이 있었는데 이제는 로봇 앞에서 사람이 움직이는 시대가 오게 돼.
좋든 궂든 새 문명도 계절처럼 오는 거라구. 몸부림치고 발을 굴러도 봄
은 가고 겨울이 와. 그래서 알파고가 무시무시하다는 거야. 그런데 그보다
더 무서운 것이 있어. 덮어놓고 알파고를 무서워하는 사람, 아무 근거 없
이 인공지능이 인류를 멸하게 될 거라고 소문 퍼트리는 사람. 그게 알파
고보다 더 무서운 사람이야.

04 우리들 할머니 할아버지 살던 구한말 때도 그랬단다. 그때의
알파고는 산업화의 물건들이었지. 그것도 알파고처럼 서양 사
람들이 만들어내기 시작했어. 그래, 제임스 와트*의 증기기관. 와트가 주
전자 끓는 물에 뚜껑이 움직이는 것을 보고 발명했다는 소문이 떠돌던 그
증기기관노 서양인의 말넝쿰이야.

1847년(헌종 13년)에 두 척의 프랑스 군함이 우리나라 고군산열도의 한 섬에 표류한 일이 있었어. 당시 섬사람들은 생전 처음 보는 백인들에 놀랐지만, 극진히 구호하여 무사히 떠나보냈지. 그때 서양 사람들이 감사의 표시로 놓고 간 물건 가운데에 시계가 있었던 모양이야. 선물들을 보관한 움막에서 재깍재깍 시계소리가 울려나온 거지. 그걸 듣고 섬사람들은 서양 귀신을 쫓는다고 큰 굿판을 벌였다는 이야기다.

• James Watt

05 웃고 있니? 170년이 지난 오늘에도 똑같은 일이 벌어지고 있다고 하면 어떻게 할래. 이세돌을 꺾은 알파고 충격이 있기 몇 년 전(2012)부터, 'AI 혁명 전야'라고 해서 다른 나라 사람은 새 시대를 준비하고 있었어. 가까운 일본, 그리고 우리보다 뒤떨어졌다고 생각한 중국까지도 벌집을 쑤신 듯 인공지능 개발에 소란스러웠다. 총소리만 들리지 않지, 이건 전쟁이야.

웃을 일이 아니다. 지금도 우리가 알파고를 서양 귀신쯤으로 알고 있는 사람이 많아. 모르면 그게 다 귀신이지 않니. 모르고 떠들면, 그리고 휩쓸리면 그게 바로 자명종 놓고 굿판 벌이는 것과 똑같다는 이야기지. 그렇구나. 알파고는 자명종이야. AI가 뭔지 모르고 딴짓만 하고 있는 한국인에게 어서 깨라고, 늦지 말라고 요란하게 울린 자명종인 게야.

06 코로나 때도 어땠니. 아까 얘기했던 처음으로 코로나 백신 개발한 사람들. 부모님이 터키에서 왔다는 독일인 부부 말야. 이름이 우구르 사힌과 위즐렘 튀레지라고 하는데, 이들을 도운 사람 역시 신기하게도 헝가리에서 이민 온 사람이었단다. 이들은 코로나 바이러스 유

전자 지도가 발표된 지 고작 2주일만에 백신 설계를 끝냈어. 그것도 자기 집에 있는 컴퓨터로 말이다. 대단하지 않니. 이걸 갖고 코로나가 세계 사람들에게 널리 퍼지기도 전부터 미국 회사인 화이자가 백신 개발을 시작했으니, 세계에서 가장 빨리 만들 수밖에 없었던 게다. 반면 우리는? 안타까운 일이지. 코로나 때도 백신만큼은 재빠른 서양 기업들을 따라갈 준비가 안 돼 있었던 거야. 이것도 요란하게 울린 자명종인 셈이다.

07 그러고 보니 알파고 주변에도 맨 외국 사람 천지네? 다시 되풀이하지만, 대표 데미스 하사비스는 그리스계, 최고기술자 세인 레그는 뉴질랜드, 윤리 담당자 무스타파 술레이만은 시리아, 이미 말했지만 아자 황은 대만 출신 중국인이야. 구글의 창업자 래리 페이지는 미국, 세르게이 브린은 러시아계지. 그리고 이번 이벤트를 가능하게 한 GPU의 공로자 앤드류 응*은 중국, 그리고 알파고 프로젝트의 총지휘자 데이비드 실버 박사는 영국 사람이야. 일본은 보이지 않아도 이름을 준 셈이고, 알파고-이세돌이 바둑을 둔 포시즌스*호텔까지도 그러네? 한국, 서울을 대표하는 신라호텔이 아니잖아. 포시즌스는 원래 60년 전에 이저도어 샤프*라는 폴란드계 사람이 캐나다에 만든 다국적 기업, 전 세계 41개국에 96개의 호텔이 깔려 있는 호텔 체인이야.

* Andrew Ng | Four Seasons | Isadore Sharp

08 알파고 주변에 온 세상 없는 나라가 없구나, 한국만 빼고. 이세돌 아저씨 혼자만이 한국 사람이네. 인간을, 인류를 대표해서 알파고와 바둑을 두었다고 하는데 거꾸로 된 거 아니야? 봐, 알파고 뒤에는 전 세계 사람늘의 누뇌가 모여 있잖아.

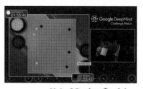

AlphaGO
1202 CPUs, 176 GPUs,
100+ Scientists.

Lee Se-dol
1 Human Brain,
1 Coffee.

Twitter@Samim

Twitter@UltimateNoba

상금 100만 달러도 이세돌이 이기면 이세돌 혼자한테 주지만, 알파고가 이기면 세계 모든 나라가 가입해 있는 유엔 기구 산하 유니세프와 STEM(과학 · 기술 · 공학 · 수학) [*] 교육 기관이랑 바둑 관련 자선단체에 준다는 거야.

* Science, Technology, Engineering, Mathematics의 두문자를 땄다.

09 사진을 봐라. 이세돌 아저씨가 아무도 없는 빈 바둑판 앞에서 혼자서 외롭게 커피를 마시고 있어. 누가 이 사진을 트위터에 올리고 설명을 단 게야. 알파고는 1202개의 CPUs, 176개의 GPUs, 100명이 넘는 과학자들···. 사실 잘못 알고 쓴 거야. 1202개의 CPU를 쓴 건 그 전해(2015) 10월 유럽 챔피언 판 후이와 둘 때고 이세돌 아저씨와 둘 때는 훨씬 더 많아서 1920개의 CPUs와 280개의 GPUs를 썼다는구나. 그런데 이세돌 아저씨는 약 20와트의 전력으로 구동되는 한 사람의 머리, 그리고 한 잔의 커피뿐이었단다. 그나마도 싸늘하게 식은, 조금은 쓴 커피였겠지. 그리고 또 한 장의 그림을 봐. 피아노 치고 있는 게 아냐. 그 바둑판 앞에는 아무 사람도 없어. 이세돌 아저씨의 앞에는 빌딩 같은 슈퍼컴퓨터들만

이 줄줄이 이어져 있는 거야. 이 그림에는 알파고 앞잡이라고 '앞잡이'라 불렀던 그 사람조차도 보이지 않는구나. 어떠니. 이 사진들의 느낌이. 외롭니? 슬프니? 왠지 우습니? 아니면 그래서 더 자랑스럽니? 이 두 장의 사진 잘 보아두려무나. 이세돌 아저씨가 앉아있는 자리에 다음엔 너희들 차례가 와. 너희들이 이 외로운 자리에 앉게 되는 거야.

10 이제 내 이야기는 끝났어. 이젠 내가 물을 차례야. 너희들이 대답해. 어떻게 하겠니. 앞으로 알파고와 사이좋게 지낼래, 아니면 코피 터트리며 싸우면서 이길 거니. 그것도 아니면 모든 걸 알파고의 뜻대로 고분고분 따르면서 그 밑에서 살아갈 거니. 이건 너희들의 선택에 달렸어. 그리고 앞으로 너희들이 엄마 아빠에게 들려줄 이야기야. 공부는 안 하고 밤낮 밥 먹고 게임만 한다고 야단치는 엄마 아빠에게 말이야.
우리나라 사람들이 처음 본 로봇은 일본에서 만든 TV 만화영화의 주인공이었지. 이름은 아톰. 너희 엄마 아빠한테도 물어보면 알 거야. 그 녀석은 사람보다 훨씬 뛰어난 힘을 가지고 하늘을 날아다녔어. 별명은 '철완 아톰'*이었는데, 철완은 쇠로 된 팔이라는 뜻이고 아톰*은 원자라는 뜻이야. 아톰은 원자의 에너지로 무쇠 팔을 휘두르는 로봇인 거지. 몸뚱어리가 센 거야.

• 鐵腕アトム | Atom

11 알파고는 아톰의 무쇠팔이 아니라 비트*가 들어 있는 실리콘 머리야. 힘이 센 게 아니라 머리가 똑똑해. 아톰이 사람보다 육체가 강했듯이 알파고 인공지능들은 사람들보다 뇌가 훨씬 뛰어나게 될 거야. 나이 든 어른들이 일본의 아톰, 너희 부모님들이 미국의 안드로

보이를 상대하고 있다면, 너희들은 앞으로 알파고의 후예들, 구글이나 페이스북이나 애플이 만들어내는 비트 보이*들을 상대해야 해.

그 애들은 이제 TV나 만화책 세상에만 머물러있지 않을 거야. 우리가 살고 있는 이 세상으로 인공지능 뇌를 달고 나와 너희들이 아침저녁 다니는 거리에, 엄마 아빠와 살고 있는 아파트 단지에, 그리고 너희들이 즐겨 노는 유원지며 놀이터에도 나타나게 되는 거라고. 당장이 아니라고 엄마 아빠들은 괜찮다고 하겠지. 걱정하지 말라고. 그런데 정말 너희들이 걱정하지 않아도 되려면 내가 이제 너희들 엄마 아빠 곁으로 가서 무슨 말이든 해야 할 때가 된 거야.

알파고가 인류를 멸망시키느냐 그런 이야기를 할 때가 아니다. 당장 우리가 지금 알파고 앞에서 무슨 일을 시작해야 하는가. 남의 나라 사람들은 지금 무엇을 하고 있는가. 그걸 알아야 한단다."

• Bit | Bit Boy

12   아이들은 언제나 옛날이야기가 끝나기 전에 잠든다. 꼬부랑 할머니 꼬부랑길로 꼬불꼬불 돌아가는 그런 이야기들은 더 말할 것도 없다. 서너 고개만 넘어도 아이들은 깊이 잠들고 이야기하던 할머니도 함께 잠이 든다. 그래도 나는 그 다 듣지 못한 이야기를 해야 한다.

다음 이야기들은 정말 땀 흘리면서, 피 흘리면서 넘어야 할 고개들이다. 아이들은 아무리 무서운 호랑이 이야기라도 재미있어한다. 동화니까. 꿈 같은 이야기니까. 어른들과 나누는 이야기는 동화가 아니다. 호랑이가 진짜 호랑이인 것이다. 미래 인공지능 이야기인들 다섯 고개부터는 아이들에게 재미없고 까다로울 수밖에 없다. 정 힘들면 아이들을 다시 깨워 들려주기로 하고 녀석들하고는 잠시 떨어지기로 한다.

바둑 고개

바둑판 위의 도교적 이상향

첫째 꼬부랑길

신선과 도낏자루

01 앞에서 알파고는 우리에게 코끼리처럼 왔다고 했다. 박연암이
선무문*에서 본 것처럼, 우리는 광화문 네거리에 있는 포시즌
스에서 낯선 코끼리 같은 알파고를 만났다. 그래 코끼리는 몰랐다고 치자.
우리 뒷동산에서 사는 짐승도 아니고 집의 울안에서 키우는 가축도 아니
니 당연하다고 할 거다. 그럼 바둑은 어떤가? 우리가 오래전부터 두어온
바둑이 아니냐. 따지고 보면 이게 더 심각한 문제일 수 있다. ⮕

• 宣武門 | ⮕ 2 미래의 동화 고개 1−샛길

02 알파고가 우리에게 구체적인 변화를 준 것이 있다면 그건 첫째
도 둘째도 바둑을 통해서이다. 그의 보이지 않는 눈, 보이지 않
는 손이 바둑판 위에서 가시화된 거다. 코끼리 같은 모습을 드러낸 거다.
만약 알파고가 한국의 서울에 와서 이세돌과 바둑 경기를 하지 않았더라
면 알파고가 뭣인지 모르는 사람이 많았을 것이고 자연히 AI도 구글의 딥
마인드의 존재도 깜깜했을 것이다.
정말 역사란 그 안에 탁월한 이야기꾼이 있어 아기자기하면서도 상상을

초월하는 극적 장면들을 짜내는가 보다. 우리는 그동안 세계 바둑대회에서 일본이나 중국을 수십 번 꺾었어도 언제 그렇게 국민적인 관심과 화제를 몰고 온 적이 있었는가.

03 나는 몇 번이고 고백하지만, 장기라면 몰라도 바둑은 오목밖에는 둘 줄 모른다. 학과 사무실이나 연구실에서 교수들을 만나면 나는 언제나 입으로 대화를 하지만 다른 교수들은 손으로 대화를 나눈다. 수화˚가 아닌 수담,˚ 바둑을 두는 것이다. 모두가 옆에서 시간 가는 줄 모르고 관전을 할 때 바둑판을 보아도 검은 돌과 흰 돌 밖에는 구별할 줄 모르는 기맹,˚ 항상 따돌림의 대상이 된다.

그런 내가 TV드라마 〈미생〉이 히트하는 바람에 바둑에 관심이 생기고 그 원작자 윤태호가 중앙일보에서 제정한 창조인상을 타는 바람에 회식도 함께 하게 된다. 그 바람에 일본에서도 《히카루노고》˚라는 만화가 히트하여 2500만 부가 팔려 세계적인 베스트셀러가 되었고 그 만화 가운데는 한중일 바둑의 대결과 그 3국 바둑 문화의 비교까지 들어 있다는 사실도 알게 된다.

• 手話 | 手談 | 棋盲 |《ヒカルの碁》, 국내 출간명《고스트 바둑왕》

04 한중일 비교 문화로 21세기 문명의 패러다임을 탐색하고 창조하는 작업이다. "신은 항상 작은 곳에 머무른다"는 한 건축가의 말을 믿고 있는 나는 하찮게 보이는 가위바위보의 아이들 놀이, 물건을 넣고 싸는 차이를 만들어내는 가방과 보자기의 비교, 그리고 포크나이프에 대응하는 젓가락에서 한중일 문화권의 문화유전자를 탐색해왔다. 크게는 그것들이 알파벳 문화권 내 한자 문화권의 동서 문명의 비교 축을 만들어낸다.

내 눈앞에 드디어 바둑 문화가 떠오르려는 순간 알파고가 잠자고 있던 내 문을 두드린 게다. 나만의 일이요, 나만의 변화일까. 알파고는 모든 한국인의 가슴 한구석에서 잠자던 바둑의 문화유전자 밈을 일깨운 것이다. 2016년 3월 추운 겨울을 난 매화가 "복숭아꽃 살구꽃 아기 진달래"가 다투어 피던 그 봄에.

아니지. 그렇게 정적인 게 아니지. 알파고 인간지능의 물결을 가르고 물밑에 숨어 있던 거대한 고래 한 마리가 물을 뿜고 올라온다. 아, 더 이상 말하지 말자. 코끼리 이야기를 하다가 이제는 또 고래 이야기로 샐라.

05 꼬리에 꼬리를 문 코끼리 떼가 마치 움직이는 구릉처럼 내 상상력을 움직인다. 용은 중국, 코끼리는 인도의 상징이 아닌가. 그렇다면 우리가 지금 두고 있는 장기판에 한니발 장군의 전쟁도 아닌데 코끼리가 등장한다는 것은 이상하다. 더구나 장기를 옛날에는 상기˙라고 불렀다고 하지 않는가.

그리고 위키피디아를 검색해 봐도 서양의 체스 중국의 장기는 다 같이 인도에서 퍼져간 것으로 되어 있다. 장기의 기원에 대한 전설에도 인도의 왕이 등장한다. 전쟁에 광분하는 왕을 말리기 위해서 슬기로운 왕비(또는 신하)가 생각해낸 것이 차투랑가˙라는 장기다. 장기판 위에서 전쟁을 대신하는 시뮬레이션 게임을 통해서 평화를 되찾게 된다.

˙ 象棋 | Chaturanga

06 바둑은 다르다. 그것도 전쟁을 모방한 놀이가 아니라는 것이 지배적이다. 스포츠 게임은 전쟁의 시뮬레이션 게임이지만 바둑은 인생의 금기서화˙ 중의 하나라는 거다.

바둑을 유목민의 전쟁기계로서 설명한 《천의 고원》*에서 들뢰즈*이야기가 마땅히 여기에 나올 것으로 사람들은 생각할 것이다. 하지만 전연 다른 시각에서 이 바둑 이야기를 보면 그가 이야기하는 전쟁 시뮬레이션과 다르게 관찰할 수 있는 게다.

장기판은 왕과 전사들의 놀이다. 바둑은 어딜 봐도 신선, 우주, 하늘, 별들…. 이 지상의 이야기가 아니다. 전사와 신선을 대비해 가자는 거다. 서양의 위대한 사람은 영웅이지만 동양에서는 성인군자요 신선이다. 영웅은 아무리 뛰어나도 사람이지만 신선은 사람이 아닌 초지능이다. 장기가 땅의 이야기라면, 바둑은 차원이 다른 하늘의 이야기가 되는 거다.

• 琴棋書畵. 거문고(음악), 바둑, 글씨, 그림 | 〈Mille Plateaux〉 | Gilles Deleuze

07 바둑의 특성을 나타내는 여러 가지 별명을 보면 안다. 방원, 수담, 좌은, 청유….* 그 많은 말 중에서도 나에게 필이 꽂힌 것이 하필이면 상용한자에서도 볼 수 없는 난가*다. 이 난해한 한자말을 한국 토박이말로 옮기면 "신선놀음에 도낏자루 썩는 줄 모른다"는 속담이 된다. '난'(爛)은 썩는다는 뜻이고 '가'(柯)는 도낏자루를 가리키는 말이다. 그래서 아예 알기 쉽게 부부*라고 부르기도 한단다.

• 方圓, 手談, 坐隱, 淸遊 | 爛柯 | 腐斧

08 바둑이 전쟁놀음이 아니라 신선놀음이라는 것은 알겠는데 왜 도낏자루가 썩는가. 그 수수께끼 속에 어쩌면 알파고 이야기 그리고 인공지능의 미래 이야기까지 합쳐진 한국인 이야기가 숨어 있을지 모른다. 다시 한번 확인해보자. 바둑은 난가, "도낏자루 썩는다"이고 한국 속담으로는 "신선놀음에 도낏자루 썩는 줄 모른다"는 뜻이다. 일까고

가 한국에서 와서 바둑을 두었다는 건 신선놀음을 했다는 뜻이고 그 때문에 도낏자루가 썩었다는 말로 번역할 수 있다. 인공지능도 못 푸는 수수께끼에 도전한다.

09 서기로 4세기 중국 진나라 때의 전설이다. 하남성 신안˙의 왕질˙이라는 나무꾼이 어느 날 가까이에 있는 석실산˙으로 나무를 하러 갔더니, 산중의 동굴에서 네 명의 동자가 바둑을 두고 있었다. 나무꾼은 즐겁게 바둑을 두고 있는 아이들이 하도 신기해서 잠시 머물러 구경을 한다. 그러자 그 아이 중 하나가 왕질에게 대추씨 같은 것을 주며 그것을 먹으면 "아무리 시간이 지나도 배고픈 줄 모른다"는 것이었다. 나무꾼은 도끼를 내려놓고 그 위에 앉아 바둑 관전을 했다. 정신없이 시간 가는 줄도 모르고 바둑판에 몰두하고 있는데 갑자기 한 아이가 도낏자루가 썩고 있다고 가르쳐준다. 정말이었다. 썩어가는 도끼자루에 놀란 나무꾼은 그제야 부랴부랴 집으로 돌아온다. 하지만 동네 사람은 한 사람도 알아볼 사람이 없었다. 몇백 년이 지나간 뒤인 것이다.˙

˙ 河南省 信安 | 王質 | 石室山 |《술이기(述異記)》상(上)

10 바둑이 체스의 기원과 다른 것은 첫째 전쟁의 시뮬레이션 게임이 아니라는 것. 둘째 사람이 창안한 것이 아니라 신선(동자)이 만든 놀이라는 것. 셋째 인간이 사는 마을과 다른 인외경˙의 공간에서 노는 것. 넷째 무시간성(시간이 정지한 영원성). 유토피아˙에 대응하는 유크로니아.˙ 다섯째 먹지 않고도 배고픔을 모르는 세계(노동을 기본으로 한 현실 공간과의 대비)다. 한마디로 바둑의 연희 공간은 불로장생의 무노역, 고된 속세와 대응되는 도교적 이상향을 상징한다.

이런 이야기, 흔해 빠진 것인데 과도한 의미를 붙이지 말라고 말하고 싶을 게다. 그런 이상향의 이야기는 귀가 닳도록 들어왔다. 또 그 이야기인가. 바둑 이야기는 그저 그렇고 그런 'NO WHERE' 유토피아의 복사판이 아닌가.

• 人外境 | Utopia | Uchronia

11 맞다. 그거다. 인공지능이 하려는 일. 알파고가 지금부터 열어갈 그 세계가 바로 그런 유토피아이고 알파고와 이세돌의 대결은 바둑의 가상현실을 정복하려는 구글의 야심인 것이다. 바둑 이야기는 사실 중요한 게 아니다. 중요한 것은 인공지능으로 세상을 만들어가려는 실리콘밸리의 전설들이다. 하지만 그 얘기를 할 때까지는 조금 더 기다려야 한다.

도대체 서양에는 없는 신선,˙ 신도 아니고 인간도 아닌 그 신선이라는 게 대체 뭐냐. 왜 신선은 어린아이(동자)˙ 모습으로 형상화하는가. 신선이 먹는 음식은 왜 인간이 먹는 것과 다른 것인가.

바둑이라는 게임이 신선들 놀음이라는 사실은 이미 말했다. 속세의 논리와는 다른 공간을 만들어가는 게다. 놀라운 점은 바둑판과 바둑이라는 게임에 음양오행으로 상징되는 자연관과 우주론을 보여주는 도교 사상이 집약되어 있다는 점이다.

• 神仙 | 童子

12 여기에서 숨을 돌리고 잠깐 멈추자. 왜냐하면 체스는 인도의 수학에서 바둑은 도교의 바탕을 이루는 역수˙에서 왔으니. 인공지능의 수학…. 인공지능으로 인간이 인간을 초월하는 세상을 만들세

되는 2045년에 도래한다는 과학의 신화 싱귤래리티, 그 블랙홀로 빠지기
전에 조금만 참자.

• 易數

둘째 꼬부랑길

바둑이 뭐길래

01 컴퓨터와 인공지능, 그리고 바둑은 태생부터 깊은 관련이 있다. 컴퓨터의 개념을 최초로 창발한 사람이 앨런 튜링*이라는 것을 아는 사람은 많다. 하지만 그가 바둑을 좋아했다는 것, 독일 암호 에니그마*를 해독할 때 곁에서 도와줬던 동료 수학자 어빙 존 굿*에게 바둑을 가르쳐준 것을 아는 사람은 많지 않다. 굿은 스스로 발전하는 기계가 기하급수적 지능 성장으로 인간과 동등한 지능을 가질 것이며, 결국에는 인간을 추월할 것이라 예측한 사람이다. 바로 '지능폭발'을 말한 것이다. 게다가 그는 딥 러닝의 토대가 된 초기 인공 신경망을 이미 70년 전에 연구한 사람이기도 하다. 튜링에게 바둑을 배운 굿은 1965년 논문*에서 "바둑이라는 게임이 인공지능 프로그래밍에 적지 않은 영감을 준다"고 말한다.

굿은 체스로는 튜링을 늘 이겼다. 그러나 바둑은 몰랐기 때문에 튜링이 가르쳐준 게다. 굿과 튜링의 차이를 체스와 바둑으로 설명하면 쉽게 이해가 간다. 바둑의 뇌와 체스의 뇌가 다르다는 얘기다.

* Alan Turing | Enigma | Irving John Good | "The Mystery of Go", 《New Scientist》, 1965. 1. 21.

02 아인슈타인[*]도 서양 사람으로는 드물게 바둑에 관심을 가졌던 사람이다. 프린스턴 교수 시절 일본인 과학자에게 배운 바둑을 즐겨 뒀고 일본기원 명예 초단이기도 했다. 노벨상을 수상했고 영화 〈뷰티풀 마인드〉[*]로 한국에서도 널리 알려진 수학자 존 내쉬[*] 역시 프린스턴대의 바둑 마니아로 아인슈타인의 계보를 이었다. 심지어 빌 게이츠[*]는 바둑의 세계 일인자가 되는 게 자기 일생의 꿈 중 하나였다는 말까지 한다. 그의 회사에는 바둑 클럽이 있다.

수학을 하는 사람, 컴퓨터를 하는 사람은 왜 바둑에 관심을 두었을까. 어렸을 때부터 두었던 체스와 다른 놀이들이 많은데도 왜 바둑일까. 바둑이 뭐길래.

• Albert Einstein | 〈A Beautiful Mind〉 | John F. Nash | Bill Gates

03 바둑을 모르는 수학자들은 체스부터 시작을 한다. 정보이론의 창시자인 클로드 섀넌이 처음으로 컴퓨터 프로그램을 만든 것도 체스 프로그램이다. AI라는 말의 명명자인 존 매카시도 "체스는 인공지능의 초파리다"라고 말했다. 가벼운 농담으로 한 말이 아니라 1989년 캐나다 에드몬트에서 열린 〈캐나다 정보 처리 학회 회의〉에서 한 말[*]이다. 이 말은 러시아 인공지능 연구자 알렉산더 크론로드[*]가 이미 한 말을 다시 확인한 것이다.

초파리라니? 대체 무슨 뜻일까. 초파리는 알에서 성충이 되는 데 10일이 걸리고, 이후 2~3개월 정도 살다가 죽는다. 하루가 사람으로 따지면 약 1년에 해당한다. 이처럼 한 세대가 짧으므로 유전의 진행을 빠르게 추적할 수 있어, 유전자를 연구하는 사람들에게 가장 좋은 실험 대상으로 여겨진다. 즉 체스야말로 인공지능을 아주 빨리 연구할 수 있는 방편이라는 뜻

이다. ↪

• John McCarthy, "Chess as the Drosophila of Artificial Intelligence" | Alexander Kronrod
  | ↪ 5 바둑 고개 2-샛길

04 다시 2007년, 크론로드는 〈인공지능이란 무엇인가〉* 라는 글에
서 체스의 한계에 대해 이야기한다. 말하자면, 체스는 대량의
수학적 계산(그는 이것에 '억지 계산력'* 이라는 표현을 썼다)만으로도 정복이
가능했다. 그러나 바둑에는 그 계산만으로는 풀리지 않는 뭔가가 있었다.
바둑을 두는 두뇌와 체스를 두는 두뇌가 처음부터 달랐던 거다.
딥 블루와 같은 체스 프로그램은 이미 그랜드 마스터, 가장 최고의 수준
에 있지만, 인간 체스 마스터가 동원하는 지적 수단 중 한정된 것만을 이
용했다. 바둑을 두어 보게 하면, 인공지능이 무엇을 잘하고 못하고 있었는
지가 확연히 드러났다. 기존의 인공지능은 사물을 이해하는 대신, 그것을
대량의 계산으로 대체하고 있었을 뿐이라는 얘기다. 따라서 크론로드는
앞으로의 AI 연구자들이 이런 굴욕적인 약점을 극복하는 데 목표를 두어
야 한다고 말한다.

• 〈What is Artificial Intelligence〉, http://jmc.stanford.edu/articles/whatisai.html 에서 열람 가능 |
  Brute-Force Computer Calculation

05 구글은 구골(googol)이라는 수학용어에서 왔다. 10의 100승이
다. 체스는 경우의 수가 10의 120승으로 비슷하다. 그런데 바
둑은 그 경우의 수가 체스는 물론, 구글이 상상한 숫자보다 훨씬 큰, 10의
360승이다. 이것은 사실상 무한에 가깝다.
지금까지 체스의 10의 120승밖에 몰랐던 서양 사람들이나. 만약 바둑이

없었다면 인공지능 테스트는 IBM의 딥 블루에서 끝났을 것이 아닌가. 그런 의미에서 바둑은 인공지능 연구의 진정한 초파리요, 모르모트였던 게다.

신기술이 생겨나 현실 사회에 실제로 적응하는 과정에는 늘 장난감과 게임이 있다. 장난감은 아이들에게는 현실이고 어른들에게는 미래다. 10년, 20년 후의 세상을 보려면 어린아이들이 가지고 노는 장난감이나 컴퓨터 게임을 보면 된다. 바둑 게임 프로그램으로 나타난 알파고를 통해 미래를 유추해보는 것이 그래서 가능한 거다.

06   현실의 의식주와 직결된 실용적인 것에서는 절대로 놀라운 발견이 나오지 않는다. 아날로그 세계에서 가장 멀리 떨어진 것, 디지털이 아이들 장난감과 게임으로 먹고산다. 게임과 같은 유희는 인간만이 할 수 있다. 여기에서 유희론이 나온다. 호모 사피엔스, 호모 파브르에 이은 호모 루덴스(유희의 인간)*의 출현이다. 내가 가끔 신문 읽다가 "LG가 삼성을 꺾었다"해서 '아, LG의 냉장고나 TV가 시장에서 삼성을 눌렀다는 이야기인가' 하고 살펴보면 야구 경기 소식이다. 전혀 다른 세계의 이야기다.

* 요한 하위징아(Johan Huizinga), 《호모 루덴스(Homo Ludens)》, 1938.

07   전 우주의 원자 수보다 많다는 경우의 수만이 아니다. 체스에서는 매 포지션마다 평균 20개 정도의 다음 수가 있지만 바둑의 경우는 거의 200가지의 다음 수가 있다. 그러나 체스보다 바둑이 어렵다고 하는 것은 단순히 그 경우의 수가 많아서가 아니다. 놀라운 것은 수의 양적인 차이가 아니라 질적인 차이다. 경우의 수를 10의 85승으로 대

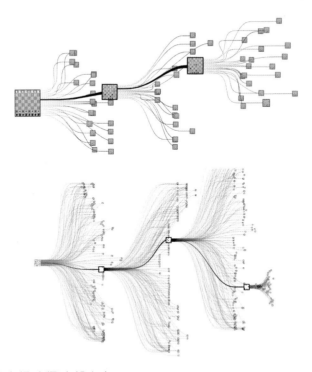

체스(위쪽)와 바둑(아래쪽)의 다음 수 비교

폭 줄인 9줄 바둑(9×9)으로 해도 역시 인공지능이 인간 바둑 프로(챔피언이 아닌 프로)를 꺾은 건 딥 블루의 승리 12년 뒤인 2009년의 일이다.

가리 카스파로프가 "딥 블루의 지능이란 프로그램 가능한 알람시계가 가진 지능과 아무 차이가 없었다"고 말한 것처럼, 체스는 무식하다고 말할 정도로 무지막지한 컴퓨터의 계산력에 의존해 인간을 이겼다. 그러나 컴퓨터의 연산능력이 아무리 발달해도 바둑은 이기지 못했다. 계산력만으로는 토지를 정복할 수가 없는 것이다.

08   체스 말의 모양을 보라. 각각의 말 하나하나가 모두 아름다운 조각이다. 체스와 거의 흡사한 우리 장기에 빗대보면, 차(車), 포(砲), 졸(卒), 마(馬), 상(象) 등의 각 기물은 정해진 기본 행마법이 있고, 그 기본 포진법도 정해져 있다. 그 정해진 형식대로만 움직일 수가 있는 것이다. 하나하나의 말에 의미가 있고 규칙이 있다. 그 외형만으로는 가장 아날로그적이지만 그 해법은 수학적, 디지털적이다. 반면 바둑은 검은색과 흰색, 마치 0과 1이 반복되는 컴퓨터 코드처럼 디지털적이다. 하지만 그 해법은 가장 아날로그적이다.

09   흔히 좌뇌는 언어와 논리를 담당하고 우뇌는 감정과 미학적 측면을 담당한다고 말한다. 읽기, 셈하기, 추론이 좌뇌의 일이라면, 우뇌는 얼굴 표정을 읽고 예술작품을 창작하고 서로의 관계에 의해서 이미지를 생성하는 일에 관여한다. 같은 사람의 뇌에서도 디지털적인 영역과 아날로그적인 영역으로 나뉘는 것이다.

좌뇌의 영역에서 컴퓨터는 이미 사람을 넘어선 지 오래다. 그러나 바둑은 체스보다 훨씬 우뇌적인 측면을 가진다. 포석에서부터 끝내기까지, 바둑은 상호 관계성은 물론 상상력과 직관, 심지어 철학까지 요구한다. 우리가 흔히 우뇌의 영역이라고 말하는 바로 그 패턴 인식이다.

바둑은 점이 선이 되고, 선이 면이 되면서 그려내는 하나의 패턴, 도형이다. 마치 하나의 예술적인 회화와도 같다. 바둑에는 다이내믹한 도형의 변화가 있다.

10   좌뇌우뇌설은 사실 과학적으로 검증이 되지 않았다. 그러나 좌뇌가 손상된 사람이 우뇌만으로도 바둑을 둘 수 있다는 놀라운

발견이 있었다. 실제로 자신의 아버지가 뇌졸중*이 와 언어도 못 하고 셈
도 못 하지만 바둑은 잘 됐다는 증언이 있다.

노인의학의 전문가인 도쿄대 의학부 오리모 하지메* 박사는 치매에 걸린
노인들의 뇌를 연구하다 놀라운 발견을 한다. 우뇌에 장애가 있는 사람
과 좌뇌에 장애가 있는 사람의 바둑의 양상이 달랐던 것이다. "우뇌에 장
애가 있는 사람은 바둑의 포석이 잘되지 않고 정석의 모양 인식도 어려워
대국 도중에 중단하는 경우가 많다. 반면 좌뇌에 장애가 있는 사람은 중
반의 공방이 허약해 수 싸움은 잘 못 하지만 포석이나 정석의 감각은 좋
은 편이다."*

인공지능계에 불을 붙인 미국 카네기멜런대 허버트 사이먼* 교수도 일찍
이 바둑이나 장기(또는 체스)의 고수들은 패턴 인식과 형성에 능한 사람들
이라는 연구 결과를 발표한 바 있다.

• Stroke | 折茂肇 |《요미우리 신문》, 1991년 10월 8일 | Herbert Alexander Simon

11   그러니 바둑의 경우의 수와 같은 물량적인 것을 따지는 것은
         의미가 없다. 바둑을 두는 뇌는 수학적인 것과는 그 과정이 정
반대다. 따져서 결론을 내는 게 아니라, 결론을 내놓고 따져본다. 그러니
까 "왜 거기다가 놓으려고 했어?"라고 물어보니 "거기밖에 놓을 수 없었거
든"이라는 대답이 나온다. 이유는 자신도 모른다. 거기다가 놓으려고 했던
'머리', 그것은 계산해서 한 게 아니다.

12   한국 화가로 전 세계 화단에서 명성을 얻고 있는 이우환 씨
         가 한 말이다. "그림을 그린다는 것은 바둑을 두는 것과 같다"
고. 그의 그림을 보지 못한 사람은 무슨 애긴지 모르겠지만, 그는 이무깃

도 없는 흰 화폭에 붓으로 한두 개의 점을 찍는다. "왜 거기에 점을 찍었어요?"라고 묻는다면 그는 바둑 두는 사람처럼 "거기밖에 찍을 데가 없었어요"라고 말할 것이다.

그의 그림을 보면 그저 점을 찍은 것이 아니라 점과 공백, 점과 점과의 관계에 포석을 하는 바둑과 다를 게 없다는 것을 안다. 결국 바둑은 수학자의 몫이 아니라 예술가, 화가의 몫이다.

지금까지 우리는 부분에 집중해왔다. 하지만 부분은 전혀 의미가 없다. 부분을 다 합쳐놓아도 홀리즘(Holism), 전체가 되지 않는다. 하지만 양자역학과 같이 부분과 부분의 상호 관계 속에서 의미를 찾기 시작한 것이 21세기 패러다임 시프트다. 그게 바로 바둑이다.

13 이세돌이 알파고를 유일하게 이겼던 제4국에서 이세돌이 둔 제78수를 두고 사람들은 '신의 한 수'라고 극찬했다. 그러나 정작 이세돌은 "그 수뿐이었다. 칭찬을 받아서 오히려 어리둥절"하다고 말했다. 나중에 사석에서는 "시간이 부족해 진짜 성공할 수 있을지 정확히 판단할 수 없어 직감적으로 둔 수"라고 말했다 한다. 그것을 우리는 직관 또는 영감이라고 부른다. 체스는 IQ *로 두고, 바둑은 그보다 몇 차원 높은 SQ *로 두는 게다. 바둑은 다른 보드게임과 달리 수를 읽는 것이 "상이니까 저기로 간다, 마니까 이렇게 간다"고 주어진 의미 안에서 움직이는 것이 아니다. 아무것도 없는 데서 아무 데나 둘 수 있는 자유, 아무 데도 놓을 수 없는 구속, 그것을 돌파할 수 있는 것이 바로 바둑 두는 사람들의 마음이다. ➥

돌파. Breakthrough 하니 생각이 난다. 하사비스의 뇌 과학 논문은 2007년도 《사이언스》지의 '가장 역량 있는 논문'(Breakthrough of the year)으로 선정됐다. 고갯길은 고속도로 같은 직선 길로는 절대 못 넘어간다 하지 않았나. 이럴 때 터널을 파는 것도 브레이크스루라고 한다.

• IQ(Intelligence Quotient, 지능지수) | SQ(Spiritual Quotient, 영성지수) | ↪ 6 태극 고개 5-12〉

14 　　서울에 와서 바둑을 두고 또 이겼다는 것은 튜링 때부터의 오랜 숙원을 푼 것이다. 컴퓨터가 생기기 전부터 바둑은 그들에게 미지의 리트머스지 같은 것이었다. 사람의 영감을 수학으로 풀 수가 있으면, 그건 앞으로 인공지능도 만들 수가 있다는 것이다. 수학으로 이미테이션 프로그램을 짤 수 있다는 이야기다.

튜링도 알파고의 출현과 알파고가 서울에서 이세돌을 꺾을 것은 상상 못 했을 게다. 만약 알았으면 자기가 다 먹지 못한 사과를 컴퓨터 로고로 해 준 스티브 잡스를 보고 놀란 것보다 더 놀랐을지 모른다.

15 　　딥 블루가 체스를 꺾었을 때도 그렇게 놀랐겠는가. 싱귤래리티가 바로 가까이 왔다고, SF 영화가 현실로 다가왔다고 인공지능 연구자들이 말해 왔는가. 아니다. 컴퓨터가 생기기 이전부터 그들이 만들고자 하는 인공지능이 실현되려면 그 마지막 넘어야 할 고개가 바둑이라고 생각해왔던 거다. 알파고가 만들어져 이세돌을 이기는 순간 수적 양적 차이가 아니라 질적인 차이, Something Great, Something X가 풀린 것이다.

체스와 인공지능

바둑을 몰랐던 서양에서는 수학자들이 체스에 관심을 가졌다. 컴퓨터가 생기기 전 개념적으로 머신을 설계했던 튜링은 1948년 종이 위에 자신이 제안한 알고리즘을 실행한 체스 프로그램 '튜로챔프'*를 만들었다. 컴퓨터조차 사용하지 않은 이 체스 프로그램

맨체스터 베이비(Manchester Baby) 연구팀에 투입된 앨런 튜링이 만든 것이 '맨체스터 마크 1'(Manchester Mark 1)이다. 이를 최초로 상용화한 컴퓨터가 바로 '페란티 마크 1'으로, 사진은 튜링과 동료들이 '페란티 마크1'을 구동하고 있는 모습이다(1951).

은 녹록지 않은 실력을 발휘, 함께 연구한 동료 챔퍼나운의 아내를 이길 정도였다. 클로드 섀넌도 마찬가지다. 아직 인공지능이라는 개념이 생겨나기도 전인 1950년 "체스를 두는 컴퓨터 프로그램"*이라는 논문을 발표하였다. 이것은 최초의 컴퓨터 체스 알고리즘으로 딥 블루의 이론적 기반이 된다.

독일의 컴퓨터 과학자 디트리히 프린츠*는 최초의 상용 컴퓨터 '페란티 마크 1'*이 나오자마자 그것으로 최초의 체스 프로그램을 작성했다. '게임 인공지능'은 앨런 튜링의 동료인 크리스토퍼 스트레이치가 1951년에 체커 프로그램을 만든 게 처음이다.

"기계는 생각할 수 있는가"*를 논의한 튜링으로부터 시작되어 지금까지 지속되고 있는 인공지능 연구는 기계와 사람과의 보드게임 대결을 통해 그 결과와 성과를 측정하곤 하였다. 그래서 체스 인공지능 연구는 컴퓨터와 AI의 역사와 그 궤를 같이한다. 최초의 미국과 소비에트연방 과학자들 간 '컴퓨터 체스' 경기를 주도한 인물이 AI라는 말을 처음 만들어 쓴 존 매카시라는 사실은 널리 알려진 이야기다.

* Turochamp | "Programming a computer for playing chess" | Dietrich Prinz | Ferranti Mark 1 | "Computing Machinery and Intelligence", 1950년 학술저널《Mind》에 튜링이 발표한 논문

셋째 꼬부랑길

바둑의 복기

01 알파고 덕분에 놀라운 것들을 발견한다. 체스, 장기와는 다른 바둑만의 세계 말이다. 고정된 룰이 아니라 각 말들과의 관계로 이루어지고, 장기는 게임이 진행될수록 말이 적어지는데 바둑은 둘수록 말이 늘어난다는 것, 장기는 죽이는 게임이고 바둑은 살리는 게임이라는 것, 그리고 적과 상호 경협˙해야 한다는 것 등이 그거다.

˙ Coopetition

02 경기가 끝나면 보통의 경우 그 승패에 대해서만 관심을 둔다. 그런데 바둑은 다르다. 승패에 관계없이 이미 끝난 게임을 다시 처음부터 되풀이한다. 비디오라면 돌려보기의 단추를 누르는 것과 같다. 생각해보라. 스포츠 경기가 끝나고 보여주는 것은 비디오 리플레이다. 그런데 바둑의 복기는 리플레이가 아니라 실제로 플레이어가 다시 하는 거다. 그런데 알파고가 하는 리플레이의 뜻과 이세돌이 그때 경기를 리플레이 하는 것은 다르다. 똑같은 복기˙였지만 알파고에게 복기는 '강화학습'의 일무였을 것이고 이세돌은 사기가 둔 파싱을 나시 만빈 가보는 복

기의 매너다. 하나의 도,* 바둑 정신이다.

굉장한 충격을 받았다. 그것이 바로 내가 서문에서 말한 한국 이야기의 특성인 '꼬부랑고개의 이야기 원리'와 일치한다. 꼬부랑 고갯길은 떠난 자리로 유턴해서 제자리로 돌아오는 (회귀하는) 것 같다. 그러나 마라톤이 반환점을 돌아 골인 지점으로 오는 것과 달리 이 꼬부랑길은 제자리로 오는 것 같지만 전진하고 있다. 복기도 다시 두는 것 같지만 조훈현도 말하듯 새로운 시작이다.

* 復棋 | 道

03 누가 시간을 불가역성이라고 정의했는가. 그건 서양의 기사* 들 이야기다. 그들은 승전의 개선은 있어도 지고 이긴 싸움을 다시 거슬러 재현하지는 않는다. 물론 서양 체스에도 게임의 수를 찾기 위해서 자기가 둔 시합을 다시 해보는 수는 있다. 그러나 그것이 체스의 매너요 룰은 아니지 않은가.

알파고의 알고리즘은 본래 복기를 기본으로 한다. DQN이라는 것 자체가 피드백과 교정의 과정을 거치면서 성장하는 거다. 그러나 이건 제 혼자 하는 강화학습이다. 그런데 인간의 바둑은 누가 이기고 지든 서로 다시 두는 거다.

* 騎士

04 이번 알파고 이세돌에게서 중요한 것을 배웠다. 누가 이기고 졌느냐가 아니다. 알파고가 강한 것은 학습을 통해 문자 그대로 강화학습*을 하는 거다. 지든 이기든 시합만 하면 강해지고 성장한다. 이게 두렵다는 거다. 지금까지의 인공지능과 달라서 저 혼자 학습을 해서

수를 찾아낸다.

알파고에는 학원 선생이 없다. 자습시간에 공부하는 녀석들 보았나. 덮어 놓고 떠든다. 그런 면에서 알파고는 범생이고 절대로 서양 칼잡이 기사들한테서는 배울 수 없는 것을 배운다. 기사들의 복기. 복기를 잘해야 고수*가 되고 명인*이 되고 입신*하여 기성*이 된다. 체스에서 이긴 사람은 그야말로 영웅이다. 왕만 잡으면 되는 게임에서 왕을 잡았으니까. 이걸 졸이 해낼 수도 있다. 하지만 바둑에서 이긴다는 것, 기성이 된다는 것은 성인, 신선이 되는 게다.

• DQN | 高手 | 名人 | 入神 | 棋聖

05

알파고와 둔 바둑을 묵묵히 복기하던 이세돌처럼 나도 떠난 자리로 돌아와 다시 꼬부랑 이야기를 한다. 인류의 운명을 바꾼 명소로 관광객들이 찾았어야 할 광화문 현장에는 지금 어떤 기념 표석도 없다. 배너 하나, 바둑판 하나, 바둑알 하나 남아 있지 않다. 그래서라도 나는 내가 신문, 방송, 또 강연에서 인공지능에 대해 지금까지 내가 한 말들을 정리하는 동시에 이세돌과 알파고의 대국을 복기하는 시간을 가지려는 게다.

복기는 과거로 돌아가는 것이 아니다. 꼬부랑 할머니는 꼬불꼬불 가다 보면 제자리로 오는 것 같지만 조금 더 위로 올라가 있다. 복기도 회귀 같아 보이지만 이미 꼬부랑길을 돌아 올라온 게다. 그래서 알파고 바둑 이야기가 우리 과거와 미래의 이야기, '한국인 이야기'가 되는 거다.

태극 고개

알파고가 발견한 인간

그 현장의 사진

01　여섯 번째 고개를 넘으려면 다시 그 이세돌과 알파고가 바둑을
　두던 날 그 현장으로 유턴해보자. 사건을 수사할 때 셜록 홈즈
같은 탐정이나 콜롬보˚ 같은 형사들은 항상 그 현장으로 가서 문제를 해
결한다. 바로 현장 검증이라는 거다. 머리카락이니 담배꽁초 하나 소홀히
하지 않는다. 이때 가장 중요한 것이 현장 보존이다. 그런데 알파고 이야
기하는 사람들은 거꾸로 그 현장을 벌써 잊었거나 망가뜨린다.

˚ Columbo

02　제일 뒤 배경에는 KBA 한국기원과 그 가운데는 구글 딥 마인
　드의 로고가 보인다. 그 아래로 Challenge Match와 대전 날짜
가 보인다. 그리고 우측 상단에 있는 것이 우리의 관심거리인 알파고 로
고다. 그런데 알파고는 없고 바둑판 앞에 정좌해 있는 이세돌이 보인다.
그 앞에 한때 로봇으로 오인되기까지 한 아자 황이 있다.
좀 더 자세히 보자. 그 하단에 있는 판 말이다. 거기에는 영국 깃발과 태극
기가 나란히 찍혀 있고 각기 그 깃발 위에는 알파고와 이세돌의 이름이

적혀 있다. 바둑알들이 밤하늘에 반짝이는 별들처럼 디자인되어 있다. 우주인 게다. 그것을 배경으로 63빌딩, 남산 타워, 광화문, 서울의 예와 오늘을 상징하는 얼굴이 보인다.

이 사진만 제대로 봐도 인공지능을 말하기 전에 바둑이 뭔지부터 따지게되었을 것이다. 현재 눈앞에 벌어지고 있는 것은 바둑을 두는 게 아닌가. 그런데 지금과 전연 다르게 그는 누구와 지금 바둑을 두는가. 여기서부터 문제를 시작해가면 모든 문제들이 풀린다.

03 누구나 처음 만나면 이름부터 묻는다. 그게 순서가 아닌가. 옛날 객줏집에서 과객들이 서로 만나면 무엇부터 하는가. 통성명부터 한다. 그게 빠진 거다. 그러니 알파고, 이세돌의 이름부터 따져보는 것이 문제의 시발점이다. 왜 알파고인지, 이세돌의 이름이 무언지. 시금

여기에서 대국하고 있는 것이 누구인가 알아야 할 거 아닌가.

알파고의 이름에 대한 이야기는 앞에서 이미 했다. 알파(Alpha)는 그리스 말에서 온 알파벳의 첫 번째 문자 'α'에서 딴 것이라고 했지만, 뻔한 담배 꽁초라도 다시 그것을 주의 깊게 검사해보면 범인의 지문과 타액이 나와 단서를 잡아내듯이 이 '알파'라는 이름도 조금 더 깊이 들어가면 남들이 눈치채지 못한 중요한 다른 의미를 발견할 수 있다.

04   알파의 어원을 따지기 전에 먼저 물을 것이 있다. 구글에서 만 들었는데 왜 '구글고'(GoogleGo)가 아니고 알파고인가.

구글이 2015년 8월 지주회사 '알파벳'을 만들고 그 아래 자회사 중의 하 나로 들어간 것을 아는 사람이라면 어쩌면 그 알파란 말은 구글을 대신하 는 새로운 회사명에서 따온 것이라고 대답할 게다. 맞다. 구글이 알파고를 만들어 이벤트를 했을 때는 이미 지주회사 알파벳 체제로 전환이 끝난 다 음이었다. 우리가 알고 있는 세계적 브랜드인 구글이라는 회사 이름이 알 파벳 중 하나인 G가 된 것이다.

05   그런데 왜 이름을 바꿨나. 이게 미스터리다. 그 단초를 알아내 게 되면 왜 회사명을 바꾸고, 왜 알파고 같은 이벤트를 하게 되 는지 우리가 모르는 깊은 전략과 속마음을 검증해낼 수가 있다. 이미 널 리 알려진 이름을 포기하고 지주회사를 새 이름으로 만들기란 쉬운 일이 아니다. 뒤에 자세히 이야기하겠지만, 구글은 구골*의 숫자의 세계에서 알파벳의 문자의 세계, 다시 말해 디지털에서 아날로그로 나오는 중인 게 다. 이름을 바꾼다는 것은 변화하고 새롭게 출발하겠다는 다짐이며 선포 다. 알파고 이벤트를 벌인 것은 그 선포를 위한 하나의 방편에 해당한다.

구글이 검색 회사만은 아니라는 것을 만천하에 천명한 게다.

* googol

06 알파는 그쯤 해두고, 그런데 '고'는 뭐냐? 영어로 Go다. 고유명사의 표시인 대문자 G로 되어 있지만 '간다'는 의미와 곧잘 혼동된다. 인공지능의 선두주자로 자처하는 구글 번역기로 알파고 기사를 돌려봤다. "Go Genius Lee Sedol", 바둑천재가 아니라 "이동 천재 이세돌"로 나온다. 기절초풍이다.

그러나 '이동'의 의미는 꼭 틀린 것인가? 아니다. go의 의미도 있다. 처음(알파)으로부터 시작한다는 뜻을 담은 게다. 알파고 다음에 바로 나온 게 포켓몬고 *이지 않나.

* Pokemon Go

07 바둑을 뜻하는 Go를 앞에서 일본말이라고 했지만, 이것도 더 깊이 들어가면 원래는 중국어다. 중국의 한자에는 북방계의 한음 *과 양쯔강 하구 남방계의 오음 *이 있다. 바둑을 뜻하는 '碁' 자를 한음으로 읽으면 '기'가 되고, 오음으로 읽으면 '고'가 된다. 한국은 한음을, 일본은 오음을 사용할 때도 많다. 우리는 대륙에, 일본은 해양문화에 속하는 그 차이까지도 읽을 수 있다. 그러나 누가 이걸 오음을 따온 것인 줄 알고 있나. 다들 일본말이라고만 한다.

'고'라는 말 한마디에서도 종주국인 중국, 최강국인 한국을 따돌리고 일본이 알려진 게다. 다들 일본말이기 때문에 바둑을 일본이 대표하는 것으로 알게 되는 거다. 유럽에서 동아시아 문화를 대표하는 것은 중국이나 한국이 아니라 일본이란 뜻이나. 바둑판이 아니라 한국이나 중국 깃이 일본의 원조로 되어 있는 것이 하나둘이 아니다.

* 漢音 | 吳音

08 기원이 한국 것이거나 중국 것인데도 서양에 가면 일본 이름으로 불리는 것들이 많다. 그게 눈에 밟힌다고 융통성 없는 국수주의자가 되는 건 아닐 게다. 우리가 전수한 옻칠이 아예 유럽에서는 재팬*이다. 이미자의 동백 아가씨가 한때 왜색 시비로 몸살을 겪었지만, 그게 대수냐? 동백꽃의 세계 공통 이름, 학명은 아예 '자포니카스',* '일본 꽃'이다.

무엇보다 라틴어로 된 학술명이라면 그래도 눈감아 줄 수 있는데 일상용어에까지 파고든 일본식 명명법을 보면 화가 치민다. 김치가 기무치*로 알려지는 것은 어제오늘의 이야기가 아니지만, 인삼하면 한국인데도 "심봤다"라고 할 때의 한국 고유의 말 그 '심'이 아니라 한문의 삼*이 되고, 일본에서는 닌징*(당근도 닌징이라 하여 그 구별조차 안 된다), 영어로는 진셍*이다. 그 정도라면 해명하지 않아도 스스로 밝혀질 것이다. 하지만 애틋한 오누이의 전설이 서려 있는 금강산 제등화에 그것을 발견한 일본인의 이름과 관료의 이름, 두 사람의 이름을 따서 '하나부사야 아시아티카 나카이'라는 학명이 붙어 있는 데는 슬픈 생각마저 든다.

바둑 자체가 그렇지만 한국 문화는 외국 사람이 보면 그게 그것으로, 거대한 중화의 주변 문화로 보인다.

* Japan | Japonicas | kimuchi(キムチ) | 蔘 | にんじん | Ginseng

09 내 손자 녀석에게 한국이 어디에 있는지 가르쳐주려고 세계지도를 보여준 적이 있다. 그때 녀석이 얼굴이 씨뻘게져서 뭐라

고 한 줄 아냐.

"누가 이렇게 남의 나라를 쬐끄맣게 그려났어? 나쁜 사람이야."

그래. 맞다. 나쁜 사람들이다. 그런데 말이다. 그 애가 알아들었는진 몰라도 나는 이렇게 말했다. "야, 이렇게 큰 나라 밑에 어떻게 이런 쬐끄만 나라가 몇천 년 동안 여기에 있는지 대단하지 않아? 네가 말하는 그 나쁜 사람들 틈에 끼어서 말이야."

10 알파고 이름만이 아니다. 우리가 익히 들어온 이세돌(李世乭)이라는 석 자 이름에도 우리가 모르는 뜻밖의 의미가 있다. 한자 말에서 우선 중국의 그늘이 보인다. 고구려 시대 안시성에 쳐들어와 연개소문과 전쟁을 치르다 애꾸눈이 되었다는 당 태종 이세민˙의 이름과 앞의 두 글자가 같다. 누가 이세돌이 한국 이름인 줄 알겠는가. 여기까지만 봐서는 어깨가 좁아진다.

˙ 李世民

11 그런데 잠깐! '돌'(乭)은 뭐냐. 돌이, 돌쇠 할 때의 순수한 우리 토박이 이름이다. 그러니까 모양은 한자 같지만 중국에도 일본에도 없는 글자다. 돌 석(石)에 새 을(乙)을 더해 향가의 이두처럼 만든 글자다. '돌' 자만은 한국 고유의 한자인 게다. 그래서 일본에서는 한자 '乭'만 도루(ドル)로 표기한 李世ドル로 표기한다. 중국에서는 '돌' 자를 석(石)으로 바꾸어 '李世石'로 표기하다 최근에는 그냥 '李世乭'로 쓰고 '乭'을 '스' 혹은 '다오'로 읽기도 한다.

사실 '세'자도 음만으로 읽으면 하나, 둘, 셋 할 때의 그 세다. 실제로 이세돌은 3남 2녀 중 셋째 아들이라 하니 셋째아들 '세돌'이란 뜻도 된다. 내

말이 억지 같은가? 그의 둘째 형 이름은 차남(次男)할 때의 차돌(次乭)이란
다. 그러니 세(世) 자는 잠깐 한자를 빌린 거다.

성까지도 그렇다. 당태종 이세민의 '이'가 아니다. 이것저것 할 때의 지시
대명사로 보면 '이'세돌이다. 멋있지 않나. 니체의《이 사람을 보라》*라는
책 제목이 떠오른다. "에체* 세돌"이다.

기죽지 말라. 날개를 펼 수 있다. 작은 새도 날개를 펴면 크다.

• 《Ecce Homo》 | Ecce

12 현장 검증을 하니 알파고가 그렇듯, 이세돌 이름도 깊은 뜻을
또다시 발견할 수 있다. 다시 복기하다 보니 이게 보통이 아닌
게다. 다 주변 문화에 먹힌 줄 알았는데 한국의 그것이 여전히 있다. 모두
를 다 남에게 내준 것처럼 보이지만 그게 아닌 거다. 다 타버린 줄 알았는
데 그게 아니다. 그 재에서 불사조가 되어 날아오르는 것이 한국 문화다.
바둑만 해도 그렇지 않은가. '치'도 '고'도 아니라 우리 고유한 말 '바둑'이
란 말이 '기'라는 말과 공생하고 있다. 한국이 일본보다 근대화를 더 빨리
하고 우리 문화가 동아시아를 대표했다면 알파고는 '알파바둑'이 되었을
거다.

13 일본은 중국의 말을 가져와 그대로 썼지만 우리는 우리의 고유
한 말을 만들어냈다. 바둑만이 아니라 문자도 그렇다. 일본의
가나*는 한자에서 하나씩 떼온 말이다. 그러나 우리 한글은 전혀 한자와
다른 시스템으로 만들었다. 똑같이 한자 문화권임에도 일본은 한자를 모
방하는데 우리는 독창적인 문자 체계를 만들어낸 게다. 인공지능이라고
다르겠나.

문화적으로 혼자 앉아 있는 것이 외롭지 않은가. 그러나 뒤에 다시 거론하겠지만 이 외로움이 대단한 거다. 이세돌이 중국인이나 일본인이었더라면 그렇게도 당당하고 지고도 이기는 그 기상을 보여줄 수 있었겠는가.

・ かな

제등화 이야기

금강산에 금강초롱꽃 *이라는 꽃이 있고 거기에 얽힌 전설이 있다. 부모 없이 난둘이 살던 오누이 중 누이가 병이 든다. 누이의 약을 사려고 어린 남동생이 눈이 펑펑 오는 산길을 내려간다. 돌아올 시간이 되었는데도 돌아오지 않는 동생이 걱정된 누이는 눈 속에 동생이 집을 찾을 수 있도록 집 앞에 나가 등불을 들고 서 있다가 얼어 죽어 꽃이 되었다. 그래서 지금도 금강산에서는 눈구덩이 속에서 등불 같은 꽃이 피는데 그게 제등화다. 참 애절한 전설이다.

일본의 식물학자 나카이 다케노신 *은 자신에게 조선 식물 연구를 제안한 하나부사 요시카타 *의 이름을 따서 'Hanabusaya asiatica Nakai'라는 학명을 붙였다. 한반도의 금강산 고유 식물에 애틋한 전설의 오누이 대신 두 일본인의 이름이 들어와 있는 것은 너무나도 역사의 아이러니다. 또 조선화관·평양지모 *라고 불리는 꽃의 학명 'Terauchia anemarrhenaefolia Nakai'에는 초대 조선총독 데라우치 마사타케 *의 이름이 들어가 있고, 울릉도가 원산지인 섬초롱꽃의 학명은 'Campanula takesimana Nakai'다. 울릉도 원산인데 일본이 주장하는 독도의 이름인 '다케시마'가 들어가 있다. 국토만이 아니다. 언어 전쟁에서도 우리는 뼈아픈 타격을 받는다.

• 金剛提燈花 | 中井猛之進(1882~1952) | 花房義質(1842~1917), 일본의 초대 조선 주재 공사 | 朝鮮花菅·平壤知母 | 寺內正毅(1952~1919)

둘째 꼬부랑길

영국은 늙은 제국이 아니다

01　　다시 돌아와 처음의 그 사진을 보자. 좁게 보면 알파고 인공지
　　　　능과 이세돌의 대전이다. 그 대전 간판에도 그렇게 쓰여 있지
않았던가. AlphaGo vs Lee Sedol. 그런데 그 아래에는 유니언잭과 태극
기가 각기 그려져 있다. 인공지능과 인간지능이 맞짱을 뜨는 게 아니라
월드컵 경기처럼 영국 팀과 한국 팀이 붙은 거다. 기계 대 인간이라고 관
전평을 했는데 사실은 영국 대 한국이더라.

02　　내가 어렸을 때 들은 이야기다. "영국은 해가 지지 않는 나라"
　　　　라는 게다. 제국주의 시절 전 세계에 식민지를 만들어 영국기
가 꽂힌 어딘가는 항상 낮일 수 있었다. 알파고를 파고들다 잊고 있던 그
말이 떠올랐다.
그러고 보니 컴퓨터가 전부 영국과 관련된 거다. 영국은 튜링 테스트로
'지능을 가진 기계'의 개념(지능을 가진 기계, 그것이 AI다)을 만든 앨런 튜링
의 나라만이 아니다. 맨체스터 베이비라는 최초의 저장 프로그램을 사용
한 선사 디지털 컴퓨터도 영국에서 시작되었지 않았나.

6. 태극 고개　127

03 어디 그뿐인가. 컴퓨터의 아버지 찰스 배비지,˙ 인공지능 최
초의 이브 에이다 러브레이스,˙ 그리고 '불 대수'를 만든 조지
불˙ 모두 영국 사람이었다. 이번 알파고의 이벤트를 통해서 인공지능이
뭐냐를 알았고 인공지능을 통해 한국을, 이번에는 또 영국을 재발견했다
는 거다. ➴

우리는 컴퓨터 하면 실리콘밸리만 생각했는데 영국이 있었던 게다. 그러
니 영국 이야기를 하지 않으면 안 된다. 산업혁명이 그랬듯이 컴퓨터도
영국에서 시작되었지만, 그들의 식민지였던 미국이 컴퓨터와 정보 산업
의 본고장으로 발전했다. 하지만 이번 알파고는 다시 영국의 깃발 아래
온 거다.

˙ Charles Babbage | Ada Lovelace | George Boole | ➴ 7 AI의 마을로 가는 고개 2-06

04 '산업화는 늦었지만 정보화는 앞서가자.' 이것은 일본에까지도
널리 알려진 한국의 구호다. 이 기치를 들고 그동안 일인 시위
를 하듯 글을 써왔던 나에게 알파고의 의미는 특수하다.

산업화는 영국이 했지만 정보화는 우리가 하자고 외쳤고, 알파고 전까지
만 해도 그렇게 되었다고 믿고 있었다. 그러나 이제 와 보니 산업화의 시
발점 영국이 정보화에서도 앞장서 있는 거다. 충격이 크다. 단순한 구호가
아니라 사실상 정보화의 선두주자로 한국이 영국보다도 앞섰다고 생각했
는데 그게 무너졌으니, 나에게는 이중으로 충격이다.

05 20.5Mbps.
이것을 보여주고 무슨 뜻인가라고 알파고 포비아에 걸린 사람
들에게 물어보면, 과연 어떤 해답이 나올까. 자동차에 부착된 FM 방송의 주

파수꿈으로 알지 않을까. 그러나 그 정답은 인터넷 데이터 전송속도*를 가리키는 숫자다.

세계 1500개의 미디어에서 기사를 엄선하여 꾸미는 꾸리에*라는 잡지가 있다. 거기에서는 매호 세계 제1위를 마크한 상징적인 숫자를 보여준다. 2016년에는 한국인이 누리고 있는 인터넷 속도가 등극하게 된 거다. 세계에서 제일 빠른 20.5Mbps. 일본은 세계 7위로 15Mbps, 구글이 있는 미국은 16위로 12.6Mbps, 그런데 막상 알파고를 낳은 영국은 10위권 안에도 들지 못한다. 그러니 이게 자랑스러운 숫자인지 부끄러움의 숫자인지 선뜻 대답하기 힘들다.

그뿐이 아니다. 2015년 5월의 외신*에 따르면 서울은 세계에서 가장 인터넷 환경이 뛰어난 도시 20개를 선정한 리스트에서도 1위에 올랐다. 서울을 선두로 홍콩, 도쿄, 싱가포르, 바르셀로나, 몬트리올, 시애틀, 제네바, 스톡홀름, 헬싱키의 순이다.

• Bit Per Second | 《Courrier》. 2016년 3월호(vol. 136) | Conner Forrest, 《TechRepublic》. 2015. 5. 4.

06 세계 최고의 인터넷 데이터 송신의 기반시설에 세계에서 가장 인터넷 환경이 뛰어난 도시로 선정되면서도 어째서 인터넷의 혁명이라는 AI에는 또 지각생이 되어야 하는가. 거북이에 진 토끼가 된 셈이다. 그래서 알파고는 우리를 자만의 잠에서 깨우는 자명종 역할도 한 것이다.

알파고를 공부하면 우리가 모르는 여러 가지 데이터가 나온다. 인터넷 속도는 우리에게 한참 뒤지지만 막상 모바일에서는 영국이 1위의 자리에 있다는 것을 이번에 알게 된 거다. 그뿐인가. 우리보다 5만 배 빠른 인터넷 케이블을 발명했다는 소식도 있다. 영국은 우리가 알고 있는 산업주의와 함께 몰락해가는 늙은 제국이 아니다. 알파고가 그걸 나에게 알려줬다. 알파고 꼬불길, 꼬불고개에서.

07 곧은길로 고속도로처럼 휙휙 지나는 사람들은 알파고의 그 출생의 비밀에 궁금증을 갖지 않는다. 지피지기면 백전불태라 했는데 우리는 우리의 목적지만을 향해 질주한다. 월드컵 때도 우리 편 선수만 응원한 나머지 상대 선수가 누구인지를, 세계적 스타플레이어들인데 별로 알려고 하지 않았다.

영국 출신이지만 미국에 양자로 간 알파고다. 영국과 미국의 깊은 관계는 구글과 알파고에서만 보이는 게 아니다. 훨씬 이전, 2006년 당시 야당 섀도 내각의 재무장관으로 내정되어 있던 조지 오스본 * 이 실리콘밸리를 방문했을 때 이미 그 징조가 시작된다.

구글의 CEO를 만난 자리에서 오스본은 이런 질문을 한다. "오늘날 세계인이 사용하고 있는 WWW * 의 프로토콜은 팀 버너스 리 * 가 창안한 것이다. 그는 영국인이다. 그런데 왜 영국에는 당신네 회사와 같은 구글을 만들지 못하는가." * 그 말이 우리의 가슴을 뜨끔하게 한다.

* George Osborne | World Wide Web | Tim Berners Lee |《Courrier》, 2016년 2월호(vol. 135)

08 에릭 슈미트 * 가 묻는다. "영국의 학교에서는 IT 교육을 어떻게 시키고 있느냐?" 오스본은 당연하다는 듯이 "그야, 워드프로세스와 엑셀 표 만드는 기초교육이 아니겠는가. 우리는 일찍이 초등학생들에게 컴퓨터 교육을 시키고 있다" 하자 슈미트가 다시 반문하기를, "영국에는 컴퓨터 과학의 놀라운 전통이 있지 않은가. 그런데도 학교에서 아직

도 워드프로세서의 문서 작성 밖에는 가르쳐주지 않고 있다니 시대에 뒤처질 수밖에 없지 않소." 그러고는 교육 프로그램에 컴퓨터 프로그래밍을 넣어보라고 충고했다. 그 순간 미구에 카메론 내각의 재무장관으로 입각하게 될 그에게 큰 선물이 된 필이 꽂힌 게다. 쓰는 법이 아니라 만드는 법을 가르치라는 이야기다.

들어보니 별 신기한 말도 아니구먼, 그 왜 탈무드'에 이런 말이 있잖은가. "고기를 주지 말고 낚시질을 가르쳐주라." 그런데 슈미트가 해준 조언의 여파란 장난이 아니었다.

• Eric Emerson Schmidt | Talmud

09 오스본은 장관직에 취임하자 즉각 영국 교육을 뒤엎는다. 2012년 1월 영국은 그동안의 IT 관련 커리큘럼을 다음 해부터 완전히 폐지한다고 발표하고 그 대신 '컴퓨테이셔널 싱킹',' 즉 문제해결 능력을 기르는 교육으로 방침을 바꾼다. 알파고의 딥 마인드가 이러한 것과 결코 무관할 수가 없다.

• Computational thinking

10 2014년 영국은 5~16살 학생들의 커리큘럼에 컴퓨터 과학을 필수과목으로 도입했다. 흔히 말하는 G7에서는 처음 시도한 것이다. 여왕이 아직도 신데렐라 마차 같은 것을 타고 다니는 아주 보수적인 나라에서 G7의 어느 나라에서도 시도하지 않은 것을 했다. 5살부터 프로그래밍을 배우고 7살이 되면 간단하게 프로그램을 사용하고 그걸 작성한 것의 오류를 찾아내는 디버그'가 가능하게 된다. 11살이 되면 일부 학생들은 현재 대학생들과 같은 컴퓨터 관련 개념을 배운다.

앞으로 아이가 인생에서 성공하려면 읽고 쓰고 계산하는 능력만으로는 안 된다. 그것처럼 프로그래밍을 할 수 있는 능력을 갖춰야 한다. 이게 큰 흐름이 되었다. 오늘날 영국에서는 이렇게 생각하는 학부모들이 점점 늘어가고 있다는 소리도 들린다. 크리스마스 선물로 스마트 완구(스마트가 붙으면 AI라고 생각하는 게다)를 받는 아이들이 많아졌다. 프로그래밍이 가능한 플라스틱 로봇이나 유치원에 다니는 아이들을 위한 프로그래밍을 배우는 보드게임 등이 바로 스마트 완구이다.

• Debug

11 우리도 한때의 영국과 비슷했다. 컴퓨터 교육이라고 하면 의심 없이 워드 프로세서와 엑셀을 가르치는 것이 상식이고 또 자랑이었다. 그러나 이것은 컴퓨터를 사용하는 방법, 일종의 소비를 가르치는 거다. 만들어 놓은 것을 쓰는 사람에서 쓸 것을 만드는 사람으로, 소비자 교육에서 생산자 교육으로 우리도 전환해야 한다. 그것이 새 시대에 적합한 컴퓨터 교육법이다.

컴퓨터 프로그래밍은 실용적인 교육이기도 하지만, 생각하는 방법 자체를 바꾸는 창조교육이기도 하다. 그렇다. 컴퓨터 교육은 리싱크˚다. 스티브 잡스˚ 사후에 공개된 그 인터뷰 내용에 기가 막힌 소리가 나온다. "모든 사람들이 컴퓨터를 프로그래밍하는 방법을 배워야 할 것입니다. 그렇게 되면 사고하는 것이 어떤 것인지를 알게 되니까요."

• Rethink | Steven Paul Jobs

12 우리나라 장관이 실리콘밸리를 방문하고 구글 임원도 만나는 광경은 이미 우리에게 익숙하다. 그러나 오스본처럼 "구글과

같은 회사가 왜 우리에겐 없는가. 그렇게 하려면 어떤 교육을 해야 하는가" 같은 질문을 한다는 것은 조금 상상하기 힘들다. 그때 똑같은 이야기를 우리 장관에게, 혹은 우리 정치인들에게 해줬다고 하자. 돌아와 입각하자마자 전국 초등학교 아이들에게 컴퓨터 프로그램을 만드는 교육을 추진하게 되었다는 것은 더더욱 상상하기 힘들다. 아니 했다고 치자. 대학 진학을 유치원 때부터 경쟁하는 학부모들이 가만있겠는가. 강제로 프로그래밍을 가르치는 교육정책에 과연 박수만 치고 있었겠는가.

또 실리콘밸리를 시찰 간 사람이 오스본의 야당 시절처럼 국회의원이었다고 해보자. 돌아오자마자 청문회를 열자고 했을지도 모른다. 무슨 일이 생기면 그 문제를 해결하기보다 그게 누구의 탓인가부터 찾는 것이 한국병의 하나가 아닌가.

13 코로나 팬데믹으로 우리 교육도 큰 변화를 겪었다. 내가 오래 전부터 제안한 디지로그 교육은 온라인과 오프라인 교육의 병행이다. 이게 불가피한 사정 아래서긴 했지만 실행되었던 거다. 앞으로도 온라인 강의는 집에서 듣게 하고, 학교에서는 선생님이 대면교육으로 부족한 점을 보충해 주면 더 효과적일 게다. 집에서 배운 내용을 놓고 반 친구들과 함께 프로젝트형 수업을 수행할 수도 있다.

제도도 변화가 필요하지만 교육의 내용까지 바뀌어야 한다. 지식 전달에서 그치지 말고, AI 사회에 필요한 사고의 능력, 지혜를 가르쳐야 한다는 거다.

샛길

영국의 컴퓨터 교육

영국의 컴퓨터 교육 포스터

마이클 고브[*] 영국 교육부 장관은 2013년 1월 "코딩을 가르치지 않으면 아이들이 21세기를 살아가기 어려워질 것"이라고 강조했다. 영국은 2014년 9월 새 학기부터 초등학교에서 고등학교까지 이어지는 12년 교육과정에 컴퓨터과학을 정규과목으로 넣고, 영어 · 수학 · 과학 · 스포츠와 더불어 5개 필수과목 중 하나로 지정됐다. 단순히 코딩 기술만을 가르치는 것이 아니라 논리적 사고, 알고리즘에 대한 이해 데이터 분석 등의 능력을 종합적으로 기른다. 영국의 모든 아이들은 초등학교 6학년 때까지는 최소한 하나의 컴퓨터 언어를, 중학교 졸업 때까지는 두 개 이상의 언어를 익혀야 한다.[*]

2012년 영국에서는 미국의 code.org(아이들에게 컴퓨터 코딩을 가르치자는 캠페

인을 하는 미국의 비영리단체)와 비슷한 '코드클럽'*이라는 코드 교육 비영리단체
가 설립되었다. 9~11세 아이들에게 방과 후 프로그램으로 프로그래밍을 가르친다.
현재 약 1,970개의 코드클럽이 있고 2만7천명 이상이 이를 통해 코딩 교육을 받았
다. 영국 정부는 2014년을 '코드의 해'*로 지정했다.

- Michael Gove | "세계는 SW 교육 열풍… 영국, 5세 때부터 컴퓨터 언어 수업",《한국경제신문》2014
  년 8월 22일 기사 중 발췌 | codeclub | The Year of Code

셋째 꼬부랑길

왜 서울인가

01 나는 인공지능과 이세돌의 대결에서 앞으로 누가 이기든 솔직히 관심이 없었다. 절대로 구글이 지는 게임을 시작했을 리 없다고 믿고 있었기 때문이다. 모든 사람, 중국의 천재 기사라는 커제*까지도 알파고가 전패하리라고 했는데, 그는 바둑의 천재인지는 모르나 구글이 어떤 회사인지, 딥 마인드가 《네이처》지에 발표한 그 DQN의 힘이 어떤지는 전연 모르고 한 소리다. 내가 궁금해했던 것은 그 대국의 장소가 왜 한국이고 서울인가 하는 점이었다. 어디에 끌리는 마음이 있어서 북경, 동경 다 접어두고 서울에 왔는가. 그리고 왜 한국의 이세돌인가. 누구도 이 점에서 깊이 이야기하지 않는다.

• 柯洁

02 통설은 이렇다. 중국에서는 인터넷 검열 때문에 구글의 생중계가 어려워서 성사되지 않았다. 게다가 인프라도 한국을 따라가지 못한다. 그리고 일본에서는 대국을 할 만한 사람을 찾지 못했다는 것이 그 이유다.

바둑은 중국 사람이 만든 것이지만, 그것을 게임으로 길러 세계에 알린 것은 일본이었다. 에도 시대 때부터 네 파를 거느려 바둑 전통의 기반을 닦았다. 바둑 기사를 길러내는 실력에 있어서도 한국과 중국이 딸 수 없는 별의 위치에 있었다. 조치훈, 조훈현 등 한국의 국수*들은 모두 일본에 유학가서 바둑을 배웠다. 그런데 어떠했나. 아무리 청출어람이라고 하지만 한류 바둑이 천하를 다스린 게다. 일본 최고의 바둑기사인 이야마 유타* 9단은 당시 성적이 좋지 않았고, 기풍도 예상이 가능한 정석 스타일이었다. 그래서 결국 남은 것은 한국이요, 이세돌이라는 거다.

• 國手 | 井山裕太

03   과연 그럴까. 할 수 없이 등 떠밀려 서울에 왔는가. 구글이 어떤 회사냐. 구글이 자본을 얼마 들인 이벤트냐. 딥 마인드를 4억 달러에 사들인 것을 제외한다 해도 상금만 해도 100만 달러고, 경제 효과는 최소 줄잡아 1천억 이상이다. 그 빅 이벤트를 할 수 없이 한국에서 했겠나.
자존심이 좀 상하긴 하나 알파고-이세돌의 바둑 시합을 게임이라고 하지 않고 테스트라고 말하는 외지의 기사도 있다. 그래 일종의 과학 실험 같은 알파고의 성능 테스트라면 최고의 상대를 고르는 게 상식 아닌가.

04   알파고 같은 인공지능이 제일 무서워하는 힘이 바로 그 비밀이다. 그게 이세돌이다. 한때 젊은이들 사이에 유행했던 쌍기역(ㄲ)의 일곱 가지 힘. 꿈, 끼, 꾀, 끈, 깡, 꼴, 꾼. 그 힘을 가진 한국의 바둑, 이세돌의 바둑이 인공지능 알파고와의 대전을 가능하게 한 것이리라. 무엇보다 알파고의 노선을 선뜻 받아들일 '깡'이 있는 기사가 중국 일본

에 있었을까. 내리 세 판을 지고서도 계속 끌고 가 한판을 따내는 '끈기'의
(또 다른 의미의 '끈') 그 끈이 없었더라면 그게 새 문명을 여는 이벤트가 되
었을 것인가.

05　그러니 전 세계에서 알파고를 테스트할 사람은 이세돌밖에 없
었다. 그건 이세돌 특유의 기풍* 때문이지 인간끼리의 승부에
서 더 강하고 약한 것과는 관련이 없다.

바둑계에는 재미있는 말이 하나 있다. "이세돌은 악마와의 계약에 의해
바둑을 두고, 이창호는 신의 인도에 따라 바둑을 둔다"는 게다. 그래서 돌
부처 이창호는 신산,* 센돌 이세돌은 마왕*이다. 이세돌의 기풍은 종잡
을 수가 없다. 자신에게 이미 유리한 판세에도 대마 바꿔치기를 하는 대
범함과 뜬금없음이 이세돌의 특기다. 반면 패턴을 벗어난 의외성은 인공
지능의 가장 큰 약점이다. 알파고가 가장 약한 부분(의외성)에서 이세돌이
가장 강했던 게다.

알파고의 기풍은 "계산의 신으로 불렸던 이창호 9단의 전성기와 닮아 있
다"는 평을 받는다. 컴퓨터 공학과의 전신이 전산학과*라는 것을 생각해
보면 알파고의 기풍도 이해가 간다.

・棋風 | 神算 | 魔王 | 電算學科

06　인공지능은 튜링으로 시작해서 튜링으로 끝난다. 인공지능의
최고 성과를 이룬 사람에게 주는 상이 튜링상*이다. 그 튜링이
둔 미생*의 돌이 대한민국 서울에서 완생*의 집이 된 것이다. 드라마 〈미
생〉이 히트를 치고 나서 한국을 찾아온 알파고. 타이밍으로 봐서도 기가
막히게 절묘하다. 하나님이 쓴 시나리오 같다. 몇억, 몇조 원을 들여도 이

런 효과는 얻을 수 없다.

그 문제의 입구에 우리가 참여할 수 있게 되는 기회, 이것은 하느님이 주신 거다.

• Turing Award | 未生 | 完生

07 컴퓨터는 서양문명이 도달한 가장 큰 지성의 꽃이요 열매다. 그 열매가 선악과의 사과라고 말하는 사람도 있지만 독인지 약인지는 인공지능의 향방으로 결정 날 것이다. 그 길고 긴 레이스에 반환점이 바로 서울이었고 그 방아쇠가 바둑이며 이세돌이었다. "알파고가 뭐길래?"라는 말은 "바둑이 뭐길래?"라는 말과 똑같다. 바둑을 이겼다는 말은, 영화 〈트렌센던스〉 * 에서 핀을 완성한 윌이 컨퍼런스에서 발표하는 장면과 똑같은 장면이 한국 서울에서 펼쳐지고 있다는 이야기다.

그러나 우리는 그 영화를 볼 때는 싱귤래리티에 아예 관심이 없었다. 조금이라도 관심을 가졌더라면 지금의 한국은 어떻게 되어 있었을까.

• 〈Transcendence〉

08 하사비스가 1승을 하고 나서 700 몇 군데서 사설이 나오고 한국이 알파고로 떠들썩해지자 너무 놀라면서도 "주목을 받는다는 게 기분이 나쁘진 않네요"라고 말했다. 알파고를 만든 그조차 한국에서 이렇게까지 떠들 줄은 몰랐던 거다. 이것은 또 그대로 한국의 힘이다. 순간적으로 확 끓어올라 전 세계를 주목시킬 수 있는 힘은 한국이 가지고 있다. 구글이 한국에 올 때는 아마 이런 점도 노리지 않았을까.

09 언론이 그렇게 시끄러웠지만 막상 우리 정치가들은 별 논평을 내놓지 않았다. 기사를 찾아봐도 누가 누구와 함께 대국을 관전했다, 관심을 표명했다 정도의 동정 기사가 전부일 뿐 그것을 국정 현안과 연관시켜 미래를 대비하자는 글은 없었다. 몇몇 신문지상에 오른 외국인의 인터뷰와 기고문은 주로 위협, 인공지능에 대한 비판들이었다.

하지만 바둑 애호가로 알려진 중국 리커창* 총리는 3월 16일 베이징 전국인민대표대회 폐막 기자회견에서 알파고에 대해 언급하며 한중일 세 나라의 협력을 강조하는 발언을 한다. "인간 대 기계의 바둑 대전이 세 나라 모두에서 국민들의 큰 관심을 끈 것은 세 나라 문화가 닮은 점이 많다는 것을 보여주는 것"이라며, "세계 경제의 1/5, 아시아 경제의 70퍼센트를 차지하는 한중일이 지혜를 내 스마트 제조업과 과학기술 협력을 추진해 인간이 필요로 하는 고품질의 생산품을 만들어 내야 한다"는 게다. 그는 여기에 "우리들 사이에는 상호보완성이 매우 높아 손을 잡고 광활한 세계시장을 개척해 나갈 수 있다"는 말로 3국의 우호협력을 강조하는 발언을 덧붙였다.

• 李克强(Lǐ Kèqiáng)

10 리커창 총리의 말과 비교를 해보라. 우리가 정말 관심을 가져야 할 게 어디 있는지 알 게다.

지나온 역사 속에서 우리는 놀라운 힘으로 위기에서 벗어나는 순발력과 단결력을 보여왔다. 그리고 누구도 상상하지 못했던 열기*가 소용돌이, 토네이도 현상처럼 솟아오른다. 그런데 유사한 일이 벌어졌을 때 다시는 위기가 되풀이되지 않게 대응하는 학습에 있어서는 우리가 그리 꼼꼼하지 못했던 것도 사실이다. 차가운 이성에 기초한 합리적 대응은 약한 게다.

• fanatic

11 알파고의 이야기는 끝난 게 아니라 이제 시작하고 있다. 알파
고가 가져온 AI의 봄바람 말이다. 실리콘밸리 구글의 마운틴
뷰와 서울 광화문이 엮인다. 상상력을 조금만 동원하면 정말 짜릿한 느낌
이 든다.

실리콘밸리를 보고 어느 다큐 작가가 썼던 말이 기억난다. "거기에는 미
래가 현재를 깨문 이빨자국이 있다"고. 그런데 한국의 광화문은 어떤가.
과거가 현재를 씹고 있는 이빨자국이 있는 곳이다. 이순신 장군, 세종대왕
의 동상이 서 있어서 그런 것만이 아니다. 이 거리에서는 심훈이 〈그날이
오면〉에서 읊은 그대로 조선조 육조 거리, 전통의 이끼가 파랗다.

옛날 광화문을 복원하던 당시의 글을 다시 읽어 본다.

헐려도 다시 서고 옮겨도 제자리를 찾는 불멸의 문이 있다. 그것은 광화문(光化門)
- "빛이 사방을 덮고 가르침이 만방에 미친다"는 세종대왕께서 붙이신 이름 그대
로의 문이다. 어떤 어둠도 빛을 삼킬 수는 없다. 그래서 임진왜란으로 불타버렸
어도, 재건된 그 문이 일제의 폭정으로 다시 헐려 옮겨졌어도, 그리고 그것마저
6·25의 전화로 소실되었어도 보아라. 밤이 지새면 영락없이 다시 솟는 아침해처
럼 지금 떠오르는 광화문의 빛. ➦

➦ 6 태극 고개 3-샛길

광화문이 돌아오는 이유

헐려도 다시 서고 옮겨도 제자리를 찾는 불멸의 문이 있다. 그것은 광화문(光化門) — "빛이 사방을 덮고 가르침이 만방에 미친다"는 세종대왕께서 붙이신 이름 그대로의 문이다. 어떤 어둠도 빛을 삼킬 수는 없다. 그래서 임진왜란으로 불타버렸어도, 재건된 그 문이 일제의 폭정으로 다시 헐려 옮겨졌어도, 그리고 그것마저 6·25의 전화로 소실되었어도 보아라. 밤이 지새면 영락없이 다시 솟는 아침 해처럼 지금 떠오르는 광화문의 빛.

복원 공사의 자리에서는 옛날 광화문의 월대가 발굴되었다. 그 터의 여섯 켜 지층 밑에서는 말뚝을 박은 1800년 전 뻘흙이 드러났다. 시멘트가 아니다. 이제 "살아서 천년 죽어서 천년"이라는 우리 금강송(金剛松)으로 기둥을 세울 차례다. 벌써 강원도 심산에서 150년이나 자란 열여섯 그루의 소나무가 베어졌다고 한다. 단단하고 올곧게 자란 나무 속살에는 "어명이요"라는 외침소리와 함께 띄 산자 국인(國印)도 찍었다고 한다.

대체 무슨 힘을 지녔기에 그처럼 끈질긴 생명력으로 되살아나는 것일까. 나라님들이 떠난 빈 궁궐의 문인데도, 건춘문, 영추문, 신무문 – 다른 문들은 모두 잊혀 가는데 어째서 광화문 이름 하나만은 인두로 지지듯 가슴속에 남아 있는가.

천안문처럼 크지도 않고 파리의 개선문처럼 높지도 않은데 낯선 이방인들에게도 정을 주는 광화문의 매력. 그래서 그 문이 헐릴 때 일본 민예학자 야나기 무네요시(柳宗悅)는 "오! 광화문이여! 오 광화문이여!" 통곡을 하듯이 몇 번이나 목메어 그

이름을 불렀고 전쟁의 개선문만 보던 서양 사람들은 그 신기한 이름을 풀어 사람의 지혜를 일깨우는 "계몽(enlightment)의 문"이라고 반겨 불렀다.

광화문은 우리의 얼굴, 광화문 거리는 우리 몸의 중심에 있는 옴파로스(배꼽). 심훈 선생이 그날이 오면 내 몸의 가죽이라도 벗겨 커다란 북을 만들어 둥둥 치며 행렬의 앞장을 서겠다고 노래한 광화문 육조 거리 – 해방의 북소리만이 아닐 것이다. 옛날에는 신문고를 울리고 오늘에는 '붉은 악마'들이 거리 응원의 함성을 지르듯 신나면 손뼉을 치고 화나면 발을 구르는 역사의 진동소리가 들려오는 곳이다.

광화문이 복원된다는 것은 그 문을 지키던 전설의 해치(해태)가 다시 눈을 뜬다는 것이다. 신선이 먹는 멀구슬나무의 이파리가 아니면 아무것도 입에 대지 않는다는 청결한 동물, 그 전설의 해치가 외뿔을 세우고 우리에게로 온다. 온몸의 비늘을 번득이며 폭력과 악으로 오염된 이 시대를 정화하고 심판하기 위해서 광화문이, 해치가 이 세계로 온다. ˙

• "광화문이 돌아오는 이유", 《중앙일보》 2008년 1월 11일

한국 바둑의 국제대회 성적

	우승	준우승
2000	한국	중국
2001	한국	한국
2002	한국	한국
2003	한국	한국
2004	한국	일본
2005	한국	한국
2006	한국	중국
2007	한국	한국
2008	중국	한국
2009	한국	한국
2010	중국	한국
2011	한국	중국

국내에서 열린 국제시합도 아니다. 본고장 일본에서 열리는 후지쯔배(富士通杯)에서 한국 팀은 12년 동안(2000년~2011년) 두 차례를 제외해 놓고는 우승 자리를 한 번도 내 준적이 없다. 그것은 물론 준우승까지도 한국이 석권하여 모두 휩쓸어버린 것이 6번이다. 그나마 국책으로 중국이 맹추격한 탓이고 일본은 2004년 단 한 번 준우승에 그친다.

	금메달	은메달	동메달
남녀페어바둑	한국	중국	한국
남자단체전	한국	한국	일본
여자단체전	한국	한국	대만

광저우 아세안 게임에 정식 종목으로 채택된 남녀 페어 바둑에 있어서도 예외가 아니다. 이것 역시 금메달은 모두 한국 차지요, 은메달은 중국, 그리고 동메달에 일본과 대만이 겨우 얼굴을 내민다. 이게 월드컵이라면 어쩌겠느냐. 양궁, 골프만 아니라 그동안 잠재해 있던 한국의 힘을 역력히 읽을 수 있는 한 장면이다.

바둑이야말로 한류 문화의 원조다. 이걸 모르면 한국의 앞날도 모른다. 13억의 중국, 1억이 넘는 일본. 인구로 보나 땅으로 보나 그 사이에 낀 작은 반도, 그나마도 반쪽인데 그 틈에서 어떻게 바둑의 왕자로 군림했는가.

넷째 꼬부랑길

알파고 가슴에 태극 마크가 있었네

01　그 현장 사진에서 우리는 영국기와 태극기가 걸려 있는 것을
이미 발견했다. 현장 검증을 숨은그림찾기 하듯 계속하면 또
놀라운 사실이 드러난다. 다시 자세히 보라. 그 깃발 위에는 구글 딥 마인
드와 알파고의 로고, 회사의 상징이라고 할 수 있는 그 로고가 걸려 있다.
"엄마 소도 얼룩소, 엄마 닮았네"라는 우리 동요처럼 당연히 그 로고들은
영국 유니언잭의 깃발과 닮은 데가 있어야 하는데 이게 웬일인가. 닮기는
커녕 놀랍게도 태극 무늬를 빼다 박았다. 이 장면을 이래저래 여러 매체
를 통해 50억이 봤다고 하는데 이 충격적인 사실이 어떤 의미를 가졌는
지, 태극 무늬를 닮았다는 것은 물론이거니와 그게 무슨 의미인지를 생각
한 사람이 과연 몇 사람이 되었겠는가. 정말 복기하기를 잘했다. 두 번 보
고 세 번 보기를 잘했다.

그렇지 않았으면 나도 모르고 그냥 스쳐 지나갔을지 모른다.

02　환각이 아니다. 알파고의 로고가 태극 무늬라니, 내가 아무리
80대기로시니 멍멍 빈 소리로 들리는가. 자세히 보라. 에진 딥

마인드의 로고를 본 적이 있는 사람이면 더욱 놀란다. 태극무늬와 닮지도 않았던 그 로고가 어느새 진화하여 태극이 되었는가. 더구나 알파고는 태극 무늬만이 아니다.

태극기의 네 귀퉁이, 음양 변화를 나타내는 직선의 3효 4괘를 12개의 바둑알(동그라미)로 바꾼다면 바로 알파고의 로고가 될 것이다.

03 애초의 딥 마인드의 로고는 태극 무늬와 닮은 구석이라곤 없다. 딥 마인드의 사원들은 물론이고, 그 회사를 인수한 구글도 이 로고의 의미를 모를 게다. 아래 영문 글자를 빼놓으면 그게 왜 자기 회사 로고인지 설명할 수 있겠는가.

바뀐 로고가 태극 무늬와 같다는 것을 아직도 눈치채지 못했다면 그 사람들은 이미지와 도형을 읽지 못하던 인공지능의 악몽에서 벗어나지 못한 거다. 하기야 한국 사람인들 태극 무늬라고 하니 그제야 알지, 설마하니 알파고의 앞가슴에 태극 무늬가 붙은 것을 상상이라도 했겠는가. ↪

그러나 다시 보라. 고릴라와 흑인 여성의 얼굴을 구별 못 한다고 빈축을 사던 구글의 인공지능도 그게 십자와 엑스의 직선으로 된 영국기가 아니라 동그라미로 된 태극 무늬와 같다는 것쯤은 금시 알아냈을 게다.

↪ 8 딥 러닝 고개 1-07

04 그러나 그걸 알았다 해도 승부에만 관심을 둔 사람들은 그게 태극 무늬를 닮았든 영국기를 닮았든 무슨 의미가 있냐고 관심을 두려 하지 않았을 거다. 하지만 그게 우연이든 아니든 딥 마인드의 알파고가 태극 무늬와 태극기의 도형을 닮았다면 서울에서 열린 그 시합의 의미는 훨씬 더 깊어진다. 남의 기업의 일종의 상표 같은 것을 놓고 너무

알파고 로고   딥마인드 로고(왼쪽이 변경 후, 오른쪽이 변경 전)

과잉 해석하는 것이 아니냐는 질문이 왜 없겠는가.

언어 이상으로 도상˚은 국경과 시대를 초월하는 유니버셜한 이념의 언어다. 알파고는 눈에 보이지 않는다. 게임 알고리즘은 형태가 없다. 유일하게 가시화된 것은 로고다. 보이지 않는 알파고의 얼굴인 게다. 만약에 알파고의 로고가 하켄크로이츠˚를 닮았다고 하자. 그래도 그게 뭐가 중요하냐고 말하겠나. 신나치의 등장이라고 세상이 진동한다. 아니면 불교의 만(卍) 자로 보고 합장할 사람도 있을 게다.

• Icon | Hakenkreuz

05   바둑의 기원이 중국이듯이, 태극 문양도 중국이다. 남송 때 주자학의 길을 연 주돈이˚가 그 사상을 눈으로 볼 수 있게 시각화한 것이다. 그 이념을 공유하고 있는 문화권에서는 이 모양을 사용해 온 거다. 불교색이 강했던 일본에서도 그랬다. 만(卍)자 못지않게 도모에˚라고 하여 많이 썼다. 몽골 국기에 태극이 있는 것을 아는가. 놀랍다. 몽골 초원에까지 태극 모양이 퍼져 있다니.

태극은 아시아 고대부터 아주 오랜 시간 이어온 민속적인 도형이라고 말하는 사람도 있다. 오늘날 아시아 지역 기원전의 유적지 곳곳에서 태극이나 심태극 도안이 발견된 적이 있기 때문에 주돈이가 이런 깃들을 보고 그린 것이라는 게다.

기원이 어디든 우리는 거기에서 서구와 대칭되는 동양 사상과 문화의 상 징성을 본다. 동서양의 사상을 비교하는 것은 보통 힘이 드는 것이 아니 다. 그렇지만 세 살 먹은 어린애라도 유럽 국가의 깃발과 아시아, 동양 문 화권의 국기들을 보면 어디가 다른지를 가려낼 수가 있다.

• 周敦頤 | ともえ

06 영국기를 비롯하여 유럽 여러 나라의 국기들은 전부 직선이다. 그게 세로든 가로든 프랑스의 삼색기와 대동소이하다. 그게 아 니라도 전부가 직선적인 선형 구도로 되어 있다. 그게 미국에 와 봐라, 13 개의 스트라이프다. 거기에 50개의 별마저 뿔이 나 있는 선이다. 그래서 성조기˙는 선형으로 구성된 잔치다.

별이야 다 그렇지. 동양 사람이라고 동그랗게 그리냐? 라고 말할 사람이 있을 거다. 그렇다. 우리가 당연시하는 그 별이 서양에서 온 것인 것조차 잊고 있는 동양인의 서구화. 그만큼 미국화되어 있다는 소리다. 그런 걸 알면 정말 뿔난다.

• 星條旗, Stars and Stripes

07 고분 벽화에 그려진 북두칠성을 볼 것도 없이 개화기 직전만 해도 별은 단추 모양으로 동그랗게 표시됐다. 일본에는 성문˙ 이라 부르는 문장˙이 많다. 그런데 하나같이 그 모양이 둥글다. 한 동경대 교수는 자기네 고유한 풍토 탓이라고 설명한다. 일본의 기후는 습기가 많 아서 밤하늘의 별들이 반짝이지를 못하고 뿌옇게 보이기 때문이라는 것 이다. 딱하게도 이런 사람들은 서양의 별 모양이 개벽 시대부터 그렇게

별을 나타내는 일본의 문장들. 둥근 모양이 별을 상징한다. 일곱 개 별, 달과 별, 1자와 세 개의 별

되어 있는 인류 공통의 유산인 줄 알 것이다.˙

• 星紋 | 紋章 | 이어령, 《젊음의 탄생》 참고

태극문양

08 서양과 똑같은 별 모양을 한 중국과 북한의 깃발을 보면 더욱 그렇게 생각하는 사람이 많을 것이다. 개화기 전 한국이나 중국 수교 사절 중 성조기를 보고 그걸 별이라고 안 사람은 한 사람도 없었다는 증거가 있다. 별을 꽃으로 본 게다. 그래서 미국을 '화기국'˙이라고 불렀다. 지금도 중국 인터넷 위키백과에는 성조기가 화기라고 표기되어 있다.

믿기지 않는다면 홍콩이라도 가보라. 지금도 '화기은행'이라는 간판을 볼 수 있다. 미국의 시티은행을 그렇게 부른 거다. 오늘의 아시아인들은 아시아 문화의 문맹이다. 그러니 태극 모양을 보고 어찌 그 뜻을 알려 하겠는가.

• 花旗國

09 알파고의 로고가 태극기를 닮았다는 말은 그냥 하는 말이 아니나. 태극은 동아시아의 기층사상인 주역에서 나왔다. 그리고

바둑 역시 음양의 원리라는 주역과 깊은 관련을 가진다. 바둑을 두다 보면 태극의 원리를 알게 모르게 터득하게 될 게 아닌가. 그러니 바둑과 상대할 AI를 만들다가 딥 마인드가 바둑 마인드에 점점 가까워지게 되었을는지 모른다. 알파고는 이세돌에 이겼지만, 서구 문명은 동양 문명에 먹힌 게다.

바둑알은 둥글다. 그리고 그 색깔은 흑과 백이다. 하지만 바둑의 흑백 대결은 미국에서 말하는 인종 차별에서 오는 흑백 대결과 다르다. 왜냐하면 바둑의 흑백은 우주의 질서인 음과 양의 조화를 나타내는 역, 도교적 사상을 품고 있기 때문이다.

그래도 모르겠거든 태극기의 태극 문양이 아니라, 그 오리지널 도형을 보면 안다. 피시아이*라고 해서 검은 음에는 하얀 점이 박혀 있고, 하얀 양의 문양에는 검은 점이 찍혀 있다. 음 안에 양이 있고, 양 안에 음이 있는 거다. '음과 양' 말만 나오면 점치는 사람이나 동양의 신비주의로 몰려고 하는 과학주의자들은 스피노자도 융도 모르는 사람이다. 벌써 몇백 년 전부터 이들의 저서에는 태극 문양을 풀이한 것이 있고, 역의 사상에서 많은 해답을 찾으려 한 사실은 만인이 다 아는 일이다.

* fisheye

10　　1930년대에 들어오면서 태극 도상은 급속히 학계에 퍼져갔고, 최근에는 태극의 형성 과정을 서구적 논리 위에서 도형으로 직접 설명하는 연구자들도 흔하다. 그중 하나가 아치 J. 밤 교수다. 그의 도표를 봐라.* A는 서구 사상, 즉 이것이냐 저것이냐(either, or, but not both)의 양자택일 심원이원론이다. B의 동양 사상은 이것과 저것(both-and)으로 모두를 포함한다. C는 인도 사상으로 텅 비어 있는 공(空), 이것도 아니

아치 J. 밤의 도상들. 왼쪽부터 각각 서양, 중국, 인도를 상징한다.

요, 저것도 아니다(neither, nor).

• Archie J. Bahm, "Comparative Aesthetics", 《The Journal of Aesthetics and Art Criticism》, 1965년 가을호

11 태극의 심볼은 서양의 새로운 경영학을 낳기도 한다. 짐 콜린스˚의 《Built to Last》˚에는 장마다 태극 문양이 찍혀 나온다. 그것을 저자는 이렇게 설명한다.

"이제부터 중국의 음양사상에서 따온 음과 양의 문양을 여러 곳에서 사용해갈 작정이다. 이 문양은 비저너리 컴퍼니의 중요한 측면을 상징하기에 의식적으로 선택한 것이다. 비저너리 컴퍼니란 'or의 억압'에 굴하지 않는 회사다. 다시 말해 겉으로 보기에 모순되는 힘이나 생각을 동시에 추구하려는 이성적인 사고법이다. 변화냐 안정이냐, 신중이냐 대담이냐, 저(低)코스트냐 품질이냐, 민주적인 것이냐 철저한 관리형이냐. 이런 양방으로 나눠놓은 것의 어느 한쪽이어야 하는 것이 아니라 양쪽을 다 선택하는 원원의 방법인 게다."

• Jim Collins | 국내출간명 《성공하는 기업의 8가지 습관》

12 학술의 세계는 그렇다 쳐도 지금까지 알파고 로고처럼 태극 문
양의 디자인을 만든 사례가 한둘이 아닌 것을 보면 그것이 '제
논에 물대기'의 논법이 아니라는 것을 알게 될 게다. 코카콜라와 함께 세
상에서 가장 널리 알려진 그 펩시콜라의 로고가 최근에 살짝 변형된 것을
아는가. 'Pepsi Logo'라고 구글링하면 연관검색어로 가장 먼저 뜨는 게
'Korea'일 정도로 태극 문양과 닮아도 너무 닮아 있다. 그래서 외국 인터
넷에서 왜 펩시 로고와 한국 태극기의 문양이 똑같이 생겼느냐는 네티즌
들의 질문도 많이 볼 수 있다. 게다가 그 로고를 디자인한 사람이 한국인
이라는 도시전설까지 나왔다. 최근 변경된 펩시의 로고를 두고 이런 오해
에서 벗어나기 위한 것 아니냐는 분석이 많다.

태극의 기원

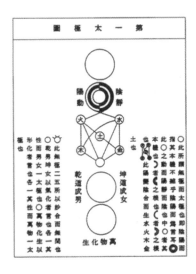

음양태극은 중국 송나라 주돈이의《태극도설》에서 파생되었다. 태극 자체에 대해
서는 성리학 이전에《주역》의 계사전에서 언급하고 있는데, 태극을 만물의 근원, 우
주의 본체로 보고 "태극은 양의(兩儀)를 낳고, 양의는 사상(四象)을 낳고, 사상은 팔
괘(八卦)를 낳고 팔괘에서 만물이 생긴다"고 하였다. 주돈이는 여기에 오행(五行)을
더해《태극도설》을 저술했다.《태극도설》은 만물생성의 과정을 '태극-음양-오행-
만물'로 보고 또 태극의 본체를 '무극이태극'(無極而太極)이란 말로 표현하였으며,
주자의 경우는 천지가 하나의 태극이며 만물 하나하나가 모두 태극이라 하였다.

다섯째 꼬부랑길

닐스 보어와 양자적 진공, 다나 조하와 주역

01 등잔 밑이 어둡다. 서양문명이 벽에 부딪힌 것을 알고 동양에서, 구체적으로는 태극 문양에서 그 출구를 발견하려는 사람들이 생겨난 게다. 태극으로 대박을 터트린 게 누군가. 원자 구조론 연구 업적으로 1922년 노벨상을 탄 닐스 보어다.

양자물리학의 개시자인 그는 양자론의 해석을 거의 완성하고도 그것을 입증할 방법이 없었다. 그러던 중 1937년에 방문한 중국에서 태극을 보고 "바로 저거다!" 한 거다. 종래의 과학으로는 설명할 수 없는 입자이며 동시에 파장인 세계, 양자의 그 미스터리한 세계를 태극 무늬에서 확인한다. 과학 분야의 공적이 인정되어 덴마크 귀족원에 입회하게 된 그에게 문제가 생긴다. 예복에 문장을 달아야 하는데 평민이었던 그에게 가문의 문장이 있겠나. 궁리 끝에 바로 우리 태극 전사들이 국제 경기 나갈 때 달고 다니는 바로 그런 마크를 만들어 붙인다. 그리고 근엄하게 라틴어로 'Contraria Sunt Complementa', 즉 '대립은 상보다'라는 문장을 삽입했다. 그가 중국에 머물러 있을 때, 아인슈타인도 미처 몰랐던 양자의 새로운 이론을 바로 그 태극 문양을 보고 완성했다 했으니 당연한 일인 거다.

닐스 보어의 문장

02 지금까지 서양이 해온 물리학과 수학의 모든 체계가 원자까지
의 세계에서는 파장과 입자로 구별되며 질서정연하게 잘 맞아
들어간다. 그러나 원자보다 더 작은 세계, 즉 양자의 세계로 들어가면 그
규칙이 무너진다. 양자의 세계로 들어가면 전혀 다른 세계다.
원자의 세계에서는 대립되는 0과 1이 포개지는 양자의 진공 상태란 태극
의 상태다. 거기서는 입자이면서 동시에 파장이니 음과 양이 포개져 있는
태극의 세계와 같다.

03 원자는 수식의 이론만으로 설명이 가능하지만 양자는 규칙이
없으니 실험을 통해서 증명할 수밖에 없다. 그러나 제멋대로
튀는 우연성 탓에 실험을 할 때마다 그 결과가 다르게 나오는 게다. 때문
에 이걸 파악하려면 통계학과 불확정성의 원리가 필요했다.
그런데 그 양자의 세계는 스핀 광자의 세계와는 또 다른 것이다. 누구도
그것을 볼 수 없다. 포개진 상태는 눈으로 보이지 않는다. 다른 말로 하자
면 대립되어 있어서 서로 나뉘어져 있던 것이 포개져 있으니, 둘이면서

하나고 하나이면서 둘이다. 즉 쉽게 말하면 따로 분할되어 존재하는 에너지인 파장과, 물체인 입자가 그 안에서는 합쳐져 있는 거다.

대체 그 상태가 어떤지, 확률 통계 등을 통해서는 그런 것인 줄 알겠는데 누구도 그것을 보지는 못한다. 그걸 실제로 관찰할 때는 관찰자에 따라서 언제나 눌 중 하나로 보이는 거다. 그러나 보지 않을 때, 즉 관찰자가 없는 양자의 세계에서는 입자와 파장이 함께 섞여 있는 상태다.

04

그게 말이 되는 소리냐. 그걸 알기 쉽게 이야기한 게 양자역학을 전혀 모르는 사람도 한 번쯤은 들어보았을 '슈뢰딩거의 고양이'*라는 사고 실험이다.

'상자 안에 고양이와 청산가리 병이 있다. 병은 양자의 상태에 따라 50퍼센트의 확률로 깨지도록 설계된 상태다. 이 상자를 열어 보면 고양이는 50퍼센트의 확률로 죽거나 살아 있다. 하지만 양자역학에 따르면 열기 전까지의 상자는 고양이의 죽음과 삶이 중첩된 상태다.'

이 실험은 사실 오스트리아의 물리학자 에르빈 슈뢰딩거가 양자역학의 불완전함을 보이기 위해 고안한 거란다. 그러나 그의 의도와는 반대로 양자역학을 상징하는 용어가 됐다.

• Schrodingers Katze

05

고전 물리학자들에게 이건 난센스요, 말이 안 되는 이야기다. 인간이 없어도, 이 세상은 있는 거다. 인간(관찰자)이 없어도 달나라가 있고, 블랙홀이 있다. 과학에는 인간의 주관, 마음, 의식이 개입할 수 없는 거라는 것이 그들의 확고한 믿음이었다.

아인슈타인은 "달도 보지 않으면 존재하지 않는가?"라는 말로 양자역학

을 부정했다. 볼 때는 존재하고, 보지 않으면 존재하지 않는 것은 과학이
아니라는 거다.

갈릴레오 이후의 서구 과학은 모두 렌즈를 가지고 관찰해왔다. 여태껏 있
는 현실을 렌즈 하나로 관찰해온 셈이다. 어떤 과학 이론도 렌즈의 관찰
자 때문에 달라진 건 없었다. 극단적으로 말해, 관찰자는 없이 렌즈만 있
는 거다. 그런데 큰 사건이 벌어진다.

06 20세기 초반 양자론을 두고 벌인 닐스 보어와 아인슈타인의
논쟁은 이론 물리학계에서 유명하다. 특히 1927년 벨기에 브
뤼셀에서 열린 솔베이 학회에서 양자를 주제로 일주일간 진행된 토론은
보어와 아인슈타인이 주도했을 정도다.

양자역학을 받아들이면 인류는 자연이 우연과 확률에 의해 지배받는다는
사실도 받아들여야 한다. 여기서 아인슈타인의 유명한 말 "신은 주사위
놀이를 하지 않는다"(God does not play dice)가 나왔다. 이에 보어는 "신이
주사위 놀이를 하건 말건 참견 말라"(Einstein, stop telling God what to do)
는 말로 받아쳤다 한다. *

* 스티븐 와인버그(Steven Weinberg), "아인슈타인의 실수(Einstein's mistakes)", 《Physics Today》
  2005년 11월호

07 문과 계열 사람들은 여기까지만 읽어도 식은땀이 난다. 노벨상
을 탄 동양의 타고르와 아인슈타인이 우연히도 베를린 근교 카
푸트에 있는 아인슈타인의 별장에서 만난다. * 인문학과 자연과학의 만남
이자 동양과 서양의 만남이다. 이 만남은 알파고와 이세돌의 만남보다 한
편으로 극적이다. 알파고는 이미 바둑을 배우고 왔지만, 타고르를 만난 아

인슈타인은 타고르의 사상에 대해 전혀 아는 바가 없었으니 말이다.

누구나 쉽게 그때의 대화를 재생할 수 있다. 인터넷에서 모은 자료들을 재구성하여 그 극적인 장면을 재현해보면 이렇다.

• Caputh, 1930년 7월 14일

08 타고르: 이 세계는 인간의 세계입니다. 세계에 대한 과학 이론도 결국은 과학자의 견해에 지나지 않습니다.

아인슈타인: 그러나 진리는 인간과 무관하게 존재하는 것은 아닐까요? 예를 들어, 내가 보지 못했어도 달은 확실히 있습니다.

타고르: 그것은 그렇습니다. 그러나 달은 당신의 의식 속에는 없어도 다른 사람의 의식 속에는 있습니다. 인간의 의식 속에서만 달이 존재하는 것은 동일합니다.

아인슈타인: 나는 인간을 초월한 객관성이 존재한다고 믿습니다. 피타고라스의 정리는 인간의 존재와 관계없이 존재하는 진실입니다.

타고르: 그러나 과학은 달이 무수한 원자가 그리는 현상임을 증명하지 않았습니까? 저 천체의 빛과 어둠의 신비를 볼 것인지, 아니면 무수한 원자를 볼 것인지. 만약 인간의 의식이 달이라고 느끼지 않게 되면, 그것은 달이 아닌 것입니다.

09 이 우주의 모든 물리법칙을 설명한 게 $E=MC^2$라는 다섯 글자의 공식이란다. 이 하나의 공식으로 설명되는 일목요연한 자연의 법칙을 보고 아인슈타인은 아름답다며 감탄하고, 그 공식을 발견한 자신이 기특해 자화자찬한다.

맞다, 아름답다. 그런데 이 공식을 아름답다고 말한 아인슈타인은 이 공식의 어디에 속해 있느냐. 아인슈타인이 없었어도 이 공식은 나오고 세계가 질서정연하다는 것을 알았을까.

더구나 이 천재가 이 법칙을 뒤집으면 원자폭탄이 된다는 것을 몰랐다. 바보다.

10　양자 이론의 문을 연 것은 막스 플랑크요, 그 안에 들어간 것은 아인슈타인이요, 그 속에서 태극 문양 같은 역의 세계를 발견하고 이를 본 것은 닐스 보어다. 한 사람은 열고, 한 사람은 들어가고, 한 사람은 그 안에서 본 게다. 양자역학의 역사에 등장했던 수많은 가설과 이론, 논쟁과 역설 속에서도 닐스 보어를 필두로 한 코펜하겐파의 주장은 확고했다. 양자는 파장인 동시에 입자다. 관찰자에 의해 때로는 파장으로 보일 때도 입자로 보일 때도 있을 뿐, 원래 양자적 진공 상태는 두 성격을 동시에 가지고 있다는 주장이다. 이 세상에서 둘의 관계는 대립으로 보이지만 실제로 둘은 겹쳐져 있을 뿐이다.

11　양자적 사고는 지금까지의 원자적 사고, 아톰의 세계와 다르다. 아톰은 차이와 개체를 쪼개는 세계이고, 양자는 드 하스*가 얘기하는 것처럼 양면이 양자적 진공, 즉 만물이 탄생하는 직전의 상황, 통합되어 있는 태극의 세계와도 같은 것이다. 도교, 불교, 주역과 같은 동양의 사상이 그대로 물리학의 세계에 접목된 거다.
이런 이론들이 1930년대 이후 정통 물리과학이 동양 사상으로 오는 큰 계기가 된다. 그것이 프리초프 카프라*로 대표되는 뉴사이언스다. 카프라의 책*에는 태극에 대해, 태극과 닐스 보어 그리고 태극과 물리학과의 접점을 몇 챕터에 걸쳐 아주 상세히 기술하고 있다. 아니 어쩌면 전권에 걸쳐 이야기하고 있다. 그것을 읽어보면 안다.

* de Haas | Fritjof Capra | 프리초프 카프라, 《현대 물리학과 동양 사상(The Tau of Physics)》, 1975

12　하지만 뉴 사이언스는 비판을 받는다. 증거가 없다는 거다. 그래서 30년대 이후에 사라져버린 학문이 된다. 그런데 인공지능이 대두하며, 지능이 대체 뭐냐는 질문이 우리에게 던져지기 시작한 게다. 철학자 다나 조하*는 1997년 이안 마셜*과 공저한 책《SQ》에서 우리 뇌가 40Hz 신경진동을 통해 통합적인 기능을 수행한다는 연구 결과에 의지, 'SQ'(영성지수)*를 주창했다. 그녀는 이 이론을 연꽃의 동양 사상과 결합하고 여기에 양자물리학적인 관점을 첨가하면서 더욱 확대시켰다. 즉 통합적인 경험을 할 수 있게 해주고, 질문에 답하며, 인간을 치유하고 온전하게 해주는 능력인 SQ는 관찰자의 성향에 따라 달리 이해되지만, 실제로는 우주적인 맥락을 가진다는 거다. 그녀는 그것을 태극도형의 원리를 통해 가시화하고 그것을 자신의 독특한 표현으로 '양자적 진공'*이라고 부른다.

* Danah Zohar | Ian Marshall | Spiritual Quotient | Quantum Vacuum state

13　인간(관찰자)이 있든 없든 달은 거기 있다. 그러나 의식을 가진 인간이 없다면 달이 거기 있는지 누가 그것을 보고 증명하겠는가. 아폴로의 우주인 닐 암스트롱이 달나라에 첫발을 디딘 그 순간에야 비로소 달은 인간의 의식 속에서 존재하게 된다. 빅뱅이 일어나던 때의 암석을 발로 밟을 때 드디어 오랜 침묵이 깨지게 되는 게다.

달나라에 직접 가보니 떡방아 찧는 토끼가 없더라. 그걸 보고 "과학이 우리의 신화를 죽였다"고 말하는 게 시인이라고 흔히들 얘기하지만 천만에다. 과학의 인간인 우주비행사들이 달에 도착할 때의 그 감상이야말로 어떤 시인도 쓸 수 없는 감동을 불러일으킨다. 45억 년 동안 그 순간만을 기다렸던 암석들이, 그 분화구들이 일제히 소리치며 자신을 맞이하는 것 같

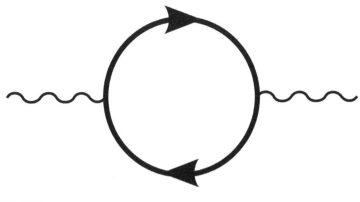

양자적 진공

은 환각이 든다고 하지 않는가. 이게 시가 아니고 무엇이냐. 인간의 머리로는 상상조차 하지 못했던 것이 과학에 의해 새로운 인문학, 새로운 시로 탄생하는 거다.

그런 관점에서 AI를 보면 AI는 과학의 산물이 아니다. AI는 우주인이나 갈 법한 달나라 세계로 우리를 데려갈 것이다. 시인과 예술가의 감각으로는 도저히 경험해보지 못한 세계로 말이다. 그것을 아름다움이라고 부르건, 진실이라고 부르건, 선이라고 부르건 그것은 우리의 오감에 온몸으로 부딪힐 것이다. 이 이상의 드라마가 어디 있겠느냐.

여섯째 꼬부랑길

장하다 네가 성좌를 찾았구나

01 밤하늘을 인간의 눈으로 올려다보면 성좌들이 나타난다. 컴퓨터 0과 1의 수치로 인지하고 표현하는 컴퓨터가 제일 못하는 것이 바로 그 북두칠성 찾기, 패턴 인식이다. 패턴화라는 것은 사물의 특징을 추출하고 표현한다는 뜻으로, 사물을 독립된 부분으로 쪼개는 것이 아니라, 관계있는 사물들끼리 모아 한 의미로 만드는 것이다. 인간은 그렇게 패턴화로 도형을 만들어내고, 그것을 서로 표현하고 서로 인식한다. 이 마음의 성좌, 의식의 별자리에서 생겨나는 이야기들, 그 신화와 전설이 인간의 지능이요 감정이요 의식이다. 밤하늘에 빛나는 바다와 교신하는 영성이다.

02 흑백으로 된 바둑알 하나에 무슨 의미가 있겠는가. 오목만 둘 줄 아는 나도 바둑의 의미는 바둑알에 있는 게 아니라는 걸 안다. 하나하나의 점들이 이어져서 선이 되고, 그 선이 연결되어 면이 되고 바둑판 전체에 의도하지 않던 도형이 생겨나는 과정이 바로 바둑이다. 하늘의 별 하나하나가 서로 연결되어 성좌의 의미를 만들어가는 그것과 너

무나도 흡사하지 않은가. 부분이 아니다. 개체가 아니다. 그것들이 연결되었을 때 비로소 생겨나는 것, 그 도형의 의미와 아름다움을 인간은 이야기하는 것이다. 바둑판이 우주를 닮은 하늘이고 무수한 관계로 엮어지는 그 바둑알들이 별들이고 그게 이어져서 성좌를, 의미를 갖게 된다는 사실을 바둑판 위에서 우리는 관찰한다.

03 카나리아 제도에 있다는 세계에서 제일 큰 천체망원경 '그랑 텔레스코피오 카나리아스'로는 백색왜성의 신성을 찾아낼 수는 있어도 새로운 성좌를 창조할 수는 없다. 하물며 그에 얽힌 이야기는 더 말할 필요도 없을 거다. 성좌는 발견하는 것이 아니라 마음속에서 창조하는 별들의 대화이기 때문이다. 아프리카 오지, 원시와 다름없는 생활을 하면서도 우리처럼 하늘을 보며 뜻 없이 흩어져 있는 별들을 이어 하나의 별자리 모양을 만들어내고 거기에다가 슬프고 아름다운 생명의 이야기를 꾸며내는 어느 종족이 살고 있을 것이다. 그래, 생각하는 것을 콘시더*라고 했지. Con은 함께하는 것 Sidus는 별. 생각한다는 것은 바로 함께 성좌를 바라본다는 게야. 어찌 0과 1로 된 수치로 별을 보는 마음을 그려낼 수 있겠는가.

* Consider

04 그런데 네가 바둑판에서 그 성좌를 보았구나. 장하다 알파고. 그래, 그게 성좌로 보이더냐. 바둑알 하나하나가 빛나는 밤하늘의 별이 되어 서로 빛을 이어가는 별자리의 패턴, 그것을 네가 알아차렸구나. 네가 이세돌을 이겼다는 것은 2천5백 년 우리가 간직해온 그 마음을, 그 정서와 그 영성을 네가 이해했다는 뜻이냐, 네가 느꼈다는 뜻이

투르판 아스타나 고분에서 출토된 〈복희여와 교미도〉

다. 너의 승리는 체스가 못하는 바로 바둑의 승리요 네가 이세돌을 꺾었다는 것은 네가 우리에게 한발 더 다가섰다는 것을 의미한다. 너와 우리가 만들어 낼 그 별자리를 보고 싶지 않으냐.

AI의 마을로 가는 고개

AI가 걸어온 꼬부랑길

첫째 꼬부랑길

신인종인가 식인종인가

01 여섯 고개를 넘었다. 그 고개에서 직선으로만 뻗었던 서양 국
기와 달리 동그란 곡선으로 이루어진 아시아의 깃발들, 별들까
지도 바둑알처럼 둥글게 둥글게 그렸던 아시아의 마음. 신통하게도 딥 마
인드 알파고의 기(로고)도 우리의 그 깃발처럼 함께 나부끼고 있었던 거
다. 은둔에서 벗어나 첫 인터뷰를 했던 당시가 떠올랐다. 인터뷰가 게재되
었던 묵은 신문을 펼쳐본다.

그런데 뜻밖에 첫눈에 들어오는 것이 '식인종이 온다'다. 가슴이 덜컥 내
려앉는다. 내가 언제 그런 말을 했는가. 식인종이라니. 나는 지금 알파고
에 대한 편견, 고정관념, 덮어놓고 인공지능이라면 SF나 만화 이야긴 줄
아는 사람들과 씨름을 하고 있는 중이 아닌가. 다시 봤다. 편집자가 뽑은
큰 글씨 캡션에는 틀린 게 없었다. 정확하게 '신인종이 온다'이다. 역시 복
기하기를 잘했다. 신인종, 포스트 휴먼[*]을 우리말로 고친 게다..

02 '신인종'이 온다…, 이어령이 본 '알파고' 그 후
"…역사를 움직이는 '문명 극장'이 있다. 스토리가 복잡한 영화가 상

166　너 어떻게 살래

영되고 있다. 30분 늦게 극장에 들어선 사람은 어떨까. 그는 앞의 이야기를 모른

다. 옆에 앉은 사람은 다르다. 예고편부터 봤다. 두 사람은 같은 영화를 보고 있

지만 같은 영화를 보는 게 아니다. 지각한 사람은 '전체의 맥락'을 놓치고 있어서

다…."

앞의 글은 2016년 3월 16일자 중앙일보 1면에 게재된 톱기사다. 삽화로

그려진 두 얼굴은 누가 봐도 예사롭지 않다. 신인종을 식인종이라고 착각

할 만하다. 이세돌이 3연패를 한 당시의 충격이 아마도 한국 사람만이 아

니라 모든 사람의 가슴에 섬뜩한 인상을 준 모양이다. 그러니 그 제목을

'식인종'으로 잘못 보았다는 말이 과장이 아니다. (➼)

이세돌 옆에 또 하나의 파란 옆얼굴. 입이 닳도록 말했다. 인조인간 안드

로이드는 어째서 늘 푸른색인지. 그리고 왜 또 인간을 잡아먹는 무서운

괴물처럼 그려지고 있는지. 그래, 인간이 스스로 만든 컴퓨터 로봇이

인간을 향해 역습하는 프랑켄슈타인 콤플렉스가 이번에도 다시 폭발한
거다.

• Post Human | ➦ 10 생명 고개 5-08

03　이어지지 않는 줄거리, 느닷없는 대사들. 앞뒤를 분간 못 하고
바라봐야 하는 장면들. 30분 늦게 극장에 들어온 관객들은 무
엇을 봐도 불안하다. 알파고와 이세돌의 대국은 그들에게 틀림없이 공포
영화 장면처럼 느껴졌을 것이다. 일반인들은 AI가 뭔지, 알파고가 누구인
지 모르는 게 정상이다. 그만큼 인공지능이라는 말, 알파고라는 이름은 그
간 우리 생활에서 너무나도 서먹한 거리에 있었다.

조류독감 AI를 모르면 죽고 사는 문제지만 인공지능 AI는 모르는 게 약이
었다. 그랬던 여러 미디어에서는 이제 인공지능 AI란 말을 독감 AI보다도
더 많이, 그리고 심각하게 다루기 시작했다. 그걸 모르면 패가망신해 나라
까지 망할 판이다. 그러다 이번에는 인류까지 망한다니 AI는 갑자기 하늘
에서 떨어진 벼락인 게다.

04　우리만 AI 극장에 늦게 들어온 관객이 아니다. 우리와 가까운
어느 나라 수상도 그랬다. IT를 영어의 대명사 '잇'(it)인 줄 알
고 써준 원고를 읽어 내려가다 큰 망신을 당했다. 그게 남의 나라 이야기
라고 안심할 일인가. 언제 총리가 AI를 에이원(A1)이라고 읽는 사건이 이
땅에서 일어난다 해도 이상하게들 생각하지는 않을 게다. 왜냐하면 컴맹
들이 컴퓨터를 두려워하고 정보사회에 살면서도 정보에 까막눈이 되는
건 그들만의 죄가 아니기 때문이다.

IT 관련 용어들, 다 서로 소통하자고 만든 거라는데 쓰는 말들은 하나같

이 귀신 씻나락 까먹는 소리다. 그렇다. 대체 부팅은 뭐고 클릭은 뭔가. 암호와 다를 게 없다. 거기에 인터넷까지 하려면 로그인,˚ 블로그˚ 같은 주문을 외어야 한다. 접근 금지다.

• Log In | Blog

05 처음 컴퓨터가 들어오고 IT가 생겨날 때 우리도 일찍 그 문명 극장에 들어왔더라면 오히려 그러한 말들이 러브레터의 서툰 수사보다 가깝게 느껴졌을는지 모른다. 우리에게나 낯설지 부팅,˚ 그거 아주 쉬운 말이다. 한때 한국 여성들의 유행이었던 '부츠'˚ 있지 않나. 그 것을 신는 것이 부팅이다. 우리가 농경민이라 그랬지, 유목민들에게는 아침밥 같은 말이다. 양떼를 몰고 초원으로 가려면 무엇부터 하나? 부츠부터 신어야 한다.

컴퓨터 하려면 어떻게 하나? 그걸 양으로 보면 되는 게다. 부팅을 해야 하는 게다. 아이고. 이 말만 알아도 왜 요즘 아이들을 노마드˚라 부르는지 알 것이다.

브라우저˚라는 것도 그렇다. 그것 역시 초원에 가야 볼 수 있는 거다. 소 떼가 풀 뜯어 먹는 초지를 뜻하는 말에서 온 것이니까. 부팅과 이웃사촌 이다.

• Booting | Boots | Nomade(유목민) | Browser

06 로그인, 블로그. 그게 다 통나무(log)에서 온 말인 것을 누가 알 랴. 이건 유목민이 아니라 해양족들에게 친숙한 항해 용어다. 선박의 속도를 재기 위해서 통나무를 바다에 던진다. 그래야 항해일지에 몇 노트로 달렸는지 기록할 수 있나. 양을 몰고 나갈 때 징회를 신는 것처

럼 해양족들이 배를 몰고 나갈 때 하는 것이 로그인이고 그 항해일지다.
블로그도 로그인에서 나온 말이라는 것을 알면 귀신에 홀린 것 같은 기분
이 들 것이다. 거미줄같이 쳐진 인터넷망을 웹(web)이라고 한다. 거기에
서 b자를 떼내 보라. 우리라는 위(we)자가 된다. 남은 b를 아까 말한 통나
무(log)에다 붙이면 블로그(blog)가 된다. 항해하는 사람이 매일매일 항해
일지를 기록하듯이 인터넷 바다에서 우리들이 매일 적는 일들을 뜻하는
말이 만들어진 거다.

07 컴퓨터란 게 원래 유목민과 해양민들에서 나온 거라 하지 않았
나. 인류가 지금껏 보도 듣도 못한 디지털 공간, 그 가상의 인터
넷 공간을 만난들 제 버릇 개 주겠나. 여태껏 살아온 게 양이나 소 몰고 다
닌 초원이고 배 몰고 다닌 바다인데 그 생활을 유추해서 붙인 말들인 게
다. 그러니 배산임수,˙ 아기자기한 산천에 집 짓고 농사짓고 수천 년 살
아온 한국인들이 어찌 그들 놀음의 극장 안에 늦게 들어오지 않을 수 있
었겠는가. 짚신을 신고 논밭에 나간 사람이 어떻게 장화 신고 초원에 나
가는 그들의 생활을 알며, 나룻배 타고 강 건너는 것이 전부였던 마을 사
람이 통나무를 던져 배의 속도를 재고 해양일지를 쓰는 그들 생활을 엿볼
수 있었으랴.

˙ 背山臨水

08 옛날 사람들은 노고지리 소리를 듣고 봄과 새벽이 온 것을 알
고 일터에 나갔다. 그런데 그 새가 요즘 트위터˙의 새가 된 거
다. 트위터라는 말은 새가 지저귀는 의성어에서 따온 영어고, 채팅˙은 참
새가 짹짹거린다는 뜻이다. 트위터의 로고를 봐라. 하늘과 구름을 배경으

로 새가 그려져 있다. 알파고를 낳게 한 요즘 대세인 클라우드 컴퓨팅,*
그건 구름이다. 어느새 내비게이션으로 항해하던 그 유목민들이 초원과
바다를 건너 양떼 몰고 하늘로 올라간 게다. 걱정 마라. 디지털이나 인공
지능이 돌아다니는 그 공간은 이미 물질의 초원도 아니며 바다도 아니다.
너나 나나 처음 디디는 땅이요, 처음 건너는 바다다.

• Twitter | Chatting, Chat | Cloud Computing

09 하늘에서 벼락처럼 떨어진 인공지능 AI라는 것도 두려운 말 아
니다. 원래 과학 용어라는 것이 약자로 된 것이 많아 암호처럼
보인다. 글자를 모두 읽으면 느리니까 긴 철자의 대가리만 따서 한두 자
로 줄인다. 모두 다 생략하고 두음자*만 남기는 것을 영어로 아크로님*
이라 한다. 서양 아이들은 채팅 문자 보낼 때 lol이라고 한다. '큰 소리로
웃는다'*는 약어다. 웃음도 약자로 웃는 아이들을 어찌 이해하겠나. 그게
아스팔트 키드다. 고속도로의 최단거리로 질주한다. 뒤에 다시 얘기하겠
지만 악마의 속도로 내달리는 게다. ↪

• 頭音字(단어의 첫 글자) | Acronym | laugh out loud | ↪ 10 생명 고개 6-02

10 그나마 AI는 메르스와 같은 새로 생긴 유행어가 아니다. 벌써
60년도 더 전부터 남들이 써온 말이다. 이제 환갑을 맞게 된 고
어 수준의 낡은 말이니 두려울 것이 없다. 사실 알고 보면 우리에게도 서
양 배우 이름만큼이나 대중화된 친숙한 말인 게다. 왜냐하면 한국에서도
〈바이센테니얼 맨〉(1999년)을 시작으로 〈A.I.〉(2001년), 〈아이, 로봇〉(2004
년), 〈Her〉(2013년), 〈트랜센던스〉(2014년) 등 AI를 소재로 한 많은 영화가
개봉하여 백만이 넘는 관객을 모으는 인기를 얻지 않았나. 그중 큰 인기

를 얻은 스티븐 스필버그의 영화는 아예 제목 자체가 AI다.

앞의 이야기만 들으면 된다. 프로그램만 자세히 봐도 된다. 이때 프로그램이라고 하는 것은 극장 프로그램도 되고 컴퓨터 프로그램도 된다. 그걸 한번 보라는 말이다.

11 알파고의 이름도 알고 보니 동네 사람 이름과 별로 다를 게 없다. 원래 한국 사람에게 친숙한 이름들은 모두가 석 자다. 아리랑이 그렇고, 도라지가 그렇고 가시네, 진달래, 아가씨, 메아리 다 석 자다. 나도 '한국에서 제일 아름다운 말이 무엇이냐'라는 질문을 받았을 때, '나그네'라고 말한 적이 있다. 박목월의 나그네. 알파고도 석 자, 우리를 찾아온 나그네 이름쯤으로 알자. 그렇지, 여섯 번째 고개를 넘다가 알파고의 가슴에 태극기까지 있는 것을 알게 되었잖나.

12 그래서 아무리 AI 극장에 늦게 들어온 관객이라 해도 얼굴 없는 알파고지만 동네 사람처럼 친숙하게 맞이할 수 있는 여러 특징들을 가지고 있다. 사실 AI라는 말이 생긴 지 60년이라고 하는데 1년을 1분으로 쳐도, 그래도 우리는 60분이나 늦게 들어온 관객이지만 그래도 상투 매고 자전거 타던 우리 할아버지네들이 갑자기 산업사회의 날벼락을 맞은 것보다는 훨씬 나은 상황이다.

둘째 꼬부랑길

다트머스의 타이프라이터가 찍었다, AI라고

01 인공지능, AI라는 말이 처음 등장한 것은 벌써 반세기도 전의
일이다. 꼬부랑길이 아니라 고속도로로 빨리 달리고 싶은 사람
은 인터넷 검색창에서 AI를 쳐보면 금세 그 정보를 얻는다. 이 말을 언제
누가 어디에서 어떻게 쓴 말인지 그 인물도 장소도 몇 초면 알아낸다. 그
렇지. 1956년 다트머스 회의에서 매카시가 제안한 말이라고 되어 있다.
그러나 사전을 뒤져서 그 뜻만으로 만족하는 사람은 도시의 지도 한 장
사 들고 관광 엽서 몇 장 사는 것으로 여행을 대신하는 사람과 같다.

02 나 역시 그랬잖는가. 그전에는 존 매카시란 말을 들어도 공산
주의자 마녀사냥으로 유명한 매카시즘*의 그 조지프 매카시*
이름이 먼저 떠올랐다. AI의 탄생지 다트머스*대학만 하더라도 제대로
발음할 줄 몰랐다. 주례를 서면서 신랑이 나온 학교를 다트 마우스(Dart-
mouth)라고 소개하기도 했다. 이게 무슨 망신인가. 그러나 지금은 생생
하게 말할 수 있게 된 거다. 그 AI라는 말이 생겨난 현장에서 어떤 일들
이 벌어졌고, 오늘날 알파고까지 이르는 길이 정말 얼마나 꼬부랑길이었

는지를.

• McCarthyism | Joseph McCarthy | Dartmouth

03　AI가 갔던 길도 고속도로가 아니라 우리가 지금 가는 꼬부랑
　　　할머니의 그것처럼 꼬부랑길이었다. 꼬부랑길에서 또 한 번 코
끼리 이야기를 하자. 이 코끼리를 타고 가는 게다.

한비자는 "중국 사람들은 살아 있는 코끼리를 본 적이 거의 없었으므로 죽
은 코끼리의 뼈를 살핀 다음에야 살아 있는 코끼리의 모습을 상상했다"*
고 했다. 그래서 우리가 상상력(想像力)이라고 할 때 코끼리 상(象) 자가 들
어가는 게다. 이 추상(抽象)의 언어들로 인간은 남들이 겪어온 일들을 내
자신의 체험으로 삼을 수 있다.

* "人希見生象也 '而得死象之骨' 案其圖以想其生也",《한비자》,〈해로(解老)〉 편

04　이제 그 상상의 코끼리를 타고 AI란 말이 이 세상에 막 생겨나
　　　던 그 현장으로 가보자. 이제 그 순간을 비디오 보듯이 환히 그
려볼 수가 있다. 오히려 당대인들보다 더 잘 볼 수 있다. 인터넷을 찾아보
면 67년 전 그날을 기록하는 낡은 초대장 한 장이 있다. 1년 뒤 여름에 다
트머스대학에서 모이자는 글이 분명히 적혀 있다. 편지를 쓴 날짜는 1955
년 8월 31일. 우리가 알고 있는 날짜보다 1년이 더 빠르다. 거기에는 이
지상에서 처음 AI란 말이 찍혀 나오던 그 순간의 흔적이 생생하게 남아
있다. 그 초대장을 쓴 매카시의 지문처럼 말이다. ➦

➦ 7 AI 마을로 가는 고개 2-샛길

다트머스 홀. 다트머스 회의가 이루어졌던 곳

05 그날은 수요일이었고 쾌청한 날씨다. 어떻게 그것을 알지? 그게 다 인공지능과 관계된 인터넷 덕분이다. 몇 초면 과거의 시간, 2천5백 리 떨어진 그곳으로 갈 수 있다. 우리는 단숨에 10만 8천 리를 난다는 손오공이고, 인터넷은 그 녀석이 탄 근두운인 게다. AI의 말을 만들고 그것을 타자하는 매카시의 마음보다도 어쩌면 더 깊이 그 속을 들여다볼 수가 있는 게다.

다트머스 홀. 아이비가 우거진 콜로니얼 스타일의 석조 건물이다. 책과 연구 자료로 들어차 어둑하고 좁은 연구실. 매카시는 아이비 그림자가 어른거리는 세로로 긴 창 앞에 놓인 책상에 앉아 있다. 8월 31일. 여름도 끝물이다. 한국 같으면 능소화가 지는 계절. 창문 너머로 펼쳐진 넓은 잔디밭에 마지막 여름 햇살이 꽉 찼을 게다.

06 그 푸른 잔디밭에 환영처럼 떠오른 사람들이 있었을 거다. Bit와 엔트로피라는 정보 단위를 처음 만든 그의 스승 클로드 섀넌, 그 뒤에는 어렴풋이 사과 한입 베어 물고 세상을 떠난 튜링이 얼굴과

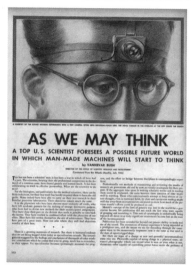

"우리가 생각하는 대로"

비극적인 삶이 흘러간다. 그때 잔디를 쓸고 가는 바람에 레이스 자락이 날린다. 전혀 뜻밖의 얼굴, 바로 에이다 러브레이스 백작 부인이다. 우아한 드레스를 입은 젊고 아름다운 여성이다.

그녀가 누구냐. 신체시와 함께 우리에게 잘 알려진 그 낭만주의 시인, 다리를 절며 런던 거리에 나타나면 모든 귀족 부인들이 까무러쳤다는 시인 바이런의 딸이라고 하면 더 쉽게 다가올 거다. 그녀가 바로 최초의 기계식 컴퓨터의 발명가인 찰스 배비지와 함께 '해석기관'에 대해 토론을 벌이고 그 기계에 생명을 불어넣은 최초의 프로그래머라면 믿어지는가.

07 옛날의 환영들이 오래 머물기에는 너무 맑은 햇살이다. 이제 살아서 그 목소리가 생생하게 울리는 그 시대의 사람이 우리

앞에 나타난다. 그의 이름은 부시(Bush). 오해하지 마라. 그 미국 대통령 부시 부자가 아니다. "우리가 생각하는 대로"*라는 논문 한 편으로 컴퓨터와 인공지능의 새로운 길을 열어 준 그 사람, 버나버 부시다.

제2차 세계대전이 끝나고 발표한 그 글에서 그가 물었다. "가장 극심한 시대의 흐름에 내던져진 것은 물리학자였다. 그들은 예기치 않은 과제를 위해 새로운 방법으로 파괴적인 장치를 고안해야 했다. 그리고 그들은 공동의 대의 속에서 경쟁의 관습을 버리고, 공유하고 더 많이 배우기도 했다. 이제 그 전쟁이 끝나가고 평화로운 시대가 도래했다. 과연 앞으로 가치 있는 목적을 어디에서 찾고 또 무엇을 해야 하는가."

• Vannevar Bush, "As We May Think", 《The Atlantic》, 1945년 7월호

08 그는 과학자들이 더 이상 물리적 힘을 확장시키는 데 열중하지 말고 "인간이 가지고 있는 지식의 파워를 증폭시키는 연구를 해야 한다"고 이야기한다. 그러면서 학자들끼리의 연구 결과를 공유하자는 아이디어를 얘기한다. 이것이 바로 하이퍼미디어 기계의 표본인 메멕스*다.

그렇지, 페니실린도 그렇고 멘델의 유전법칙도 그것을 이해하는 사람의 손에 들어가지 못해 30년이나 연구의 공백이 생기지 않았는가. 문서, 화상, 음성 등이 저장되어 있는 일종의 거대한 백과사전을 누구나 개인의 책상 위에 올려놓고* 소위 인공지능

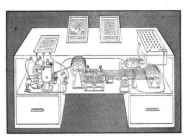

MEMEX in the form of a desk would instantly bring files and material on any subject to the operator's fingertips. Slanting translucent viewing screens magnify supermicrofilm filed by code numbers. At left is a mechanism which automatically photographs longhand notes, pictures and letters, then files them in the desk for future reference.

메멕스

과 교환할 수 있는 컨셉을 부시는 생각한 거다. 그에게 수학자의 길은 유도탄 계산기로 사용된 '에니악'이 아닌, '생각하는 기계'를 만드는 것이었다. 그 초원의 길에서 그는 생생한 목소리로 매카시에게 묻는다. "너 어떻게 살래."

• Memex. Memory와 Index의 합성어 | 데스크톱(Desk Top)이라는 명칭도 여기서 나온다.

09 그 순간이었을 것이다. 매카시의 머리에 섬광이 터지면서 'Artificial Intelligence'* 란 말이 떠오른 게다. 아직 IBM의 워드프로세서가 나오기 전이니 다트머스 제안서를 작성한 건 틀림없이 쿼티 자판이 달린 타이프라이터였을 거다. 그의 왼손 새끼손가락이 움직이면서 Artificial의 첫 A자를 두드리고, 오른손 인지가 Intelligence의 I자를 두드린다. AI. 지금 세상을 이렇게 떠들썩하게 만든 AI자가 최초로 흰 종이 위에 찍히는 순간이다.

내 상상력 속의 이 영상에서 당시 사람들은 잘 모르던 문제가 하나 튀어나온다. 바로 인터페이스다. 쿼티 자판 때문에 수십억 사람들이 고생하고 있지 않나. 가장 많이 쓰는 A자를 새끼손가락으로 치고, 가장 적게 쓰는 I자를 가장 중요한 인지로 치는 그 불합리한 키보드(자판)의 문제를 매카시 자신은 알았을까. 아니다. 그가 AI를 상의하자고 한 초대장 문장 안에, 그 항목 속에 인터페이스라는 항목은 나오지 않는다.

• 인공지능

10 당신과 나 사이를 가로막고 있는 바다처럼, 컴퓨터와 나의 사이에는 키보드가 있다. 연결해주지만 방해물이기도 하다. 그때 그는 알았을까. AI가 인간과 기계 사이에 새로운 관계를 만들어주리라는

것을. 인터페이스를 바꾸는 기술이 되리라는 것을. 그가 찍은 AI라는 말이 바로 이 불편함을 덜어주는 문자 인식, 소리 인식하는 것으로 진화하리라는 것을 그때 알았을까. 아마 몰랐을 거다.

시간이 흘렀다. 컴퓨터는 점점 작아져 이제는 우리 주머니까지 들어왔는데 쿼티 자판은 처음 만들어진 그대로 150년째 변하지 않고 아직도 건재하니, 어찌 그때 그가 알았으리라고 기대할 수 있겠는가.

11 컴맹이라는 건 사실은 키맹이다. 키보드를 못 쳐서, 키오스크를 못 눌러서 문제가 되는 거다. 그때 AI라는 말을 썼고, 다트머스로 모이자고 하는 그 제안서의 토의 안건에서 이 문제는 명확하게 드러난다. 보라. 리스트를 봐도 그 중요한 키보드 인터페이스 얘기는 안 나오고 딴 것들만 있다.

1) 컴퓨터 자동화(Automatic Computers)

2) 컴퓨터 프로그래밍 언어를 개발하는 방법(How Can a Computer be Programmed to Use a Language)

3) 신경망(Neuron Nets)

4) 계산의 크기 이론(Theory of the Size of a Calculation)

5) 자기개발(Self-Improvement)

6) 추상화(Abstractions)

7) 임의성과 창의성(Randomness and Creativity)

12 봐라. AI가 앞으로 가장 중요한 일을 하는 데에는 인터페이스의 문제를 해결해야 한다. 그런데 그 항목이 여기 빠져 있는 게다.

1946년 완성한 세계 최초의 진공관 컴퓨터 에니악, 이미 많이 들어봤을

거다. 17,468개의 진공관에 길이 25m, 높이 2.5m, 폭 1m로 거의 집채만
한 크기다. 코끼리 몸뚱어리만 한 이 에니악이나 IBM의 메인 프레임, 능
숙한 조련사가 아니면 어떻게 다루랴. 줄줄이 늘어선 기계들, 조작하는 장
소도 알 수 없다. 이건 미로다. 그 사이를 빨랫줄 같은 선들이 무수히 연결
되어 있다. 이게 국숫집이지 누가 컴퓨터라고 하겠나. 지금 집에 있는 데
스크톱도 그 선에서 자유롭지 못하다. 이래 가지고 사람과 컴퓨터가 사이
좋게 지낼 수 있겠는가.

그 컴퓨터가 지금 인간의 손목 위에 올라올 정도로 작아진 과정, 그건 바
로 컴퓨터 문제도 그걸 사용하는 사람의 문제도 아닌 그 둘 사이의 변화
를 말해주는 것이 아니겠는가. 바로 인터페이스가 달라진 거다.

13 컴퓨터 진화의 역사 그 모든 발전은 컴퓨터 자체의 기능이 발
전한 게 아니다. 또한 프로그래머들에 의한 것도 아니다. 어떻
게 하면 인간과 컴퓨터의 그 사이(inter)를 좁히느냐에 따른 역사라 할 수
있다. 그래서 그 사이를 가까이하기 위해서는 컴퓨터 자판 같은 것이 없
어지고, 문자로 사람의 말을 이해하고, 글을 읽을 줄 아는 똑똑한 지능을
가진 컴퓨터가 필요했던 게 아닌가. 인터페이스로 보면 인공지능은 이렇
게도 우리에게 가까이 있는 문제를 해결하는 것이다. 그런데도 인공지능
하면 HAL 9000과 같은 사이언스 픽션의 로봇만을 떠올리기 때문에 혼란
이 생기는 게다.

14 60년 전 다트머스에 모여 AI를 연구하자는 사람들의 일곱 항목
중에 어느 하나도 지금 달성한 것이 없다. 아니 그때와 똑같다.
60년이 지났는데도 말이다. AI는 인터페이스의 문제라는, 즉 인간과 기계

의 문제라는 지극히 상식적인 문제를 가지고 고민하고 그것으로 돈도 번 사람은 내가 아는 한 스티브 잡스 한 사람뿐이다. 온리 원이었다. 그가 어떻게 아이팟을 만들었나. 소니의 워크맨, mp3 플레이어에 착안하여 아이팟을 만든 것이다. 이것을 온라인 공간, 음악 파일을 다운로드할 수 있는 아이튠즈와 결합한다. 서로 다른 두 개를 합쳐, 즉 디지로그를 이용해, 아이 시리즈들이 개발된 것이다. ➱

그런데 거꾸로 스티브 잡스는 인터페이스는 알았지만 AI에 대해서는 잘 알지 못한 사람이다. 이런 문제를 누가 통합할꼬. 한국에는 왜 스티브 잡스 같은 사람이 없냐고들 흔히들 말한다. 이건 극장에 늦게 들어온 관객인 탓이다. 스티브 잡스 그 자신도 동양 사상과 일본 등 동양의 문화에 비상한 관심을 가지고 있었다는 것을 보면 '동방예의지국'이 '동방AI지국'으로 바뀔 수 있는 가능성이 많다. 코끼리를 타고 다트머스로 가보면 그게 보인다.

➱ 11 인터페이스 고개 1-05

샛길

다트머스 제안서

존 매카시가 록펠러 재단의 로버트 S. 모리슨(Robert S. Morrison)에게 보낸 커버 레터

제안서 작성일 1955년 8월 31일, 존 매카시(다트머스대), 마빈 민스키(하버드대), 너새니얼 로체스터(IBM), 클로드 섀넌(벨 연구소) 드림

"1956년 여름 뉴햄프셔 하노버에 있는 다트머스대에서 두 달 동안 10명의 과학자가 모여 인공지능(Artificial Intelligence)을 연구할 것을 제안합니다. 연구는 학습과 기타 지성의 모든 측면을 자세히 묘사해서 기계로 지능을 구현할 수 있다는 추측을 기반으로 진행될 것입니다. 언어를 사용하고, 추상과 개념을 만들고, 지금은 인간만 다룰 수 있는 문제들을 풀고, 스스로를 발전시키는 기계를 만들고자 시도할 것입니다. 엄선된 과학자들이 여름 동안 함께 연구하면 이 중 하나 이상의 문제를 해결할 수 있으리라 생각합니다."

쿼티 자판

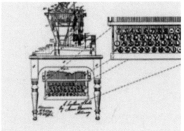

최초의 쿼티 자판

최초의 타이프라이터

특허의 명칭 : 타자기의 개선
특허등록일 : 1878년 8월 27일
발명자 : 위스콘신주 밀워키시의 크리스토퍼 래섬 숄즈, 칼로스 글리든, 새뮤얼 소울

숄즈와 친구들이 이전의 타자기를 개선시킨 제품으로 첫 번째 특허를 받았다. 그
것은 자판을 피아노 건반처럼 검은색과 흰색, 2개의 열에 따라 배치하고 '0'과 '1'을
놓을 자리가 없어 스펠링 "O"와 "I"로 대신했다. 10년 뒤 숄즈는 다시 왼쪽 상단에
'QWERTY'를 배열하고, 4개 열의 자판을 배치하는 타자기로 개량했다. 타자를 칠
때 왼손은 57퍼센트, 오른손은 43퍼센트 사용한다. 가장 약하고 작은 손가락인 양
새끼손가락과 왼손 약지로 자판기 틈 사이를 오르락내리락하며 가장 흔히 쓰이는
극자를 치도록 만들었다.

에니악

"정교한 계산이 일상적으로 사용되면서, 계산 속도가 매우 중요해지고 있다. 그러나 아직 이러한 현대적 계산에 대한 요구를 만족시키는 기계가 없다."
_1947년 6월 26일, 에니악의 특허(미국 특허 번호 #3,120,606) 문서 중에서

1947년 7월 29일, 세계 최초의 전자컴퓨터 에니악(ENIAC)이 동작을 시작했다. 에니악은 '전자식 숫자 적분 및 계산기'(Electronic Numerical Integrator And Computer)의 두음자를 따 만든 이름이다. 이 새로운 계산기의 규모는 실로 엄청났다. 17,468개의 진공관과 7,200개의 크리스털 다이오드, 1,500개의 릴레이, 70,000개의 레지스터, 10,000개의 콘덴서, 그리고 500만 개의 납땜 이음에, 이를 연결한 전선의 길이만 130킬로미터에 이르렀다. 또한, 무게만 30톤의 거대한 기계로 그 크기가 길이 25미터, 높이 2.5미터, 폭 1미터로 웬만한 집 한 채에 달했다. 더구나 150킬로와트라는 당시로서는 엄청난 전력을 소모해 필라델피아 전역의 전기가 모두 나간다는 이야기가 나돌 정도였다. 3년간의 개발비로만 무려 50만 달러(현재 가치로 환산하면 600만 달러)가 들어갔으며, 현대 전자식 컴퓨터의 효시로 불리는 에니악은 30초 만에 훈련된 수학자보다 20만 배나 빠른 속도로 탄도 계산을 해냈다.

60여 년이 흐른 2015년 4월, 펜실베이니아대 연구팀은 에니악의 회로 전체를 하나의 실리콘칩에 구현했는데, 칩의 크기는 가로 7.44밀리미터, 세로 5.29밀리미터에 불과했다. 거대한 기계가 사람 손톱보다 작은 크기가 된 것이다. 현재 세계에서 가장 빠른 컴퓨터는 초당 3경(京) 번의 더하기를 할 수 있다.

셋째 꼬부랑길

AI의 겨울과 봄

01 초기 인공지능 개척민들에게는 지적 호기심과 학문적인 탐구
정신이 연구의 동기였다. AI가 탄생한 그 현장을 보지 않았나.
실리콘밸리가 아니라 고색창연한 학문의 뜰이었다. 말하지 않았나. 인공
지능 연구가들에게 그 진로를 밝혀준 메멕스 이야기를. 하지만 옛날이나
지금이나 대학의 담과 교문은 투기꾼들, 그리고 냉전으로 소련과의 경쟁
에 핏발이 선 군부의 바람을 막을 만큼 튼튼하거나 높지는 못했다.
동부에서 시작한 이 AI가 지금 알파고 인공지능을 낳은 서부의 실리콘밸
리 마운틴 뷰에 오는 동안, 봄바람과 함께 겨울바람의 거센 외풍이 두 번
이나 몰아쳤다고들 한다. 이것을 AI 연구가들은 AI의 붐*(어쩌면 봄이란 말
과 그리도 닮았나), 그리고 겨울이라고 부른다.

• Boom

02 시장(상업주의)과 전장(군사주의)은 순수한 과학이나 기술의 경
계를 가리지 않는다. 시장과 전장은 모든 기술의 발견자요 후원
자의 구실을 해왔기에 그 봄바람도 겨울바람도 그것으로부터 불어온다.

첫 번째 붐은 앞서 말한 다트머스 회의에서 불기 시작한다. 이 회의에서 가장 큰 반응을 얻은 것은 후에 노벨 경제학상까지 탄 허버트 사이먼*이다. 그는 여기서 그의 오랜 연구 파트너 앨런 뉴웰*과 함께 '논리 이론'을 발표하고 프로그램으로 고등학교 수준의 대수 문제를 풀어내는 것을 보여준다. 사람들은 이에 열광한다. 컴퓨터가 탄도 계산만을 할 줄 아는 게 아니라, 튜링 머신과 같이 스스로 생각할 줄 아는 기계가 될 수 있다는 확신을 얻었던 거다. 다트머스 회의와 함께 인공지능이라는 새로운 영역은 그야말로 발전의 땅을 질주했다.

• Herbert A. Simon | Allen Newell

03 때마침 소련이 1년 뒤 스푸트니크 인공위성 발사에 성공한다. 소위 스푸트니크 쇼크다. 이때 생겨난 미 국방성은 ARPA(고등연구계획국)*를 만들고 이 새로운 분야에 엄청난 연구비를 쏟아부었다. 인공지능의 핵심 인물인 매카시와 민스키를 주축으로 MIT에 연구소를 만들고 매년 300만 달러가 70년대까지 제공되었으며, 뉴웰과 사이먼을 중심으로 한 스탠퍼드 등의 여러 인공지능 연구기관에 많은 지원금이 조달되었다. 이때 ARPA의 총지휘자가 된 현대 인터넷의 아버지인 릭라이더*다. 약간 샛길로 새는 얘기지만 그는 "프로젝트가 아니라, 사람에게 투자해야 한다"고 믿었고, 연구자들의 자유로운 연구를 허용했다. 이 덕분에 MIT의 자유로운 학풍이 생성되었고 해킹 문화가 탄생되기도 했다.

• ARPA, 현 DARPA | J. C. R. Licklider

04 이렇듯 소련과의 냉전이 1차 붐의 결정적인 역할을 했던 게다. 붐을 불러오는 게다. (좀 우습네. 냉전이 붐을 불러왔다니.) 그러니

그게 오래 가겠나.

AI의 주창자 존 매카시는 시장이나 전장과는 거리가 있는 학자였다. 그에게는 신화와도 같은 얘기가 전해지는데 생각하는 기계인지 판별하는 튜링 테스트를 시험하다 처음 작성하게 된 LISP(1958). 그 제자들이 이걸 보고 프로그래밍 언어로 만들어 실용화하자고 했을 때 그는 불같이 화를 내며 반대했다고 한다. 이것만 봐도 안다. 그는 팔아먹기 위해 AI를 만든 것이 아니다. 오로지 학구적인 뜻으로 한 게다.

병 주고 약 준다고 했나. AI에 최초의 붐을 불고 온 매카시에 의해 그 붐은 꺼지고 겨울을 맞이하게 된다. 불을 지른 사람이 소방대원 역할을 한 셈이다. 그는 시장주의자도 전장주의자도 아니다. 학문의 높은 담을 지킨 사람이기 때문이다.

모두들 기계가 인간의 뇌와 똑같은 일을 금방 해낼 수 있다는 환상에 빠져 있을 때 매카시는 결코 그렇지 않다는 결과를 내놓는다. if then이라는 룰 베이스는 실제로 해보니 아주 간단한 명령에도 무한대에 가까운 룰(프레임)을 만들어주어야 했다. 실제로 이러한 프레임을 만들어주는 것은 불가능하다.

05 철학자 대니얼 데닛*의 탄광 비유를 인용해 제기하는 프레임 문제*는 1969년, 존 매카시와 패트릭 헤이즈가 지적한 인공지능 연구의 난제다. 예를 들어, 인공지능을 탑재한 로봇에게 "미술관의 어떤 방에 폭탄이 설치되어 있고, 나는 거기 있는 미술품을 꺼내고 싶다"고 말했다 하자. 이 상황은 체스나 게임처럼 규칙(틀=프레임)이 정해져 있지 않기 때문에, 인공지능은 모든 경우의 수를 생각하게 된다. 카트를 이용하면 천장이 무너지지 않을까, 벽에 구멍이 나지 않을까, 방 건기는 꺼질까

등의 모든 계산을 하고 있는 사이에 폭탄은 폭발해버린다.

사람은 금시 아는 문제를, if then만 넣으면 인간과 똑같이 하리라고 생각했는데 안 되는 거다. 한계가 있다는 걸 안 거다. 계산기와 인간의 뇌와는 전혀 다르다는 증명이다. 계산 능력, 계산주의만을 가지고는 안 된다.

* Daniel Dennett | Frame Problem

06 이것을 계기로 시장과 군부 사이에 회의론이 일기 시작하고, 겨울의 찬바람이 불기 시작한다. 그러나 쉽게 절망할 사람들이 아니다. 지적인 호기심에 가득 찬 연구자들의 불은 쉽게 꺼지지 않았다. 그래서 대두된 것이 컴퓨터가 인간의 뇌와 다르다면 인간의 뇌를 연구해서 모방하면 될 것 아니겠냐는 것이다. 여기에 돌파구를 연 사람이 바로 시모어 페퍼트*다.

페퍼트는 컴퓨터와 인간의 뇌가 어떻게 다른가를 알기 위해 유치원에 간다. 컴퓨터 공학이 아니라 아동 심리학자 피아제*와 손을 잡는 것이다. 어린아이들이 어떻게 학습하는지 관찰을 하고 그 현장에서 아주 놀라운 발견을 하게 된다.

* Seymour Papert | Jean Piaget

07 산수를 배우는 시간, 아이들의 얼굴에는 생기도 없고 흥미도 없고 지루해만 보인다. 모두 수동적인 모습뿐이다. 그렇게 아무런 반응도 보이지 않던 아이들에게 비누를 나눠주고 그것을 가지고 무엇인가 만들어보라고 하자 갑자기 아이들의 눈이 빛나기 시작한다. 뇌가 활성화되는 순간이다.

둘에다 둘을 보태면 넷이 되는 뻔한 산수 문제에 뇌는 위축되는데, 비누

조각을 가지고 놀라고 하면 거꾸로 아이들의 뇌는 활성화되고, 상상력과 창조력이 발휘된다. 엄청난 집중력을 발휘하여 비누를 깎아 저마다의 다른 조형물을 만들어내는 거다. 비누 덩어리가 춤추고 노래하는 인형이 되고, 곰이 되고, 나비가 된다.

아이들은 비누를 깎으며 생각하고, 꿈꾸고, 해놓은 것을 물끄러미 들여다보기도 하고, 새로운 아이디어가 떠오르면 다른 시도를 하기도 한다. 인간의 뇌는 그렇게 다양하고 자율성이 강하다. 남이 가르칠 때는 시들고, 스스로 배우려고 할 때는 꽃 피우는 신비한 힘을 지녔다.

08 그래서 컴퓨터를 인간 뇌의 뉴런(신경) 시스템처럼 시냅스의 발화점을 만들어주면 인간의 뇌를 닮은 것이 생겨나지 않겠느냐 하는 결론에 도달하게 된다. 팩트가 아닌, 팩트와 팩트를 연결하는 것이 중요하다는 게다. 서로 결합하고 생성하는 사람의 뇌를 모방한 뉴럴 네트워크를 통해 티칭(Teaching)에서 러닝(Learning)으로 가는 '기계 학습'* 개념이 생긴다. '계산주의에서 커넥티시즘, 결합주의로' 가는 새 길이 트이는 거다. 페퍼트는 이걸 더욱 발전시켜 '레고 로고'*라는 컴퓨터 언어를 창안하기도 한다.

이런 기계 학습 개념이 뇌 과학, 신경 과학, 인지 과학의 이론들을 배경으로 구성주의, 구축주의*의 새 길도 열리게 된다. 브레이크스루, 벽을 뚫고 넘어가는 AI의 새 길 만들기가 시작된 게다. 그게 2차 붐을 불러온다.

실제로 얼음이 녹으면서 군부에서는 러시아어의 번역 등 연구에 돈을 대고 시장의 투자가들은 인간을 대신할 수 있는 로봇을 개발하려는 희망을 품고 다양한 시도를 한다. 2차 붐의 길을 연 것은 뉴럴 네트워크를 만들기 시작한 페퍼트고, 그 붐이 결정적으로 가시화된 것이 프랭크 로젠블라트 *의 퍼셉트론 이론 *이다.

• Machine Learning | Lego Logo | Constructivism | Frank Rosenblatt | Perceptron

09 그러나 2차 붐이 과열 상태로 올라갔을 때 인공지능 1세대의 불을 붙인 다트머스의 그 민스키가 매카시와 마찬가지로 과열된 불을 끄는 소방대원 역할을 한다.

민스키는 로젠블라트와 유년 시절부터 알고 지낸 고교 1년 선후배였지만 인공지능 분야에서는 격렬한 논쟁의 중심적 인물이 된다. 1969년 마빈 민스키와 시모어 페퍼트는《퍼셉트론》이라는 책에서 단층 퍼셉트론으로 학습할 수 있는 정보는 한정되어 있다는 사실을 증명했다. 인간의 뇌는 컴퓨터의 뇌와 다르다는 것을 또 한 번 확인한 게다.

민스키가 스스로 불을 끄고, 봄바람을 스스로 막아 추운 겨울을 다시 맞게 한다. 이렇게 해서 2차 겨울과 함께 고전적인 초기 AI 연구는 막을 내리는 것이다.

오해하지 마라. AI의 봄이며 겨울은 바깥에서 불어오는 바람이었지, 도원의 결사처럼 존 매카시, 마빈 민스키, 클로드 섀넌 등 다트머스에서 AI의 길을 열자고 했던 그 사람들이 변한 게 아니다. 그들은 아카데미즘의 한결같은 외길을 갔다.

10 스스로 불을 붙이고 스스로 불을 끄는 이 이상한 AI 개발의 자살골 역사. 거기에는 기계도 인간과 똑같은 두뇌를 가질 수 있다는 가설 아래 만든 고전적인 튜링 테스트를 실제로 개발한 조셉 와이젠바움 *의 경우에서도 마찬가지다. 그는 오늘날 시리와 같은 문답 인공지능 '일라이자' *를 만들어 큰 성공을 거둔다.

정신분석의들이 환자에게 하는 질의응답 문제집을 가져다가 그것을 주입시켜 판박이 말을 흉내 내도록 만든 채팅 프로그램 일라이자에게 사람들은 쉽게 속았다. 일라이자에게 정말 지능이, 사람과 같은 마음이 있는 것으로 착각한 게다. 심지어 그 프로그램을 만드는 것을 옆에서 몇 개월 동안이나 지켜본 그의 여비서까지도 그렇게 믿었다.

• Joseph Weizenbaum | ELIZA(1965)

11　　문제는 여기에서 끝난 게 아니다. 실제로 일라이자를 일부 정신과 진료 현장에서 실용화하자는 주장이 나온 게다. 이에 대해 와이젠바움은 "이건 아니다. 윤리적으로도 안 되는 얘기다. 정신과 의사가 해야 마땅한 일인데 이것들로 인건비를 아낀다고?"라고 말한다.

그 역시 매카시나 민스키처럼 자신이 만든 그 프로그램의 오용에 분노하며, 그 허구성과 위험성에 관해 이렇게 말하고 있다. "자동 정신분석 시스템을 만드는 것은 가능한 일이다. 하지만 윤리에 반하는 일이다." 스스로 선언해서 그 불을 꺼버리고 만다. 한국 토박이말로 하자면 사람이 할 짓이 못 된다는 거다. AI 연구자들에게 가장 중요한 문제는 컴퓨터가 무엇을 할 수 있는가가 아니라, 컴퓨터에게 무엇을 시켜서는 안 되는가다. 그것을 알아야 한다는 게다.

그들을 '바보'라고 부르는 사람들도 있을지 모른다. 하지만 나는 AI의 봄을 불러오고 스스로 가을바람이 되어 겨울을 자처한 이들이 존경스럽다. 세상은 그렇게 끝나지 않는 법이다. 제3의 봄은 언젠가 불어온다.

12　　여기 이 한 장의 기념사진을 보자. 꼭 재향군인, 역전의 전사들이 늙어서 한자리에 모인 기념사진처럼 보이지 않는가. 그렇다.

다트머스 50주년 기념행사인 'AI@50 컨퍼런스'에서. (왼쪽부터) Trenchard More, John McCarthy, Marvin Minsky, Oliver Selfridge, 그리고 Ray Solomonoff. (Photo by Joseph Mehling)

이것은 2006년 다트머스 회의 50주년을 기념하는 행사 사진이다. 다트머스 회의 주요 멤버의 대부 존 매카시, 인공지능의 아버지 마빈 민스키, 인지인공지능의 개척자 앨런 뉴웰. 그들은 험한 꼬부랑길, 험한 고개를 넘으며 50년의 세월을 보냈다. 그 추억들이 AI의 기억처럼 여기 서 있다. 영광스런 얼굴이고, 좌절과 분노와 외로움의 얼굴이기도 한 것이다. 왜? 가장 뜨거운 봄여름에 가장 추운 겨울에 그렇게 험한 AI 고개를 넘어온 주인공들이니까. 그랬기에 산전수전 다 겪은 그 사람들이 역전의 용사처럼 한자리에 모일 수 있었던 거다.

13   이들의 세계가 가고, 제3의 봄이 불어오기 시작한다. 바로 알파고 세대들이다. 무어의 법칙에 의해서 하드웨어도 기하급수적으로 발전되고 디지털이 엄청난 속도로 발전해서 천문학적인 데이터들을 때려 넣을 수가 있다. 하드웨어와 소프트웨어가 상상하지 못할 정도로 발

달하니 이제까지 난제로 대두되었던 문제들이 풀리기 시작한다. 매카시의 프레임 문제에서 if then에 한 번에 연산 가능한 어마어마한 양의 데이터를 집어넣을 수가 있다. 그래서 기계에게 지식을 줄 수가 있는 거다.

그 겨울 동안에도 사람들은 엑스퍼트 시스템,* 휴리스틱* 그리고 엑스퍼트 방식으로의 티칭을 연구했고, 그것은 기계 학습의 뉴럴 네트워크를 다층 시스템으로 바꾸는 시도로 이어진다. 매카시, 민스키가 스스로 이제껏 불가능하다고 했던 것들은 새로운 국면을 맞이한다. 이 신기술은 이제 실리콘밸리의 시대를 향해 직행한다.

더 이상 바람에 흔들리는 대학의 그 높은 문과 그 담이 아니다. 대학 자체도 변하고 시장도 변했다. 실리콘밸리는 시장, 전장, 지장을 전부 자체 내에서 해결할 수 있도록 되어 있다. 산학협동 같은 것들이 자유롭게 이루어진다. 실리콘밸리의 중심에는 스탠퍼드와 같은 학교가 있고, 거기에 투자가들이 몰려오고, 구글과 같은 회사가 생기는 게다.

그럼 제3의 인물들, 제3의 봄은 어떻게 왔는가. 여덟 번째 고개를 향해 가보자.

* Expert System | Heuristics

8

딥 러닝 고개

AI의 봄을 이끈 캐나디안 마피아

◆ 첫째 꼬부랑길 ◆

박비향

박비향

01 새로 맞는 세 번째 AI의 봄, 그 시작점은 실리콘 밸리의 마운틴
뷰도 제5세대 컴퓨터로 500억을 들였던 일본의 도쿄도 아니었
다. 알파고가 나타날 때까지 겨울도 봄도 없이 깊은 잠을 자고 있던 한국
도 물론 아니다. 그곳은 뜻밖에도 캐나다의 토론토였다.

나에게 있어서 토론토란 가보지 못한 도시, 더욱이나 알파고와는 아무런
관련이 없다고 생각한 도시다. 시베리아처럼 다만 추운 겨울이 연상되는
캐나다 땅이다. 그 땅에서 AI의 봄이 왔다면 그것은 필시 매화일 것이다.
매화를 한 해에 가장 먼저 피는 꽃이라 하여 화형˙이라고 부른다. 그중에
서도 가장 추운 겨울을 견디고 피는 매화를 박비향˙이라 부른단다. 박은
때리다, 비는 코. 그러니 코를 때리는 향기다. 이상한 말이다. 얼마나 짙기
에 코를 때리는가. 정말 박비향의 매화가 있다면 그 향기는 코피인 게다.
가장 진한 생명인 게다. 겨울이 추울수록 그런 향기가 난단다.

˙ 花兄 | 搏鼻香

02   "캐나다는 너무 추워 정신을 차리기 힘든 대단한 곳이고, 헤어
         스타일이 제멋대로인 선량하고 지적인 사람들이 사는 곳이다."
그렇구나. 이 구절이 생각난다. 《파이 이야기》*의 내레이터가 한 소리다.
왜 인공지능과 관계도 없는 《파이 이야기》가 생각났을까. 우연히도 인공
지능의 이야기와 많은 대목이 닮은꼴이라는 것을 알았기 때문이다. 그랬
다. 주인공 파이(피싱)이 마지막 도착한 도시 토론토는 정신을 차릴 수 없
을 만큼 추운 곳이면서도 제가끔의 개성과 다양성과 지성을 가진 사람들
이 모여 사는 도시라는 거다.

인공지능은 수학의 이야기다. 그런데 《파이 이야기》도 그 이름부터가
3.14259…. 맨 처음 수에 대한 신비한 체험, 원주율의 숫자가 아니냐. 내가
어렸을 적 몇 자릿수까지 외우나 친구들과 내기를 했던 기억이 떠오른다.
몇조 단위를 가도 영원히 끝나지 않는 수의 행렬.

* 얀 마텔, 《파이 이야기》, 공경희 옮김, 작가정신, 2004.

03   이 세상은 모든 것이 숫자로 되어 있고 그 숫자만 알면 자연과
         인간의 문제를 풀 수 있다고 믿었던 피타고라스에게 충격을 안
겨준 무리수. 그걸 발견한 제자를 바다에 빠트려 죽였다는 전설까지 낳
은 파이다. 하지만 바다에 던져진 소설의 주인공 파이는 죽지 않았다. 벵
갈 호랑이와 함께 조그만 뗏목에서 살아남은 거다. 227일 동안이나. 이런
이야기를 누구보고 믿으라는 이야기냐. 227이라는 날짜도 22를 7로 쪼갠
파이와 연관된 숫자가 숨어 있다.

이 풀리지 않는 신비한 파이(π) 앞에서는 인공지능도 까무러친다. 아무리
뛰어난 슈퍼컴퓨터도 파이의 자릿수를 다 세지 못한다. 그러니 세상에는
계산으로 안 되는 게 있다. 아무리 수학자가 애써도 넘을 수 없는 인공지능

의 벽. 그게 바로 파이의 이야기가 아닌가. 그런데 파이가 생환한 토론토, 그곳에서 인공지능이 넘을 수 없었던 빙벽이 깨어진다. 토론토의 봄, 인공지능의 봄, 파이의 봄. 코를 때리는 박비향의 향기는 어디서 오는가.

04 배가 침몰할 때 바나나 더미에 실려 유일하게 살아남은 파이의 증언을 누구도 믿지 않는다. 보험 회사 조사원만이 아니라 나도 믿지 않았다. 그런데 살아남은 파이는 그들 앞에서 세면대에 바나나를 띄워 그것이 물에 뜨는 것을 시연해 보인다. 나도 해봤다. 정말 뜬다. 인공지능의 대부라고 했던 민스키가 논리정연하게 '그건 안 되는 일'이라고 증명했고, 사람들이 그럴 것이라고 믿었던 퍼셉트론과 인공 뉴로도 토론토에서 뜨기 시작한다. 인공지능의 매화가 핀 거다. 그리고 그 추운 겨울이 간 게다.

05 매화의 향기가 코를 때려 코피를 흐르게 하고, 으레 가라앉을 줄 알았던 바나나가 물 위에 뜨고, 믿기지 않는 이 이상하고 이상한 이야기들이 현실이 된 토론토, 그곳의 또 다른 파이 이야기. 캐나다에서 피어난 AI의 봄 이야기다.

그 주인공은 제프리 힌튼.* 두 번이나 모진 겨울을 견디고 피어나고 세상에 퍼져나간, AI의 박비향이다. 인공지능의 겨울이라 불리는 혹한기에도 인공신경망을 이용한 연구를 멈추지 않은 덕분에 2006년 딥 러닝에 대한 기념비적인 논문*을 발표하고, 이 논문을 발표한 지 다시 6년 만에 실전에서 딥 러닝의 가능성을 제대로 보여준다.

그 무대는 2012년. 세계 최대의 이미지 인식 경연대회인 ILSVR*이었다.

* MaGeoffrey Hinton | Geoffrey E Hinton 외, "A fast learning algorithm for deep belief nets",

《Neural Computation》, 2006년 7월호(vol. 18, Issue 7) | ILSVRC(Imagenet Large Scale Visual Reconition Challenge)

06 이 ILSVRC라는 대회에서는 컴퓨터가 사진 안의 요트, 꽃, 그리고 고양이 같은 사물을 얼마나 잘 분간하여 알아맞히는지를 겨룬다. 정답률을 측정하는, 일종의 시험이다. 1천만 장의 이미지 데이터베이스에 있는 15만 장의 이미지를 사용하여 테스트가 진행된다.

힌튼의 등장 이전에도 이미지 인식 과제를 푸는 데 기계학습 방식이 사용되었지만, 그 학습 시의 특징량의 설정은 사람이 해왔다.

07 결국 기계 학습이라고 해도, 그 디자인은 오랜 경험과 지식을 필요로 하는 전문가의 기술에 걸려 있었던 거다. 이렇게 숙달된 전문가에 의해 기계 학습 알고리즘과 특징량의 설계가 조금씩 진행되었고, 잘해봤자 1년 동안에 1퍼센트 오류율을 떨어뜨리는 것이 기껏이었다. 그해에도 옥스퍼드대, 스탠퍼드대, 도쿄대, 독일 예나대, 제록스…. 내로라하는 세계 정상의 연구기관들이 오류율 26퍼센트대 사이에서 공방을 벌였다. 여러 팀이 도토리 키 재기를 하던 가운데 당시 거의 무명에 가까웠던 힌튼이 이끄는 슈퍼비전 팀이 오류율 15퍼센트로 1, 2위를 독차지했을 때의 그 놀라움을 상상해보라.

08 인공지능의 겨울 동안 명맥을 유지했던 방식은 엑스퍼트 시스템이었다. 그 당시 AI는 한마디로 장래성이 보이지 않았던 연구요 작업이었다. 해봤자 지지부진한, 언제 끝날지 모르는 인공지능의 벽. 그런데 힌튼과 그의 아이늘이 그 벽을 단숨에 넘어서 버렸다. 두대체 어

떤 방식으로 넘어선 거냐. 그것이 '딥 러닝'이다.

'엑스퍼트 시스템'은 톱다운 방식이다. 설계하는 인간이 인공지능이 마주할 모든 가능성을 고려하며, 기계의 효율성은 그 설계자에 의해 결정된다. 그것이 벽에 가로막히자 힌튼이 들고 나온 것이 보텀업 방식이다. 컴퓨터에게 다양한 선택을 주고, 주위 상황에 대응하여 스스로 진화하게 만든다. 생물학적 발상으로 눈을 돌린 게다.

딥 러닝은 기술자 프로그래머가 모든 것을 설계하는 대신, 기계들이 직접 문제의 특징을 스스로 찾아낸다. 사람이 하는 일을 기계가 하는, 창발적인 시스템의 산물이었던 게다. ➲

딥 러닝의 특징 표현 학습을 통하면 지금까지 인공지능에 있어 빙산과 같은 난제들, 예를 들어 인식 능력과 예측 능력, 행동 능력, 개념 획득 능력, 언어 능력의 지능이 실현될 가능성이 열린다. AI의 봄은 타이타닉도 가라앉힌 그 빙산을 두 차례나 돌파하면서 왔다. 이번이 세 번째 돌파다.

➲ 10 생명 고개 4-03

09 알파고의 대부라고 표현했던 '캐나디안 마피아'의 주역, 힌튼. 참새가 방앗간을 그냥 지날 리 있나. 그가 어떤 사람인지 그 이야기를 추적해 보면, 알파고 못지않게 흥미진진하다. 보면 볼수록 예사로운 사람이 아니다. 우선 그는 '불 대수'를 만든 조지 불의 증외손자다. 아니나 다를까 혈통이 남달랐다. 그러나 그것은 유전만이 아니었다. 놀랍도록 끈질긴 인내심. 마피아라는 별명에 어울리는 결속력과 지도력. 그러한 캐릭터 자체가 이미 보통 사람의 것이 아니었던 게다.

모든 사람들이 안 된다고 한 퍼셉트론을 힌튼은 끝까지 포기하지 않았다. 그는 탐색과 추론의 한계로 1차 겨울이 왔을 때 색다르게도 뉴럴 네트워크를 연구하여 에든버러대학에서의 박사학위까지 받았다. 거기에 인공지능과 로보틱스에 대한 연구를 이어가기 위해 미국으로 옮겨 카네기멜런대학 등 여러 연구소를 거치지만 그 어디에서도 그 불가능에 도전할 사람이 없었다. 결국 그는 다시 캐나다 토론토대학으로 옮겨 CIFAR* 연구소를 설립하고 정착했다.

• Canadian Institute for Advanced Research

10 사람들은 힌튼을 스마트한 과학자라고 말하면서도 누가 그 연구소로 간다고 하면 "거기 가면 네 경력은 끝나는 거야"라고 얘기하곤 했다. 힌튼의 연구소는 퍼셉트론같이 배척받는 프로젝트를 하는 곳이었고, 직업이 아니라 사이언스 픽션* 취급을 받기 일쑤였다. 이 분야를 연구하는 연구원이 전 세계에서 한 손에 꼽을 정도였다면 가늠이 되는가. AI가 한때 유행해서 투자를 받았다가 쫄딱 망하지 않았나. 힌튼의 퍼셉트론은 이미 AI계에서조차 거들떠보지 않는 분야였다.

AI의 춥고 춥던 겨울 아닌가. AI 연구가라 하면 사기꾼, 협잡꾼 소리를 들으며 찬밥을 먹던 시절이다. 그에게는 외로운 곳이었으리라. 남들에게는 귀양살이 간 것처럼 보였을 거다. 주변에서 비웃음을 사도 그는 아랑곳하지 않았다. 한 주제만을 가지고 10년 동안 연구를 계속해온다. 그래서 나는 그에게 또 하나의 별명을 붙여준다. 인동초다. 그는 그 겨울을 인동초처럼 견뎠다.

• SF

11 힌튼은 외로운 사람이었으나 리더십이 있는 사람이었다. 양산박에 한 가닥씩 하는 호걸들이 모였듯이 그가 차린 연구소를

AI의 겨울을 이긴 사람들 - 캐나디안 마피아 3인방

제프리 힌튼(Geoffrey Hinton)　　　안 레쿤(Yann Lecun)　　　요슈아 벤지오(Yoshua Bengio)

중심으로 AI 전문가들이 하나둘 모이기 시작한다. 그때 멤버의 한 사람이 프랑스에서 컴퓨터 사이언스의 박사학위를 취득한 안 러쿤* 이다. 그는 AT&T 벨연구소로 옮겨갔다가 거기에서 요슈아 벤지오* 를 만난다. 둘이 짝이 잘 맞았던 모양인지 함께 힌튼이 구축한 이론을 발전시킨다. 이 트리오는 농담조로 '딥 러닝 컨스피러시'* 라 자칭했고, 다른 사람들은 그들을 '캐나디안 마피아'* 라고 불렀다.

그들은 단층 딥 러닝을 여러 층의 딥 러닝으로 만들어 피드백을 계속하는 방법을 고안한다. 마치 시행착오를 반복하며 자신이 학습하는 인간의 뇌처럼, 같은 문제에 성공하면 당근을 주고 실패하면 매질의 자극을 스스로 주었던 것이다. 마침내 스스로 익히는 인간의 뇌와 비슷한 시스템을 만들어내는 데 성공한 순간, "드디어 뇌의 비밀을 풀었어"라고 큰소리로 외쳤다는 힌튼의 얼굴에서 발가벗고 목욕탕에서 뛰어나와 유레카를 외치던 아르키메데스가 연상된다.

* Yann LeCun | Yoshua Bengio | Deep Learning Conspiracy | Canadian Mafia

글로벌 기업들의 인공지능 기술 쟁탈전

12 2012년 이미지 인식 경연대회에서 기적 같은 일이 벌어지자, 딥 러닝을 중심으로 인공지능의 3차 붐이 일어난다. 1, 2차와는 비교도 안 되는 전무후무한 인공지능 경쟁이 벌어진 게다. 이른바 마피아 3인방은 물론, 그들에게서 딥 러닝 기술을 배운 학생들을 스카웃하려고 쟁탈전이 벌어졌다. 마치 풋볼 선수 스카우팅처럼 뜨거웠단다.

아직 알파고가 이세돌을 이기기 전에 발간된《와이어드》지 'AI 특집'에서는 딥 러닝 기술과 그 정밀도를 개량한 DQN을 다루었다. 그 새로운 것을 만들어낸 하사비스와 딥 마인드도 소개하는 기사의 제목은 "The battle is On"(세계는 AI 전쟁으로 들어섰다)이다. 부제는 '과열하는 빅 비즈니스의 최전선'이다. "지금 인공지능의 전쟁터에서는 치열한 개발 경쟁이 벌어지고 있다. 미국·유럽·중국·일본에서 발발 중이다"라고 그 기사는 말한다. (유감이다. IT 하면 한국이었는데. 어쩌다가 또 4대국 전쟁터에 관망자가 되었는고.)

13 앤드류 응은 마피아 3인방을 비롯해 그 밑에서 같이 연구했던 대학원 사람들을 모두 통틀어 봐야 50명밖에는 되지 않는다고 말한다. 요슈아 벤지오는 IBM으로, 얀 러쿤은 페이스북으로, 그리고 이것을 이끌어 온 힌튼 자신은 어디로 갔나. 앤드류 응과 함께 구글로 간다. 그래. 이제야 서울에 온 알파고가 인공지능의 새로운 시대를 여는 가장 큰 비밀이 풀린다. 지금까지 검색 회사로만 알려졌던 구글의 정체가 수면으로 올라오는 순간이다. 인공지능의 최선두에 우뚝 서 있게 되는 거다. "지금 여기"의 그 현장 사진으로 다시 돌아가보자. 그 모든 사진의 뒤에는 누가 있나. 힌튼과 앤드류 응과 그리고 딥 러닝을 강화학습으로 문자 그대로 강화시킨 하사비스를 스카우트한, 인공지능의 인력 전쟁에 승리한 구글 로고가 보이는 거다. 20년 전 마이크로소프트의 MSN과 Bing, 야후, AOL, 라이코스 같은 검색 엔진들을 물리친, 스탠퍼드대학생 둘이 만든 스타트 업체. 불과 20년 만에 구글이 등장한 것이다.

캐나다 이야기

온타리오호에서 바라본 토론토 시가지

캐나다는 한국보다 100배나 큰, 세계에서 두 번째로 큰 나라인데 인구는 우리나라의 절반을 조금 넘는다. 그 광활한 땅에 흩어져 사는 사람들을 생각해보라. 통신의 발달이 가장 중요하지 않겠는가. 이러한 필요성에 따라 캐나다는 최초의 상업 지상위성, 대륙간·대서양 횡단 비동기식 이동방식 네트워크 등을 개발하게 된 것이다. 또한 이러한 요인들은 원격통신, 냉대 지역, 오일샌드(oil sands), 인공지능 운송체계 등의 기술개발을 촉진하는 중요한 역할을 했다.

가장 많은 비율을 차지하는 영국계(28퍼센트)와 프랑스계(23퍼센트)를 비롯, 기타 유럽계와 아메리카 원주민 등을 제외하고도 그 밖의 혼혈 및 다른 민족의 구성이 26퍼센트나 되는 다양한 인종이 모인 국가다. 캐나다 국민의 문화적 다양성은 전 세계 국민들과의 연계와 무역 등 국제협력을 촉진하는 요소가 되고 있다.

캐나다는 자원의 많은 부분을 교육에 투자함에 따라 전반적인 교육 수준이 높고 교육과 관련된 기초연구 개발의 수준이 높다. 또한 고등학교 졸업 비율을 높이고 과학, 수학능력의 향상, 대학원 진학률, 과학자와 공학자의 비율 제고 등에 정책적인 노력을 기울이고 있다. 과학 문화의 창달, 과학에 대한 이해의 증진, 지식기반산업 중심의 새로운 고용 기회 증대 등 교육과 과학 부문을 밀접하게 연계하려는 긍정적인 변화가 추진되고 있다.

무엇보다 캐나다 혁신 체제는 견실한 과학 기반을 자랑한다. 2014년 과학기술논문 발표 수가 세계 6위였다. 그러나 우리나라는 15위에 그치고 있다.

9

구글 고개

구글 문화의 패러다임이 바뀌고 있다

첫째 꼬부랑길

구글은 AI 회사다

01   "우리가 놀라야 할 것은 그리고 충격을 받아야 할 것은 구글이 재빠른 인공지능을 이용해 인간이 사용하고 있는 일상의 모든 기기들을 인공지능 네트워크로 통합해서 신문명을 만들어가려 한다는 점이다. 그리고 우리는 소나무 밑에서 바둑을 두는 신선놀음처럼 그 경쟁을 구경하고 있다는 점이다. 그것도 30분 늦게 들어와 무슨 이야기인지도 모르면서 울고 웃는 관객처럼 말이다."

내가 예전에 썼던 이 대목도 복기를 통해서 더욱 실감할 수 있는 대목이 되었다. IT 강국이라고 하면서 우리는 왜 알파고 같은 AI를 연구 개발하지 못하고 있는가. 그러면서도 AI의 위협설부터 꺼내는가. 실학파의 지탄의 대상이 되었던 조선조 유생들처럼 큰 이야기 좋아하고 공리공담을 즐기는 그 문화유전자가 다시 꿈틀댔는가.

우리 발등에 떨어진 불은 인공지능 이전에 그리고 알파고 그 이전에 구글이다. 이번 일에 북 치고 장구 치고 판을 벌인 주인은 바로 구글이 아닌가.

02   당연히 구글이 어떤 회사이며 무엇을 위해 이 일을 연출했는
가. 그 가까운 일부터 질문하는 것이 순서다. 당연히 그 질문 방
식도 바뀐다. 그래 당연히. 젊은 사람들은 그 당연을 '당근'이라고도 한다.
내가 젊을 때는 '물론'을 물논(水田)이라고 읽어서 '개구리 운동장'이라고
했다.

게임회사도 아니고 인공지능 회사도 아닌 줄 알았던 그 검색회사 구글이
알파고를 가져와 이세돌과 바둑을 둔다. 구글 올챙이가 어느새 구글 개구
리로 변신한 게다. 정신을 차려 보니 서울이, 한국이 구글 개구리 운동장
이었다.

'왜 한국에는 구글 같은 회사가 없는가.' 이세돌-알파고의 경이로운 바둑
게임을 보면서 우리는 그런 질문을 던져보지 않았다. 나도 복기를 하는
과정에서 다시 보게 된 것이 바로 그 구글이다.

03   올챙이를 처음 보고 개구리를 연상할 사람은 없다. 올챙이의
꼬리만 보일 거다. 초창기 구글이라는 올챙이의 꼬리는 바로
페이지 랭크˚라는 검색 알고리즘이었다.

힌튼의 구글행도 그 수준에서 이해하는 사람이 많았다. 이 올챙이를 보고
개구리를 떠올린 사람이 있었을까. 신기술을 꿰뚫어보는 천하의 도사 케
빈 켈리˚도 몰랐다고 고백한다. 그 유명한 《와이어드》지의 수석 편집장
시절이었을 거다. 구글이 올챙이였던 시절 파티장에서 그 창업자 래리 페
이지와 만난다. 그 자리에서 켈리는

"웹 검색 회사가 하나둘이 아닌데 앞으로 어떻게 운영할 작정이야?"라고
물은 거다. 그 근심스러운 말에 의외의 해답이 돌아온다.

"검색이 아니야. 우리가 진짜 하려는 것은 인공지능 AI다."(Oh, we're really

making an AI) *

• Page Rank | Kevin Kelly | 《와이어드》 2014년 10월호

04   켈리보다 앞서 창업 출발 때부터 그들이 인공지능을 지향하고
있었다는 것은 《인 더 플렉스》에도 분명히 밝혀져 있다.
"구글의 기반은 사용자를 위한 서비스이지만, 그들이 표방하는 목표는 우
리가 살아가는 방식을 송두리째 바꿀 만한 거대한 인공지능 학습 머신을
만드는 것이다." * 라고 말한다.

• 스티븐 레비(Steven Levy), 《In the Plex 0과 1로 세상을 바꾸는 구글, 그 모든 이야기》, 위민복 옮김,
에이콘, 2012. 17쪽

05   이러한 시각에서 보면 그들이 그동안 무엇을 해 왔는지 역시
선명하게 물 위로 떠오른다. 구글의 연간 서치 숫자는 2조 951
억 건, 하루 평균으로는 57억 4천만 건이다. 지금까지 우리가 구글 검색을
할 때마다 아날로그의 데이터들이 그곳의 클라우드에 쌓이고 그 디지털
빅데이터를 딥 러닝 같은 인공지능이 분석한다. 이게 아날로그의 오프라
인 세상과 연결되면 우리의 일상생활에 엄청난 변화가 일어나는 것이다.
매일매일 몇십억, 우리는 검색만 한다고 생각하지만, 우리의 현실 세계 체
험의 내용들이 사이버 세계 저 구름 속에 들어가서 거대한 빅데이터, 디
지털 재원으로 쌓인다. 우리는 이미 우리 자신도 모르게 구글의 조력자요
공범자이기도 했던 거다.

06   브라우저는 소가 풀을 뜯는다는 동사 browse에서 나온 말이
다. 지금 사전을 찾아봐도 우리가 알고 있는 브라우저의 개념

과는 다른 뜻들이 적혀 있다. be at browse하면 '소나 사슴이 잎을 뜯어 먹는다'는 말이 되고, browse around하면 '소나 말이 어린 풀을 찾아서 돌아다닌다'는 뜻이다. 거기에서 풀싹이나 새순의 의미도 갖게 된다. 구글은 이렇게 여기저기 돌아다니면서 풀을 뜯는 소가 아니었다. 내가 뭐랬나. 물속에서 살던 올챙이, 개구리라고 하지 않았나. 구글이 검색 브라우저에서 바깥으로, 디지털 세계에서 아날로그의 길거리로 나와 탐색을 시작하는 게다.

07 구글이 구글 어스, 구글 맵,* 스트리트 뷰, 세계 모든 방방곡곡에 있는 이 지도들을 새롭게 만들었다. 심지어 아프리카, 그리고 자동차가 들어갈 수 없는 골목까지. 그 지도 정보를 전부 수집해서 클라우드에 디지털로 변환시켜 구글 어스, 구글 맵, 스트리트뷰를 만들었을 때만 해도 사람들은 다들 저걸 대체 왜 만드나, 하고 있었다. 그런데 구글이 자율자동차를 만들고, 그것이 검색창에 있는 클라우드가 아니라 우리의 실제 아톰의 세계에 달리게 될 때, "아하! 체험"을 하게 된다. 그랬구나. 아날로그를 디지털로 끌고 들어가고, 이제는 디지털을 아날로그로 빼낸다. 의문이 풀린다.

• map

둘째 꼬부랑길

문어발이라는 오해

01   검색 회사가 아니라 처음부터 AI를 목표로 한 회사였다니 참
        중요한 대목이다. 우리의 예상이 빗나간 것도 바로 이 점이다.
구글의 신산업 진출에 가장 놀란 것이 한국 기업이다. 어느 신문기사의
캡션˙처럼. "친구인 줄 알았는데 적으로. 구글 경쟁자는 네이버? 아닙니
다…. 통신 서비스 돌입 KT SKT 술렁. 배터리 개발로 삼성 SDI와 경쟁, 74
조 원 굴리며 신사업 계속 도전."
아니나 다를까 정작 기사는 안 봐도 비디오다. 정말로 비디오처럼 만화까
지 그려놨다. 우리가 흔히 재벌들을 묘사하던 패턴이다. 구글(Google)의
한가운데 동그라미 두 개가 있지 않은가. 그게 문어의 눈으로 그려지고
사방팔방으로 뻗쳐진 다리에는 기업 빌딩들을 감아쥐고 있는 흡반.˙ 놀
랍고도 무서운 괴물 문어의 출현이다.

• 《조선일보》 2015년 4월 27일 | 吸盤

02   오해가 생긴 게다. 그래서 기사에서 헛디디기도 하는 게다. 우
        리만이 아니다. 본고장 미국 사람들도 그랬다. 구글이 자율주

구글을 괴물 문어로 묘사하는 국내 신문기사

구글의 사업 확장 모델

행차 사업에 손대기 이전부터 수상한 눈으로 바라보기 시작했다.

파이버*를 세워 광대역 인터넷, 케이블 TV 사업을 시작할 때만 해도 뭔가 IT와 연관 있는 사업 확장으로만 알았다. 그런데 이동통신 사업을 넘어 섬유 관련 사업까지 손을 뻗친다. 스마트섬유 '재쿼드'*를 개발, 그 전설적인 청바지 의류회사 리바이스와 손을 잡고 신제품을 내놓겠다는 거다. 여기부터 미국인들도 의심의 눈초리를 던지기 시작한다. 구글, 괴물이 되려는 거 아닌가.

• Fiver | Jackquard

03 의류만인가. 글로벌 제약회사 노바티스*와 함께 '콘택트렌즈'
까지 만든단다. 바이오 기업 칼리코*를 설립하고 바이오 제약

회사 애브비와도 파트너십을 맺는다. 노화방지 약을 개발하는데 15억 달러(약 1조 6627억 원)나 투자한다. 자그마치 한화 3조 2천억 원에 인수한 네스트 랩스*사는 뭔가. 주거환경사업을 하는 회사다. 그러니 의식주 관련 기업에 모두 걸치는, 전방위의 무소불위다.

• Novartis | Calico | Nest Labs

04 이런 의혹들을 한 방에 날릴 수 있는 것이 '검색에서 AI로'라는 크로스워드 퍼즐이다. 봐라. 그냥 옷을 만드는 섬유가 아니다. 인공지능을 장착할 웨어러블 컴퓨터를 위한 섬유를 만들자는 것이다. 리바이스가 어떤 회사인가. 골드러시의 붐을 타고 텐트를 팔던 녀석이 만들어낸 게 리바이스다. 아날로그 산업에서 가장 질기고 육체적인 거다. 오늘날 젊은이의 상징이자 공산권을 무너뜨린 그 청바지 말이다.

실리콘밸리에서는 실리콘이 금이다. 거기서 제2의 청바지가 나온 게다. 섬유 안에 컴퓨터를 심은 이 바지는 세탁도 가능하다 한다. 섬유가 내 몸과 바깥을 이어주는 제2의 피부, 웨어러블 컴퓨터의 신경줄이 된 게다.

주택사업을 하자는 것도 아니다. 가전제품들을 비롯해 모든 물건들이 서로 커뮤니케이션하는 사물 인터넷 IoT을 실현하자는 기획이다. 흔히 끼고 다니는 콘택트렌즈도 구글의 AI와 만나면 눈물 속의 당 수치를 측정하는 의료정보 기기가 되는 게다.

05 콘택트렌즈만이 아니다. 구글이 안경을 만들었다. 장안의 화제가 아니라 지구촌 전체가 들썩였다. "안경 너머저도"라고 비통하게 외치는 사람이 있다면 그는 틀림없이 AI 문맹이다. 이런 사람이야말로 구글 안경이 필요한 게다. 이유는 간단하다. 구글이 안경을 만든 것은

안경 업계에 진출한 게 아니다. 안경 업계를 인공지능의 신시장으로 끌어들인 게다. 이미 있는 업종으로 뛰어든 것이 아니라, 지금까지 듣도 보도 못한 신사업, 신업종을 향해 뛰어나간 거다. 그게 인터넷 AI와 접속된 헤드 마운트 컴퓨터다.

한마디로 구름에 떠 있던 구글의 OS 안드로이드가 우리도 모르는 사이에 호주머니 속에서 우리 안경으로, 우리 옷으로, 우리 집 안 전체를 감싸는 것으로 둔갑하기 시작한 거다.

06 이렇게 보면 엎어졌던 화투장 하나하나가 뒤집어진다. 그랬다. 클라우드 컴퓨팅 개념을 제일 먼저 끌어들인 것도 구글이 아니냐. '검색 엔진 전략 컨퍼런스'에서 앞으로는 클라우드 컴퓨팅이 대세가 될 것이라고 에릭 슈미트 구글 CEO가 선언한다. 이미 그 이전에 구글은 마이크로소프트 오피스의 워드나 엑셀을 각자가 구입하지 않고서 인터넷에서 불러다 쓰는 클라우드 컴퓨팅을 실제 서비스 개시했다. 2006년 6월 6일의 일이다. 컴퓨터만이 아니라 그것이 인간의 역사를 바꾸는 날이 될 것이라고 은밀히 생각해왔다는 증거다.

2006년 6월 6일은 당시 〈오멘: 666〉이라는 영화의 전 세계 동시 개봉일이기도 했다. 66.6초 분량의 예고편을 공개하고 노스트라다무스의 예언서와 관련한 징후 등을 영화와 연관시켜 마케팅에 총력을 기울이고 있었을 때다. 우연의 일치일지 모르지만, 구글도 클라우드 컴퓨팅을 이날 발표함으로써 머리 나쁜 사람들도 그것이 2006년 6월 6일에 시작했다는 것을 쉽게 기억할 수 있게 되었다. 세상이 천지개벽하는, 묵시록의 시대를 연다는 상징성을 아마도 구글은 노렸을 게다.

07   빅데이터니 클라우드니 이러한 컴퓨터 용어가 우리에게는 주
문처럼 들릴 것이다. 웬만큼 컴퓨터 인터넷을 만진다는 사람들
도 16년 전 그날에는 알파고가 바둑 두는 이야기나 마찬가지라고 여겼을
기술들이다. 다행히도 나는 남보다 AI 극장에 몇 발짝 앞서 들어온 사람
이라고 하지 않았던가. '한국인과 정보사회'를 2000년에 강의했고, 구글
이 생기기 전 모자이크 * 시대 때부터 인터넷 검색을 하느라고 짜증깨나
부렸던 경험이 있기 때문이다.

• Mosaic. 1993년 발표된 최초의 오픈소스 브라우저

08   그것만이 아니다. 인문학 교수이면서도 정보통신부 * 주관의
'대한민국 인터넷 대상'의 심사위원장(2009-2014)으로 매년 수
상자를 선정하던 때의 일이다. "클라우드 컴퓨팅이 인터넷의 큰 변혁을
가져올 테니, 올해에는 그런 기업을 찾아서 상을 줘야 할 겁니다"라고 주
장했지만 내가 사용하고 있던 에버노트 * 나 드롭박스 * 와 같은 그런 클라
우딩을 하는 스타트업 회사는 한국에서 찾아볼 수가 없었다. '왜 우리는
구글과 같은 회사가 없는가'라는 말이 거창하고 추상적으로 들린다면 '누
구나 다 사용하고 있을 에버노트나 드롭박스 같은 것을 왜 우리가 만들지
못했나, 그런 회사가 왜 나오지 않았나.' 하고 질문을 던져보면 안다.
내가 클라우드 컴퓨팅 이야기를 할 때마다 사람들이 문자 그대로 '구름
잡는 이야기'로 알았다. 맞다. 구름 잡는 이야기다. 그래서 나는 그런 사람
에게 늘 이렇게 대답했다. "그거 송강 정철 때부터 있었던 이야기요." 그러
고는 국문학 교수답게 시조 한 수 읊어준다.

• 현재의 정보통신과학부 | Evernote | Dropbox

09 물 아래 그림자 지니 다리 위에 중이 간다

저 중아 게 있거라 너 가는 데 물어보자

막대로 흰 구름 가리키며 돌아 아니 보고 가노매라 *

자 이제 알겠는가? 다리 위의 중이 이 아톰으로 된 현실 속에서 살아가는 사람의 몸이다. 강물은 흘러가는 시간이라고 생각하면, 우리 실제 인생이 거기 그림자처럼 떠 있다. 승려가 추구하는 것은 현실이 아닌 하늘 위 삼도천의 가상세계. 저 위에 현실이 아닌 가상의 세계, 컴퓨터 용어로 바꾸면 사이버 세계가 있다. 그러니 그의 지팡이는 클라우드를 서칭하는 컴퓨터 인터페이스가 되는 것이다.

• 송강 정철(1536-1594, 조선의 문신)의 시조

10 구글 어스, 구글 맵의 데이터들이 구글 자동차가 되어 실생활 거리로 달리게 되듯이 그 뜬구름 속에 들어가 있는 빅데이터들이 저 시끄러운, 온갖 생활 냄새가 푹푹 풍기는 슈퍼마켓에 오면 뭐가 되나. 2013년 2월 19일 《뉴욕타임스》의 재미있는 기사를 보면 또 한 번 무릎을 치게 될 것이다.

여고생 딸을 둔 미국의 한 아버지가 소매업체 타깃 매장에 와서 거칠게 항의했다. "어떻게 여고생에게 임산부용 쿠폰을 보낼 수 있느냐, 고등학생인 내 딸에게 어서 임신하라고 부추기는 것이냐." 당시 타깃의 매니저는 "예비엄마에게 보내야 할 쿠폰을 잘못 보냈다"며 거듭 사과했다. 하지만 며칠 뒤, 이 아버지는 타깃 매장으로 전화를 걸어와 정중히 사과한다. "우리 가정에서 내가 몰랐던 일이 벌어지고 있었다. 내 딸은 8월에 출산 예정이다. 정말 죄송하다."

부모조차 몰랐던 딸의 임신 사실을 유통업체가 빅데이터를 기반으로 한 구매행태분석 예측시스템을 통해 '먼저' 알았던 게다. 그녀는 평소와 다른 물품을 구입하기 시작했다. 몇몇 비타민 보조제, 무향 비누와 로션 같은 것들을. 그 시스템은 그것이 임신의 증거라 판단하여, 쿠폰을 발행했던 거다. 여고생 딸의 임신, 부모는 몰라도 빅데이터는 안다. 이게 우리도 모르는 빅데이터의 효과다.

셋째 꼬부랑길

구글 X

01 문어가 아니다. 구글은 디지털 세계에서 살고 아톰의 아날로그 세계에서도 사는 생물을 꿈꿨던 거다. 그래서 내가 구글을 물에서도 살고 뭍에서도 사는 개구리라고 암시하지 않았나. 그래, 구글은 양서류다. 그 올챙이 꼬리가 떨어지고 개구리가 되는 과정을, 그래서 뭍으로 기어 나오려고 하는 그 변신을 우리는 '구글 X'를 차렸던 그때 이미 눈치채고 있어야 했다.

X의 베일이 이제 벗겨지지 않는가. 아니나 다를까, 지주회사 알파벳을 세워 주류였던 구글은 하위의 알파벳 G가 되고, 숨어 있던 구글 X는 X자의 자리를 차지한다. 래리 페이지는 "알파벳은 회사들의 콜렉션"* 이라고 말한다.

• Collection of Companies

02 숫자가 문자로 바뀐 거다. 그것을 미리 보여준 것이 '구글 X'다. 기존의 구글과는 다르다.

인공기능을 이용한 미래이 신사업과 ㄱ 업종을 개발하는 회사인 게다. 회사 이름만 봐도 그게 뭘 하는 회사인지 우리가 알고 있는 것과는 생판 다른 것을 하고 있는 기업임을 짐작게 한다.

간단한 이야기가 아니다. 숫자가 문자가 되었다는 것은 한국의 학교에서 쓰는 말로 말하면 이과 학생이 문과 반에 들어왔단 얘기다. 문과의 문(文)이 뭐냐. 글자라는 뜻 아니냐. 숫자를 토대로 한 알고리즘이 컴퓨터의 기본이다. 글자를 중심으로 하면 뭐가 되나. 책이 되고 경전이 된다. 세상의 모든 종교도 숫자로 되어 있지 않고 글자로 되어 있다.

03 숫자에서 글자로 간다는 것은 디지털 세계에서 아날로그 아톰의 세계로 들어온다는 것이고 구글이 지금까지 지향해온 구글 문화의 패러다임이 바뀌어가고 있다는 게다. 알파고도 그런 문맥에서 보면, 체스가 바둑이 되는, 동과 서의 그 멀리 떨어졌던 바다가 메워지고, 땅의 통로가 이어지는 문명 자체의 변화를 읽을 수 있다. 아주 지극히 작지만, 엄청난 변화를 몰고 온다.

우리가 뜻도 잘 모르면서 흔히 쓰는 말이 있지 않은가? '나비효과'. 가냘픈 나비 하나가 서울 광화문 거리에서 가냘픈 날갯짓을 한 게다.

구글은 10의 100승이라는 그 엄청난 천문학적 숫자의 세계가 알파벳 26자의 문자 속으로 응축되면서 문자의 세계로 들어간 거다. 구글 관계자들은 아주 간단하게 말한다. "검색할 때 문자 쓰잖아요? 그래서 알파벳인 겁니다." 그런데 새로운 홈페이지를 봐라. 'abc.xyz'다. abc에서 xyz까지의 문자로 된 이 세상, 아날로그 시공 속으로 회사가 옮겨 앉겠다는 이야기다.

요한 묵시록 22장 13절, "나는 알파이며 오메가이다"라는 말이 떠오른다. 구글의 네이밍 abc.xyz은 최초의 자이고 최후의 자란 말과 같다.

구글의 광고판

04 수학을 싫어했던 나다. 해보지도 않고 그냥 두려워한 거다. X
란 글자만 봐도 두드러기가 났다. 'X치를 구하라.' 시험 문제지
를 볼 때 제일 크게 보이는 글자가 그 X자다. 그게 시험 답안지가 돌아올
때는 여지없이 X 모양의 가위표로 변한다. 모르는 것도 X, 틀린 것도 X.
한국까지 바둑 두러 온 구글도 X자란 글자를 달았다. 그게 우리 시대의
미지수 X다. 그러나 그 X치에 두려워 말고 AI를 넣어보라. 싱겁게 풀린다.
산업혁명 이후에 문명 자체의 패러다임을 바꾸고자 하는 한 점의 빛, 터
널 끝의 그 작은 빛 AI라는 마법의 문자를 넣어보라.

05 본래 구글이 찾는 인재는 수학을 토대로 한 철저한 엔지니어
출신들이다. 인문학자나 아날로그 마인드를 가진 사람들과는
인연이 멀다. 2004년 실리콘밸리의 중심을 통과하는 101번 고속도로, 산
타클라라 방향에서 롤스톤으로 빠지는 길 근처에 기가 찬 광고판 하나가
걸렸다.
아무런 설명 없이 암호 같은 수학문제 하나만 덩그러니 담긴 거다.

우리말로 풀어보면 "{e *에서 가장 처음 등장하는 10자리 소수 *}.com"인 이 문제의 답은 7427466391이다. 이 문제를 풀어 7427466391.com에 접속해보면 또다시 아무 설명 없이 두 번째 수학문제가 있다. 그 두 번째까지 풀어야 비로소 구글의 연구개발부서인 구글랩 페이지로 연결된다. "우리가 찾고자 하는 상대방 역시 우리를 찾고 있을 때, 그 사람을 더 쉽게 찾게 된다. 우리는 세계 최고의 엔지니어를 찾고 있고, 당신은 여기에 와 있다"라는 환영 메시지와 함께. 별놈의 회사다. 수학을 모르는 사람들은 명함 내밀 꿈도 못 꾸던 구글이었다.

• 오일러 수(Euler numbers) | 素數

06 '구글 X'에는 종래의 실리콘밸리 유형의 인재와는 다른 사람들이 모여 일한다. 최근에 모집한 신입 연구원들은 조각가, 철학자, 기계공, 심지어는 영화의 특수 효과로 아카데미상을 두 번이나 수상한 경력의 소유자도 끼어 있다. 구글이 디지털의 '클릭 기업'에서 아날로그의 '블릭 기업'으로 확산, 변환하고 있다는 조짐을 잘 보여주는 게다.

'구글 X'는 당사자들도 인정하고 있듯 비트(bit)에 대립되는 아톰(atom) 단위의 연구를 하는 곳이다. 비트 대 아톰, 디지털 대 아날로그.

'구글 X'는 바야흐로 디지털 정보산업이 인공지능의 발흥과 함께 아날로그의 브릭 산업 분야로 팔을 뻗치는 경향을 여실히 보여준다. 실제로 '구글 X'가 시동을 건 자율 운전 자동차와 구글 안경을 보면 세상의, 아니지, 문명의 변화를 뚜렷이 읽을 수 있다.

안드로이드와 자율주행차

01 2012년 3월 28일 구글이 유튜브에 영상을 하나 올렸다. 캘리포
니아에 살고 있는 스티브 머핸 씨가 지붕에 이상한 장치를 달
고 옆구리에 'Google'이라는 스티커를 붙인 프리우스에 타는 영상 * 이었
다. 그는 운전석에 앉았지만 핸들을 쥐진 않았다. 그런데 차가 스스로 운
전해 드라이브 스루 레스토랑에 도착했다. 그는 음식을 주문한 다음 세
탁소에 들러 옷을 찾았다. 그러고는 차에 다시 타고 집으로 돌아왔다. 돌
아오는 길에 레스토랑에서 주문한 햄버거를 먹었다. 스티브 머핸 씨는
95퍼센트 가까이 시력을 잃은 맹인이었다.

· https://youtu.be/cdgQpa1pUUE

첫 자율주행에 나선 구글의 시공차

02　구글의 첫 자율주행차가 세상에 공개되는 순간이다. 노인, 장애인도 탈 수 있는 자동차다. 현대사회는 점점 고령화되어가고 있다. 장애인도 더 이상은 집 안에만 있지 않는다. 이렇게 운전을 하지 못하는 사람들, 노약자나 임산부들의 문제가 자율자동차로 해소되는 거다. 자동차가 운전자, 즉 인간에게서 완전히 자유로워지는 세상, 자동차에 탄 사람이 마치 기차에 탄 사람처럼 승객이 되는 세상이 오고 있는 것이다.

그때가 오면, 자동차는 철도 같은 기반시설이 된다. 자율주행차는 앞으로 교통부 소관이 아니라 행정상으로는 보건복지부에 들어갈 게다. 구글은 자동차라는 장치에 장애인, 노약자, 환자 등의 의료복지가 포함되는 사회를 만들려는 게다. 이 사실을 모르고서 자동차에다가 또 몇 점 영이라는 이름을 붙일라.

03　산업사회의 상징은 포드 자동차였다. 그 산업사회의 자동차 문화에 종지부를 찍자는 것이, 구글이 0, 1로 바꿔가는 새로운 세계, 그 꿈의 하나다. 자동차의 개념이 달라지는 게다. 이 점을 모르니 AI의 시작을 놓고 산업사회 4.0이라고 말하고 다니는 시대착오자들이 나타난 것이다.

디지털과 아날로그를 자유롭게 넘나드는 것, 그게 자율자동차요, 알파고다. 그리고 그것을 이어주는 것이 인공지능 AI가 아닌가. 그것을 모르면 개구리를 문어로 알기 쉽다.

남들은 구글이 자동차 업종으로 뛰어들었다고 말하지만 정반대인 거다. 말 먹이가 없어서 말을 대신해 기차를 만들고 자동차를 만든 것처럼, 자동차 산업이 AI 산업으로 바뀐다는 이야기다.

04 영국이 맨 먼저 산업혁명을 일으키게 된 것은 그만큼 당시 영국의 경제 상황이 어려웠기 때문이다. 곡물난이 아주 심각했다. 말 한 마리 키우는 데는 여덟 명의 노동자가 소비하는 식량이 필요하다. 그래서 애덤 스미스는 "영국에서 수송에 사용되는 100만 마리의 말을 기계화하게 되면 800만 명의 노동자를 위한 식량을 얻을 수가 있다"고 말한 적도 있다. 실제로 탄광의 갱차로만 사용되던 증기기관차가 당시 최대 교통수단이었던 우편마차를 대신하게 된 것은 영국의회가 수입 곡물에 높은 세금을 부과한 것과 무관하지 않다. 곡물 가격이 치솟게 되자 결국 증기기관의 연료인 석탄값이 말의 사룟값보다 싸게 먹혔기 때문에 철도혁명이 일어나게 된 것이라는 풀이다.

05 영국의 주지주의 작가 헉슬리*가 문명이 BC, AD에서 포드 이전(Before Ford)과 포드 이후(After Ford)의 기원으로 새롭게 분류되는 세상이 왔다고 선언한 것처럼, AI를 기점으로 생겨날 '멋진 신세계'*의 대표 역시 자동차일 게다.

그 자율자동차는 산업시대 포드가 만든 개념의 자동차가 아니다. 그렇다고 도요타가 개발한 하이브리드카 프리우스나 지금 승승장구하고 있는 전기자동차도 아니다. 그것들은 자동차의 엔진과 몸통을 바꾸는, 이를테면 심장의 이식수술이라 할 수 있다. 구글은 그게 아니다. 자동차의 심장과 팔다리를 움직이는 뇌(운전자)를 바꾸자는 거다.

• Aldous Huxley | Brave New World

06 지금까지 자동차의 뇌는 그것을 운전하는 사람의 뇌였다. 그런데 그 뇌를 인공지능으로 바꾸면 운전대에서 사람이 사라져버

린다. 인공지능은 눈에 보이지 않는다고 하지 않았는가. 그래서 무섭다는 거다. 우리의 예측과는 달리 미래의 자동차는 핸들이나 브레이크, 액셀러레이터조차 없다.

지금까지 생각한 미래의 자동차는 "예 주인님" 하면서 로봇이 운전하는 것이있지만 이젠 아니다. 자율주행차의 두뇌 속에 안드로이드의 OS가 들어가 우리 호주머니에 있는 초록 안드로이드 그놈이 운전수로 바뀌는 거다. 구글은 스마트폰과 같이 자율주행자동차가 안드로이드의 단말 디바이스가 된다고 생각한 게다. 그리고 그것은 인터넷, 클라우드, 빅데이터 모든 것에 연결되어 있다.

07　모바일 시장에 진출할 계획을 가지고 있던 래리 페이지는 안드로이드 개발자 앤디 루빈*에게 안드로이드 사 인수를 제안한다. 안드로이드는 주소록, 메일, 카메라 등의 기능을 갖춘 실제 모델을 완성해 동아시아의 휴대전화 제조업체를 찾아다니며 팔려, 아니 심지어 무료 제공을 하려 했지만 별 성과가 없어 낙담하고 있었다. 한국까지 찾아와서 퇴짜를 맞고 돌아갔다. 구글이 이 안드로이드를 인수한 것은 그 이듬해인 2005년이었다.

그는 루빈의 뜻대로 안드로이드를 오픈 소스로 하여 해커 커뮤니티가 자유로이 해킹과 개선을 할 수 있도록 개방하겠다는 약속도 함께 했다.

* Andy Rubin

08　안드로이드가 구글로 들어오면서 사업 모델도 달라진다. 운영체제 안드로이드는 구글의 앱을 소비자들의 생활 속에 뿌리내릴 수 있는 트로이의 목마이자 구글이 아날로그의 아톰 세계로 나오는 나

들목이 되었다. 안드로이드 OS를 탑재한 내 호주머니 속에 있는 휴대전화가 구글의 자율주행차와 깊은 관련이 있는 게다. 안드로이드로 전화를 걸듯, 음성 인식 기능을 이용 가고자 하는 목적지를 말로 명령만 하면 그 뒤는 안드로이드가 알아서 한다. 전화를 걸어 내 목소리가 저편으로 이동 하듯, 이번에는 내 몸뚱이가 이동을 한다.

우리는 알파고를 보고 놀랐지만, 이미 우리 호주머니에서 그 미래의 알파고는 커가고 있었던 거다.

09 iOS는 애플 사가 아니면 쓰지 못한다. 반면 안드로이드는 저작권 없이 누구나 쓸 수 있다. 마치 마이크로소프트가 윈도우즈 OS로 세계 전 시장을 독점했을 때, 핀란드인 리누스 토발즈[*]가 리눅스를 만들어 누구나 활용할 수 있도록 소스를 공개한 것처럼 말이다.

이렇게 두 주류가 있다. 이건 내 것이라는 독점형이 있고, 누구나 함께 쓰자는 공개형이 있다. 전략적으로 누구나가 쓸 수 있으면 더 많은 사람이 쓰게 될 것이고 많은 집단지[*]가 모여서 서로 도움을 주고 발전할 수 있다. 그래서 안드로이드는 급속하게 스마트폰 OS로 보급되게 되었고 삼성도 이 OS를 씀으로써 우리의 갤럭시가 전 세계를 제패할 수 있었다. 안드로이드는 2011년에 아이폰을 꺾고 스마트폰용 OS 가운데 넘버 1의 자리를 획득, 이어 2016년엔 86.2퍼센트라는 가히 독보적인 점유율을 보이기도 했다.[*]

• Linus B. Torvalds | 集團智 | 시장조사기관 가트너에 따르면 2016년 2분기 안드로이드 OS 시장 점유율은 86.2퍼센트

10　구글이 채택한 스마트폰용 OS 개발을 할 때 추진전략이 OHA *다. 이것은 안드로이드를 개발·추진하는 목적으로 2007년 11월에 설립된 연합체다. 아이폰 외 다른 여러 휴대전화는 전부 이 구글 정책에서 하나의 연맹이 생겨난다. 통신회사, 단말기 메이커, 반도체 메이커, 소프트웨어 회사 등 84사가 OHA에 가맹하게 된다. 우리도 그중 하나이다. 이 OHA의 성공으로 인해서 구글은 자율주행자동차를 만드는 비즈니스에서도 똑같은 전략을 채택했다.

• OHA(Handset Alliance)

11　2014년 1월에 GM, 혼다, 아우디, 현대 등은 OAA *를 설립했다. 애플 같은 데서 자기만의 차를 만들려고 시도하는 사이, 굵직굵직한 자동차 회사들이 모두 나서 기술을 공유하기 시작한 거다. 따로 하지 않고 십시일반으로 한 숟갈씩 보태면 이 연합군이 커진다. 자동차 회사만이 아니라 비주얼 컴퓨팅용의 고속 칩을 만드는 MBDR 회사도 끌어들였다. 1972년 창업한 자동차 부품 메이커로 세계적으로 가장 넓은 시야를 가진 독일의 콘티넨탈도 참가하고 있다.

이런 협업은 서로 특허 경쟁을 하던 종래의 자동차 산업의 틀로는 안 된다. 이미 이것은 자동차계를 떠난 것이다. 그래서 나온 결론이 개방이다. 자동차계가 인공지능계의 시장 속에 또 다른 시장으로 뛰어드는 것이다. 종래의 포드 개념의 자동차, 대중적 시장을 점유했던 그런 자동차의 역사가 그 시장 자체가 바뀌면서 자동차의 개념이 바뀐 거다. 연대하지 않으면 구글이 아무리 커도 한 회사가 절대 못 만든다. 그러니까 산업 자체가 달라진다.

• OAA(Open Automotive Alliance)

12 구글이 왜 안드로이드 OS를 거저 쓰게 했겠는가. 널리 퍼트려 안드로이드 연합군을 만든 거다. PC의 제조사는 다 달라도 내부에는 모두 MS 윈도우와 인텔의 CPU가 들어가 윈텔*의 시대였던 것처럼, 장차 자율자동차의 시대가 왔을 때 차체는 벤츠건 뭐건 각 회사가 만들어도 그 중심 칩은 구글이 먹겠다는 이야기다.

컴퓨터에 인텔 인사이드(Intel Inside)라는 스티커가 붙듯 구글 인사이드 (Google Inside) 자동차가 다니게 된다. 이제는 구글의 세계다. 모든 사물에 구글이 들어간다.

• Wintel(Windows + Intel)

13 구글은 전통적인 자동차 회사가 아니기에 2012년 첫 자율차를 선보일 때도 프리우스와 TT, RX 450h의 몸을 빌렸다. 사실 어떤 것도 상관없다. 중요한 것은 스스로 달리는 소프트웨어지 하드웨어의 차체가 아니니까. 차는 차인데, 핸들도, 페달도 없다. 구글은 운전자가 운전할 필요가 없는 것을 넘어 운전할 수 없는 자율주행차를 꿈꾼 거다.

다섯째 꼬부랑길

고개를 넘어라

01   물론 이러한 장밋빛 미래만 있는 것은 아니다. AI가 아날로그
의 현실 세계로 나올 때는 많은 걸림돌이 있다. 자율적 기업이
라도 시장 전체의 메커니즘의 규칙을 따라야 한다. 기술은 이미 저만큼
달려갔는데 법률은 정보 시대도 아닌 산업 시대, 농경시대에 머물러 있다.
그 격차 때문에 신기술에는 반드시 법률적 문제가 생긴다.

02   바로 올해, 알파고가 이세돌을 꺾고 AI 시대의 개막을 알리자
마자, 4개월 뒤 미국 테슬라의 자율주행차로 인해 첫 사망사고
가 발생했다. 전문가들은 "가장 두려워하던 일이 가장 끔찍한 형태로 일
어났다"고 말하며 자율주행기술에 의문을 제기했다. 100퍼센트 준비되지
않은 기술을 너무 빨리 시장에 소개한 게 아니냐는 거다. 그럼에도 불구
하고 《워싱턴포스트》의 온라인 사설은 장애물이 있어도 기술은 진보한다
는 미국적 사고방식을 보여준다. 규제를 우선시하느라 기술의 혜택을 버
려서는 안 된다는 얘기다.
"완전한 형태의 자율주행차가 인류에게 줄 혜택은 실로 크다. 노인, 시각

장애인에겐 움직임의 자유를 줄 것이고 휘발유 소비와 교통 혼잡도 획기적으로 줄어들 것이다. 자율주행차가 시장에 나와 스스로를 증명하기도 전에 대중이 이번 사고로 기술 자체를 거부한다면 어떤 혜택도 빛을 보지 못한다."*

* "The Tesla didn't really crash itself",《워싱턴포스트》온라인판(www.washingtonpost.com), 2016년 7월 4일

03 이 기사를 읽으면서 미국에는 아직도 개척정신이 남아 있고, 네오필리아들이 아직도 그 주류를 이루고 있다는 생각이 들어 씁쓸한 기분이었다. 네오포비아 성향을 보이는 한국인들과는 비교되는 모습 아닌가. 그리고 구글 측에서 두 달 전 이러한 사태를 미리 예견하고 장치를 마련해두었다는 사실에 생각이 미쳤다.

우버,* 리프트,* 포드,* 볼보* 등과 함께 구글은 '더 안전한 거리를 위한 자율주행 연합'*'을 결성했던 것이다. 사고, 규제 등 자율자동차의 위협 요소를 제거해 자율자동차 상용화 시점을 당기자는 노력이다.

* Uber | Lyft | Ford | Volvo | The Self-Driving Coalition for Safer Streets

04 구글만이 아니다. 그 머리 딱딱한 관료 사회에서도 변화가 일어난다.

운전대 없이 만들어진 구글 자율차에 운전대 설치를 명령하기도 했던 미국 정부는 2006년 9월 20일 처음으로 자율주행차량 시대에 맞춘 가이드라인을 발표한다. 버락 오바마 대통령 역시 기고문을 통해 자율주행차가 미국인들의 생활방식을 바꿀 것이라며 미국에서 지난 한 해 교통사고로 숨진 35,200명 중 94퍼센트가 인간의 심수나 선택에 의한 것이니, 자율주

행차는 매년 만 명의 목숨을 살릴 것이라고 했다.

직접 운전하기 어려운 노인이나 장애인의 삶을 변화시키는 것은 물론이려니와, 교통체증 문제나 환경오염 문제도 적게나마 해결되리라는 기대를 걸기도 한다. 그러나 이런 시대를 맞이하기 위해서는 무엇보다 먼저 자율주행차의 안전성이 확보돼야 한다며 15가지 항목을 담은 안전 체크 리스트 역시 공개했다.

05 인간은 술을 먹고 운전하거나 졸음운전으로 아무 죄도 없는 사람을 죽이기도 한다. 그래서 매스컴에서는 자동차를 달리는 흉기라고 부르기도 한다. 죽은 사람은 물론이고 곁에 있는 가족들에게 평생의 상처를 남긴다. 그러나 자율운전을 하는 AI는 최소한 이런 사고를 내지는 않는다.

차선을 멋대로 바꿔서 정체를 빚거나 하는 일이 없을 테니 당연히 교통순경이 필요 없다. 딱지 떼는 일도 없을 테니까. 만약 사고를 내더라도 그것은 자동차에 인공지능을 심어놓은 제조사에게 책임을 물어야 한다. 보험처리를 해야 한다 하더라도 마치 비행기 사고가 났을 때 블랙박스를 통해서 사고의 원인을 밝혀 과실이 누구에게 있었던가로 책임이 규명되고 그에 따라 판결을 얻을 수 있는 것처럼 하게 될 거다. 그러니 접촉 사고를 내고 길거리에서 먹살잡이를 하는 추태도 벌어지지 않을 게다.

06 자동차 뒷유리의 애기 그림이나 "아기가 타고 있어요"라는 귀여운 스티커로도 모자라, "여기 쌍둥이 탔어요"하는 유머러스하고 웃음을 자아내는 풍경을 거리를 지나며 더 이상 볼 수 없게 되겠지만, 역시 자율차는 우리에게 또 다른 미소를 안겨줄 거다.

정말 자율주행자동차가 안전하게 일상화되어 그보다 더 큰 미소를 띠는 그날을 누가 마다하겠는가.

07 인간의 신체 중 가장 먼저 인공물이 생긴 것이 안경과 의치다. 아무리 가난한 사람도 안경에만은 돈을 쓴다. 신체의 일부니까. 일종의 분신, 나의 인격의 한 표징이 된다. 구글은 이 인간의 안경 역시 컴퓨터로 만든 거다. 획기적인 렌즈*다.

근대 과학은 렌즈의 발명으로 발전해왔다. 모든 물리학이나 생물학 과학은 망원렌즈와 현미경 렌즈를 통해 인간의 눈을 확산한 게다. 처음 망원렌즈를 발명하고 가장 먼저 본 것이 달이다. 갈릴레오의 망원경 이야기다. 그러나 처음 갈릴레오의 주장에 반대론자들은 당시의 유식자들은 단호히 거부한다. 그 렌즈를 보라고 하니 다들 거절한다. 안 봐도 비디오란다. 봐도 안 봐도 거기 있는 것이 이미 진리인데 보면 뭐 하냐는 거다.

요즘 인공지능 위협론자도 마찬가지다.

구글 안경도 떼놓고 보면 웨어러블 컴퓨터라고 하지만 문명적으로 보면 렌즈의 일대 변혁이다. 그 렌즈 자체가 이제 생각이다. 우리의 실제 눈처럼 코그니션,* 인지 자체를 바꾸게 되는 것이다. 갈릴레오는 망원경으로 관찰한 것으로 이론을 만들었지만, 구글 안경은 보는 것이 곧 판단이 된다.

* 렌즈의 모양이 렌틸콩의 모습과 닮은 데서 유래. 영어로 lentil, 라틴어로 lens, 그리스어로는 phakos
  | Cognition

08 열 길 물속은 알아도 한 길 사람 속은 모른다. 과학자들은 렌즈로 열 길 물속을 재려 한다. 렌즈와 눈으로 대상은 볼 수 있어

도 마음은 보지 못한다. 뇌를 분해해도 생각을 볼 수는 없다. 그것이 렌즈의 한계였다. 그래서 셰익스피어를 비롯한 시인과 작가들은 언어를 통해 그 한 길 사람 속을 재려 한 게다.

구글 안경을 쓰고 보면 마음까지는 못 읽어도 그 사람의 신원은 알 수 있다. 화상인식으로 그 사람의 얼굴을 추적하면 페이스북 등의 빅데이터를 통해 그 사람의 신상을 알게 되는 거다. 그의 취미를 비롯해서, 유유상종이라고 그 친구들까지도 줄줄이 꿴다. 이것은 베테랑 수사과 형사도 꿈도 못 꾸는 일이다. 그렇게 렌즈는 시각의 영역을 의미의 영역으로 바꾼다. 시각장치인 동시에 인지장치다.

구글 안경은 사람의 마음 근처까지는 가는 셈이다. 프러포즈를 하면 저 여성이 응할 거냐 아니냐 하는 확률적 데이터도 확실히 얻을 수 있을 거다. 그럼 잘못 구애하다가 뺨 맞을 일이 없을 텐데…. 하지만 부작용이란 언제나 발생하는 것이다.

09 처음 구글 글라스*는 스마트폰조차도 필요 없는 꿈의 장치로 각광받았다. 디자인이 좀 괴짜 같아 보이긴 했으나 선글라스 브랜드 레이밴 또는 오클리 사와의 제휴를 통해 디자인 개선을 해나갈 계획이었다. 그러나 구글은 2년도 안 된 2015년, 1,500달러에 팔던 구글 글라스의 개인 판매를 중지한다.

내장 카메라가 프라이버시를 침해할 우려가 제기된 거다. 그래서 구글 글라스를 공공장소에서 사용하는 것이 옳으냐 그르냐 하는 시비가 붙었다. 여러 대의 구글 글라스가 클라우드로 연결되면 넓은 지역을 감시하는 이동형 CCTV로도 쓰일 수 있기에 컨슈머 워치독*의 프라이버시 담당자 존 심슨은 "구글 글라스는 완벽한 스토커 용품"이라고까지 비난했다. 구글

역시 이런 우려 탓에 사람의 얼굴을 인식하는 기능의 앱을 당분간 쓸 수
없도록 하겠다고 했지만 비난을 피할 수 없었다.

• Google Glass | Consumer Watchdog

10 개인 정보 보호 문제를 비롯한 사회의 법적 규칙의 장벽을 넘
지 못한 거다. 18세기 골상학이 발달했을 때 사람들은 길거리
를 편하게 다니지 못했다. 아이 마스크를 쓰고 다녔다. 구글 글라스가 일
반인에게 상용화된다면 아마도 우린 18세기 때처럼 내 얼굴을 들고 다니
지 못할 것이다.

심지어 미국 캘리포니아에서는 구글 글라스를 착용하고 운전한 것만으로
최초로 교통위반 딱지가 발급된 일이 있다. 후에 취소되기는 했지만. 왜냐
하면 구글 글라스를 보려면 한 눈을 감아야만 한다. 그러니 썼다는 것만
으로도 사고와 직결될 수 있다는 위험성이 있다는 것이었다.

11 그러자 구글은 개인 판매 대신 공공 기업, 법인 시장 개척에 나
선다. 두바이 경찰은 구글 글라스를 이용하여 교통위반 단속은
물론 수배범의 얼굴을 저장한 데이터베이스에 접속, 범인 검거에도 활용
하고 있다. 구글 글라스가 단속과 검거의 도구로서 그 효율성이 증명된다
면 구글 글라스는 일반에게는 더욱 괴리되어 경찰의 심볼 마크가 될지도
모른다.

원래 디지털은 장애물을 피해서 간 것이다. 아날로그의 코스트와 속도 등
물리적 요소는 물론 문화적 장애 요소까지 피해 간 것이 디지털 낙원(디지
토피아)이다. 이게 다시 아날로그로 나오려니 고통을 겪는다. 그것이 기술
지체보다 훨씬 험한 고개를 나는 셈다

그렇다고 스마트 안경의 대중화를 위한 도전을 포기할 구글이 아니다. 구글 글라스를 대신할 미래형 안경 개발은 계속 진행 중이다.

12 구글은 인류의 모든 지식과 사상이 모여 있는 도서를 누구나 검색 가능한 데이디로 바꾸겠다는 포부도 밝혔다. 아이비리그의 대학도서관을 시작해, 중요 도서관에 있는 모든 책들을 디지털화하겠다는 구글 북스 프로젝트가 그것이다. 마치 진공청소기로 빨아들이듯 아날로그 자원(종이책, atom)을 클라우드 속 디지털 에셋으로 바꾼다. 검색 가능한 빅데이터가 되는 거다. 이미 나는 《지의 최전선》*에서 그 결과 얻어지는 엔그램, 인문학자들이 군침을 흘리는 그 엔그램의 폭발적 효과를 이미 소상히 밝히고, 실제 사용한 결과를 알려주기도 했다.

• 아르테, 2016.

13 이러한 구글 북스 서비스에 대해 "사악한 의도를 갖고 도서 세계를 집어삼키려 한다"는 공격이 나왔다. 이 소송에서 미국 법무부는 구글이 "저작권이 불분명한 고아 저작물*에 대해 본질적으로 독점기업이 됐으며, 이 중 대부분이 허락 없이 구글의 인덱스에 들어갈 것"이라고 지적했다. 또한 "의도가 아무리 좋다고 하더라도 이는 '반독점법의 위반' 그 자체"라고도 말한다.

• Orphan Book

14 구글 측 변호사 대럴린 두리*는 "차별은 사악하지만 저작물의 보급은 사악하지 않습니다"로 말을 시작해 인터넷 시대의 기술 발전, 즉 스캔이 가능한 책을 대량으로 수집하고 오랫동안 잊었던 어구를

검색창에서 찾을 수 있게 하는 행위는 사악한 것이 아니라 사회에 이익이 되는 행위라고 주장한다. 실제로도 많은 유저들이 구글 북스의 덕을 보고 있다. 사회에 이익이 된 거다. H. G. 웰스*가 인간의 모든 지식을 합쳐 나눌 수 있는 '월드 브레인'이라는 것을 발표하지 않았나. 구글이 웰스의 황당무계하다고 생각한 그 꿈을 실현시켜 가는 거다. 지구상에 있는 모든 시민 인류가 지금까지 생각한 것을 클라우드에 모아놓으면 기가 막힌 두뇌 하나를 내가 갖는 거다. 세계인의 두뇌가 나의 두뇌가 되는 거다. 그게 인터넷이다. 인터넷의 지식을 더 끌고 들어가면 구글 북스가 된다.

• Daralyn Durie | Herbert George Wells(1866~1946)

15 그러나 그 행위가 구글 자신을 위한 것이라고 보는 시각도 있다. 이미 '구글하라'는 말이 '검색하라'는 말을 대치할 정도로, 구글은 전 세계 검색을 지배하고 있고, 검색한 정보는 빅데이터로 쌓이고 있다. 의도와 달리 빅브라더*로서의 조건을 갖춘 셈이다. 때문에 구글을 악마로 바라보고 감시하는 구글 워처(감시자)들의 시선도 생겨나는 거다. 구글이 선과 악(Don't be evil, Do the right)에 대해 말을 할 때, 누군가는 그것이 아전인수의 논리라고 생각할 수도 있다.

• Big Brother

16 구글은 논리가 자신들의 편이라고 생각했고, 그 논리로 자신들의 의도는 순수했다고 사람들을 납득시킬 수 있으리라 기대했다. 데이터가 보여주는 '사실'을 가지고는 가타부타 논쟁할 필요가 없다고 생각했던 거다. 스스로는 납득했기 때문이다. 하지만 데이터 논리만을 가지고 디지털 세싱 밖의 현실/세계에의 전투에서 언제나 승리를 거둘 수는

없다는 사실을 구글은 배우는 중이다.

사필귀정.* 구글이 그 한자말을 알았으면 자신의 의도를 좀 더 간결하고 정확하게 말했을 거다. 딱 자기 편을 들어주는 사자성어 아닌가. 그것으로 자신의 생각을 보다 정교하게 뒷받침하는 방패로 삼을 수 있었으련만, 거기까지는 동양을 몰랐던 거다.

• 《In the Plex》에서 인용 | 事必歸正

샛길
자율주행단계

미국 도로교통안전국(NHTSA)은 자율주행 단계를 레벨 0~4까지 다섯 단계로 나누었다.

레벨 0
운전자가 직접 핸들(조향장치)을 조작하고 페달을 밟으며 운전한다. 차에는 어떤 운전자 보조 시스템도 없다. 현재의 우리에게 익숙한 포드 개념의 차다.

레벨 1
전자식 자세 안정장치나 어댑티브 브레이크 등 가장 기본적인 보조 시스템으로 운전자를 지원하는 단계의 차다. 안전장비에만 인공지능을 적용했다.

레벨 2
어댑티브 크루즈컨트롤(ACC:앞차와의 거리를 감지해 가까워지면 속도를 줄여 앞차의 속도와 같이 항속 주행하는 기능)에 차선 이탈 방지장치 등을 갖추어 어느 정도 자율주행이 가능한 단계다. 벤츠의 인텔리전트 드라이브가 여기에 해당하고, 한국에서도 2013년 이후 출시된 차들 중 ACC기능을 탑재한 차들이 있다.

레벨 3
차가 스스로 출발하고 멈출 뿐 아니라 차선도 바꾸는 90퍼센트 완전 자율주행에 가까운 단계다. 현재의 구글 자율자동차가 여기에 해당한다.

레벨 4
운전자는 목적지를 입력하는 것만으로 모든 조작을 끝내는 완전 자율주행단계다. 주차도 스스로 할 수 있다. 한국에서도 인기 있었던 미국 드라마 〈전격 Z 작전〉의

Level	0	1	2	3	4	5
SAE	No Automation	Driver Assistance	Partial Automation	Conditional Automation	High Automation	Full Automation
NHTSA	No Automation	Function-specific Automation	Combined Function Automation	Limited Self-Driving Automation	Full Self-Driving Automation	
BASt	Driver only	Driver Assistance	Partial Automation	Highl Automation	Full Automation	

키트를 생각하면 된다.

위의 발전 단계를 나눈 것을 기준으로 하면, 구글은 다른 회사들과는 달리 처음부터 레벨 4의 완전 자율주행 단계의 차를 목표로 개발하고 있는 중이다.

여섯째 꼬부랑길

만리장성을 넘어라

01 우리는 과학기술이 보편적이라고 믿고 있지만, 결국 기술의 최종 장벽은 법률, 도덕성, 문화 이런 기술 외적 조건이다. 아무리 뛰어난 기술이라도 그 장벽을 넘지 못하면 안 된다. 강아지 니퍼로 유명한 그라모폰 사의 축음기가 이탈리아에서는 실패하고, 이슬람권에서는 강아지 대신 코브라를 사용해야만 했던 것을 기억해보라.

02 물속에서 놀던 개구리가 땅으로 올라오니 시련이 닥친다. 문화라는 혹독한 한파다. 그 직격탄을 맞은 것은 중국에서였다. 현재 영어를 네이티브로 사용하는 사람의 수는 4억, 캐나다처럼 2중 언어로 사용하는 사람의 수 또한 4억이 되어 전 세계적으로 8억의 인구가 영어 사용자다.* 그러나 한자 사용 인구는 그 두 배에 가까운 15억에 이른다. 구글이 중국 시장을 포기할 수 없는, 포기해서는 안 될 이유다.

* David Crystal, 《A History of the English language》, Cambridge University Press, 420쪽

03　구글이 중국 진출을 앞두고 가장 먼저 고민한 것은 이름이었다. 한자는 표의문자 * 다. 중국에서는 외래어들을 한자를 이용해 표기하지만, 표의문자의 특성상 단순히 음만을 옮기는 것이 아니라 뜻이 붙는다. 나라 이름 표기부터가 그렇다. 미국은 美國, 아름다운 나라이고, 독일은 德國, 어진 나라다. 프랑스는 法國이라고 표기해 법의 나라라고 써 준다. 반면 같은 한자를 음차해서 쓰는 일본은 미국의 '미'자에 쌀 米자를 사용하고 독일은 獨逸, 홀로 獨자에 달아날 逸를 사용한다. 대접이 나쁘다.

나라 이름뿐인가. 상표도 중국에서는 반드시 한자 이름을 달아준다. 벤츠는 奔馳, * 힘차게 달린다는 뜻이 되고, 벤틀리는 賓利, 타는 손님에게 이로운 일이 있다는 뜻이 된다. 당연히 둘 다 중국에서 인기 있는 모델들이다. 반면 뷰익은 비에커(別克)라는 이름이 '손님을 거부한다'는 뜻의 '비에커(別客)'와 발음이 같아 인기가 없다. 탄산음료 코카콜라는 可口可樂(커커우컬러), 입에 좋고 즐겁다는 뜻이 되어 중국에서도 큰 관심을 얻고 성공할 수 있었다.

・表意文字 | bēnchí

04　이처럼 작명은 중국에서 매우 중요한 절차다. 구글을 단순히 중국어식으로 음차 * 하면 '구구'(Gou-Gou)가 된다. 이것은 '개와 개'(狗狗)라는 뜻으로도 들려 중국 문화에서는 모욕적으로 느껴진다. 수개월에 걸친 조사 끝에 2004년 구글은 원래의 구글이 가진 느낌을 살릴 수 있는 '구고아'로 정한다. 첫 번째 음절 '구'(曲)는 새 울음소리, 두 번째의 '고아'는 과일을 의미한다.

짓고 나니 '너무 귀엽다'는 비판도 있고 게다가 직역할 경우 '방랑과 충분

함'이 되어 방향이 모호한 이름이 되었다. 받아들이는 중국 사람은 '복잡다단한 중국 문화를 제대로 이해하지 못한 미국 기업이 어떻게 중국인의 검색엔진이 되어 본질적인 정보를 제공할 수 있다는 말인가?'라고 반문할 수 있다.

• 音借

05 2006년 구글은 구고아를 구거(谷歌, GuGe)로 바꿨다. '언덕의 노래'로 번역할 수 있는 단어다. 구글 차이나 설립을 도운 단단 우는 "부정적인 의미가 아닌 중국식 이름을 될 수 있는 한 빨리 가져야 했다"고 말한다.

'구거'는 기쁜 수확의 노래라는 뜻이기도 하다. 구글은 구거의 언덕 곡(谷) 자가 씨뿌리기에 대한 기대감의 의미도 갖는다는 사실도 염두에 뒀다. 이 이름에 담긴 뜻을 차용해 구글을 소개하는 애니메이션 비디오까지 만들었지만, 중국 내부의 반응은 냉담했다. 기묘하기만 할 뿐 세련되지 않다는 평가였다. 미래 벤처사업에 중국의 향촌 문화에 대한 과거를 끄집어내서 당황스럽다는 반응도 많았다.

중국의 유명 포털인 시나닷컴˙에서 벌인 투표에서 응답자의 85퍼센트는 구거를 별로 안 좋아했다. 심지어 구거를 만족스러워하지 않는 중국의 구글 팬으로 구성된 noGuGe.com이라는 사이트까지 생겨 이름을 바꾸라는 서명운동을 벌이고 수천 명의 서명까지 받아냈다.

• Sina.com

06 그런데 중국은 어땠는가. 구글의 경쟁업체인 바이두(百度)는 중국인의 고유한 정서와 감각을 한 숨에 살아내는 문화적 휘율

보여준다.

송나라 시인 신기질 *의 정감을 울리는 시에서 이름을 따왔다. 〈청옥안 원석〉이라는 시의 한 구절이 바로 '백 번을 찾는다'라는 뜻의 '백도'(百度)다. 더구나 그 '찾다'는 인터넷 들어가서 '검색한다'는 그 딱딱한 말, 또는 영어의 '서치'하고는 비교도 안 된다. 왜? 그 시에서 찾는 것은 마음속에 그리는 한 여인의 모습이기 때문이다. 그 시 한 번 읽어보자.

"그 많은 사람들 속에서 그녀를 천백 번을 찾다가

불현듯 고개를 돌려보니

바로 그녀가 등불 아래 앉아 있구나." *

이름만으로도 바이두에 대한 구글의 완패다. 임어당이 한자를 가히 만리장성이라고 부른 것, 실감난다. '백발삼천장'의 과장 좋아하는 중국 문화답게 원문은 백 번도 아니고 천백 번이 아니냐. 사실 내가 보기엔 그 시도 그렇고 "천백도"도 정몽주의 "일백 번 고쳐죽어"보다도 별론데, 구글의 '구거'보다는 천백 번 낫다.

아날로그로 올 때는 문화 장벽이 가장 높다. 양자역학은 서양 과학의 기반을 흔든 것이다. 그래서 동양으로 온다. 그래서 구글이 바둑을 두고 태극 안에서 손을 잡게 된다. 여기서 우리가 때를 만났다는 거다.

* 辛棄疾 | 衆裏尋他千百度 / 驀然回首 / 那人却在 燈火闌珊處

07 구글의 모토는 Don't be evil, 즉 '나쁜 짓 하지 말자'이다. 중국 구글 지사의 한 간부가 사업과 관련된 관료들에게 아이팟 하나를 선물했다가 해고당한다. 미국이나 서양 사람의 눈으로 보면 이건 명

백한 뇌물이다. 하지만 만사에 상호 인간관계를 중시하는 게 중국 문화다. '관시'*라고 하는 이런 문화는 모든 기업이나 행정에 윤활유처럼 작용한다. 구글은 관시 문화에 익숙하지 않거나 거부 반응을 보인 것이다. 그래서 어쩌면 사소하다고 할 수 있는 아이팟 한 대의 기증을 악으로 보고 인정하지 않았으니, 일종의 판촉 행위에 더해 관원과의 관계로 규제를 완화하려 하다 잘린 담당자는 억울해했을 것이 불 보듯 환하다.

• 關係

08 거기에서 끝나지 않는다. 이 관시는 기자회견에서도 예외가 아니다. 기자회견하고 나서 동양의 풍습대로 돈을 조금씩 집어주는 것을 하지 않았다가 중국 지역 언론의 분노를 사기도 한다. 구글은 일직선으로 간 것이다. '선이냐, 악이냐'만 따지지 청탁병합이라는 동양의 독특한 뇌물 문화와 오랜 전통인 중국의 관시, 인간관계를 중시하는 중국 전통문화를 이해하지 못한 거다. 서양의 합리주의 문화는 썩으면 권총을 들이대며 대놓고 하지, 우리처럼 앞에서는 성인의 얼굴을 하고 뒤에서 뇌물을 받지는 않는다. 이것이 동양 특유의 줄타기, 균형이다. 동양에서는 군자나 뭐나 인간이라는 것은 다 약하고 선악이 함께 있는 것이라고 인정한다. 저마다 직선으로 가려고 하는데 '좌는 우로, 우는 좌로' 좌우 양극으로 끝없이 타협하고 조정하는 게 악이 아니라 균형을 만들어가는 과정인게다. 구글은 이런 깊은 문화를 이해하지 못했다.

09 중국 정부와 구글이 가장 첨예하게 대립하게 된 지점이 바로 검열 문제다. 중국은 세계 1위의 인터넷 검열 국가다. 2005년부터 2009년까지 구글 차이나의 사장이었던 리카이푸는 구글의 똑바른

길과 중국의 정치적인 검열 사이에서 아슬아슬하게 줄타기를 잘했다. 그러나 뜻밖의 곳에서 사고가 난다. 어느 인턴이 경쟁사의 검색 엔진의 결과 일부를 빼돌려 사용해 문제가 되었던 거다. 그 인턴은 문제를 빠르게 처리하려는 생각만 했지 기업윤리까지는 고려하지는 못한 거다. 중국에서 용납되지 못할 사건이 미국 구글 본사에서 납득될 리 없었다.

10 　중국 아닌 다른 곳의 구글 사원은 그런 도덕성의 문제가 없다. 그러니 미국 본사에서 "안 되겠다" 하고는 중국 지사는 본사의 프로덕션 코드에 접근할 수 없도록 막아버린다. 중국 지사를 믿지 않고 비밀로 숨겼던 거다. 베트남, 일본, 심지어 러시아 지사까지도 본사의 소스에 접근이 되는데 중국만 불가하니 중국인들의 속은 부글부글 끓는 것이다. 최소한 구글의 세계에서 중국은 2등 시민이 된 게 아닌가. 몇 번이나 풀어달라고 했지만 구글은 단호히 "No"라고 자른다.

11 　한편 중국 내 구글의 검열은 점점 넓고 빈번하게 강화되었다. 거기에 중국 지역에서 구글 본사의 컴퓨터 시스템을 해킹해 검색 결과를 빼가는 사건까지 생겼다. 그 검색 결과 중엔 중국 반체제 인사의 정보도 있었다. 이에 분노한 구글의 경영진들, 특히 러시아의 검열과 압제를 피해 미국으로 이민을 온 세르게이 브린의 분개는 충분히 예상 가능하다. "인권탄압이다! 우리는 절대 악한 일 못 한다!" 해서 2010년 구글은 중국에서 철수, 홍콩으로 옮겼다. 그 이후 구글의 중국 내 점유율은 점점 떨어졌다.

구글이 참을성이 없었다. 구글이 중국에서 철수하는 바람에 검열은 더 강화됐고 인권침해는 더 심해졌다. 반면 바이두는 구글이 철수하는 바람에 점유율이 오르고 주주총회에서 박수를 받는다. 아시아로 오면 좋든 나쁘든 유럽 같지 않은 문화가 있다. 구글은 그것을 받아들이지 못했던 게다.

12 서구 합리주의의 상징으로 대표되는 갈릴레오와 데카르트. 그 데카르트가 울름의 별장에 머무는 동안 꾸었던 꿈에서는 거대한 사전이 나온다. 그리고 그 사전에서 '동양'이라는 글자가 두드러졌단다. 알파고 태극기는 우연한 로고의 문제가 아니다. 그들의 꿈을 키워준 스탠퍼드대학 기숙사에서는 몰랐던 다른 나라가 있는 거다. 인공지능의 마지막 꿈은 동양이다.

X치를 풀면 아날로그로 나오는 출구에서 학습해야 할 것이 무엇인지 보인다.

13 알파고의 가장 험한 고개 구글 고개를 넘었다. 초고속 인터넷망의 하이웨이, 그저 서구적인 탄탄대로인 줄 알았겠지만, 그것 역시 알고 보니 꼬부랑길이었다. 무수한 꼬부랑 고개를 넘어야 했던 꼬부랑길이다. 별수 있나. 패기 넘치는 스탠퍼드 대학원생 페이지와 브린. 단 5분 동안 빌린 교수의 집 현관 앞에서 출근하는 사람 붙잡고 검색엔진을 테스트해 보여 10만 달러를 기적처럼 투자받을 때 그들의 그 반짝이던 얼굴을 보라. 그 얼굴들도 만리장성을 넘어 아시아까지 오는 그동안에 정말 꼬부랑 할머니 꼬부랑 지팡이를 짚고 꼬부랑 고개를 넘는 그 모습으로 변해 있다.

14 그렇다. 21세기 그들이 꿈꾸는 신천지도 이 꼬부랑 언덕을 넘지 않고서는 그 꿈이 이뤄지지 않는다는 것을 엿보고, 엿듣은

셈이다. 그러니 이제 그들이, 구글만이 아니라 AI로 바꾸는 세상을 꿈꾸는 그러한 AI 시대 문을 연 모든 사람들은 반드시 넘어야 할 그 고개에 다다른 거다.

15 우리는 구글이 마주한 네 가지 고개를 이미 거쳐 지나왔다. 지금까지 검색엔진, 클라우드, 빅데이터 등으로 디지털 제국을 구축한 구글이다. 하지만 이제는 디지털로 만든 가상의 성이 아니라, 돌과 흙으로 현실의 사회와 문화 속에서 진짜 성채를 쌓아야 한다. 아날로그에서 디지털로 들어갔던 정보들이 다시 AI에 의해 아날로그의 실세계로 나오려고 할 때 넘어야 할 크고 작은 고개들이다.

첫째, 자율주행차에서 보듯이 교통법과 제도가 나와야 한다. 둘째, 구글 북스에서 보았듯 저작권 같은 법률과 제도가 정비되어야 한다. 셋째, 구글 글라스에서 나타난 개인의 자유와 프라이버시 침해라는 문제를 해결해야 한다.

문화라고 하는 네 번째 고개는 그것들보다 높다. 유라시아 대륙, 땅은 하나로 연결되어 있지만 몇만 년 동안 유럽과 아시아는 문화적으로 분리되어 왔다. 누구도 넘지 못한 고개다. 알렉산더가 인도까지 쳐들어갔지만 이것은 넘지 못했다.

16 그러나 그보다 더 높은 고개가 아직 남아 있다. 구글이 결코 넘지 못하는 고개. 그게 생명이다. 아인슈타인이나 대여섯 살 먹은 애나 밥상에 앉은 파리를 쫓는 재능은 똑같다. 파리를 쫓는 데 상대성이론, 이런 것은 필요 없다. 그 능력이 삶의 지혜, 생명의 지혜. 그것이 없으면 죽는다. 그 지혜는 어디에 속하느냐.

괴테도 말했지만, 생명은 느린 것이다. 한 인간이 태어나기 위해서는 공산품과 달리 이브의 첫 출산 때나 지금이나 다름없이 10개월이 필요하다. 이것이 생명의 시간이다. 아무리 모든 것이 빨라져도 이것은 변하지 않는다. 그래서 괴테는《파우스트》2부에서 만들어진 인공생명을 바다로 던지지 않나. "저 시원에서부터 생명이 탄생하는 그 과정을 밟아서 다시 오거라"라는 말을 하며.

즉 인공지와 다른 생명지(=자연지)의 고개들을 넘지 않고는 안 된다. 특히 인공지능은 그 곁에 지금까지 따로 병렬해서 온 인공생명(NT, BT)과 얽혀 있다. 이런 것과 AI가 어떻게 결합하느냐에 따라 많은 변수가 일어나게 된다.

이제는 '한국인과 정보사회' 복기에서 그치지 않고, 지금까지 내가 해온 모든 것들을 이야기할 차례가 왔다. 디지로그, 생명 자본이다.

10

생명 고개

기계론적 세계관이 놓친 생명의 비밀

첫째 꼬부랑길

보킹송과 오리 인형

01 '처음처럼'이란 소주 이름이 유행어가 된 적이 있다. 한자로 말
하면 초심 *이다. 뭐가 얽히고설킬 때 초심으로 돌아가 다시 시
작하면 문제는 의외로 쉽게 풀린다. 전위 음악계에서 여러 실험 끝에 벽
에 부딪혀 길이 안 보이면 으레 하는 말이 있다. "바흐로 돌아가라."
그렇다면 AI의 바흐는 누구일까. 그래, AI란 말을 처음 만든 존 매카시를
생각할 거다. 그리고 그와 함께 다트머스 회의에 참여한 마빈 민스키, 허
버트 사이먼의 이름도 떠오를 거다. 이 밖에도 많은 사람이 있겠지만, 이
세 사람이 삼국지에서처럼 도원결의를 맺은 삼인방이었다.

• 初心

02 그들은 모두 죽었다. 천하통일을 이루지 못하고. 성질 급한 사
이먼이 21세기가 되자마자 제일 먼저 죽었다. 다트머스 회의
에서 10년 안에 인간처럼 생각하는 컴퓨터의 등장을 장담하고 성급히 나
섰던 이가 바로 사이먼 아니냐. 언뜻 보면 헤밍웨이처럼 수염이 덥수룩한,
AI의 할아버지라고 하면 우리에게 더 친숙할 매카시. 그는 AI의 마른 나

무에 꽃이 피는 기적을 만든 힌튼의 딥 러닝이 나오기 바로 석 달 전에 세상을 떠난다. 민스키도 2016년 두 번의 혹독한 겨울 끝에 찾아온 인공지능의 새봄을 보지 못한 채 떠난다.

03 그래서 민스키의 초심을 생전에 《와이어드》지에 실린 인터뷰 기사에서 찾아볼 수밖에 없었다. 놀랍게도 인공지능에 대한 그의 초심은 자동피아노란다. 어릴 적 집에 사람이 없는데도 혼자 울리는 자동피아노가 있었다. 어떻게 저절로 피아노를 칠 수 있는지, 신기하기도 하고 궁금하기도 해 뜯어보았다. 거기에는 천사의 손도 없고 뮤즈의 옷자락도 없었다. 그가 발견한 것은 멋대가리 없는 골판지에 뚫린 구멍들뿐이었다. 구멍이 음악을 만들어 낸 게다.

민스키는 거기에서 이 구멍이 피아노가 되고 오르골이 되고 직조기가 되고 이제는 전설로 남은 보캉송 * 의 오토마타 * 에 이르는 과정을 본 거다. 앨리스가 토끼를 따라 들판의 구멍에 빠지는 순간 보도들도 못한 신기한 나라가 펼쳐지듯이 민스키도 그 구멍에 빠져들고 만다.

- Jacques de Vaucanson(1709~1782, 프랑스의 발명가) | automata(기계장치를 통해 움직이는 인형이나 조형물)

04 이처럼 AI의 초심 중의 초심이라면 곧 보캉송의 오토마타다. 보캉송이 오리의 항문에 최초의 구멍을 뚫는 데서 AI의 역사가 시작됐다고 하면, 소도 웃을까. 그러나 사실인 걸 어쩌랴. 도대체 보캉송은 누구며, 오토마타란 뭐냐. 점점 헷갈릴 거다. AI에 대해서라면 한마디 보태지 못할 사람이 어디 있겠냐만, AI를 얘기하면서 보캉송을 말하는 사람은 보질 못했다. 그러나 세상은 깊고 넓다. 나 혼자 알았겠는가

이런 질문을 한번 해봐야겠다. 그 많은 영화 가운데 AI, 인공지능을 다룬 SF가 뭐냐고. 유치원생들처럼 사람들이 너도나도 손을 들 거다. 〈A.I.〉! 〈스페이스 오딧세이〉! 〈트랜센던스〉! 그럴 줄 알았다. 그러나 AI의 초심을 읽을 수 있는 것은 뜻밖에도 〈베스트 오퍼〉*라는 영화다. 미심쩍다면 지금 당장 인터넷을 들어가 봐라. 그리고 그 주연배우와 보캉송의 초상화를 한번 맞대놓고 봐라. 놀랍게 비슷한 모습이다. 이 영화에는 AI에 대해서 한 마디도 나오지 않지만, 내가 왜 백 가지 영화 중에 이 영화를 이야기하는지 알게 될 거다.

• 〈The Best Offer〉, 주세페 토르나토레 감독, 2013.

05   여기서 자세한 영화 얘기는 묻어두고 우선 보캉송 이야기부터 해보자. 중세의 어둠 속에서 이성의 빛을 찾았다는 그 계몽의 시대. 사람들은 무엇을 보고 열광했을까. 오토마타가 열병처럼 유행하고 인간도 신처럼 생명체를 창조할 수 있다고 믿었던 사람들이다. 그 사람들이 보캉송이 만든 오토마타, 즉 오리가 똥 누는 자동기계를 보고 환호하는 그 광경이 믿어지는가. 이게 보캉송의 탄생이요 전설이요 새로운 마술이다.

06   보캉송이 앞서 제작했던 '피리 부는 자동인형'은 데카르트의 인체 기계론을 그대로 실험해 보인 것이다. 이성이 지배하는 계몽주의 사상의 증거물을 직접 기계로 만들어 대중들에게 보여주려고 한 것이다.

피리 부는 자동인형은 흉내만 내는 게 아니라 실제 인간처럼 폐 부분에서 풀무로 만들어 낸 바람을 입술까지 보내 소리를 낸다. 이 세상의 생물체는 전혀 쓰지 않고 순전히 금속으로 만들었다. 하지만 단순히 용수철과 톱니바퀴로 움직이는 기계가 아니라 호흡을 통해서 움직인다는 거다. 숨 쉬는 기계다. 인공생명을 창조하려는 꿈을 꾸고 있었다는 게다. 로보틱스의 공학과 BT의 기술을 융합한 사이보그가 이때부터 시작된 것이다. 보캉송이야말로 인공지능 연구가들의 초심이 무엇인지를 탐색한 모델인 게다.

07 인간의 불완전성까지 모방, 진짜 인간과 다름없으면서도 동시에 그것을 뛰어넘는 기계 인간. 하지만 아무리 금속으로 부드럽게 하려 해도 손가락은 안 되는 게다. 손의 미세한 움직임이야말로 생명 그 자체를 상징한다. 할 수 없이 장갑을 끼운다. 장갑은 가죽이다. 금속만으로 안 되는 인간의 육체성, 유기물을 빌려야 한다는 사실. 가죽 없이는 진짜 피리를 불지 못한다. 예술은 생명체의 마지막 보루였다.

08 보캉송의 마지막 시도는 오리가 물 먹고 날갯짓하고 소화해서 배설하는 것이었다. 그 자신이 해부학도 했으니까 "인공생명을 만들리라. 무기물을 가지고 유기물, 생명과 똑같은 걸 만들 수 있다"고 한 게다. 그게 오늘날의 인공지능이고 로봇이다.

하고많은 것 중에 왜 '소화하는 오리'*를 택했겠나. 그 기계의 이름에서도 보듯, 생명이 되기 위해 마지막 넘어야 할 고개는 '먹고 소화하고 배설하는 것'에 있다는 걸 보캉송은 알았던 거다. 이 오리의 신진대사 활동, 배설을 본 사람들이 기절초풍했다. 아, 이거 진짜 살아 있구나. 진정 보캉송이 신처럼 생명을 창조한 것으로 믿지 않았겠나.

• Canard Digérateur

09 관람객이 던져 주는 모이를 받아먹는다. 삼키고, 배설하는 행위를 관객들이 보는 앞에서 실행한다. 리얼리티 쇼다. 보캉송을 가장 유명하게 만들고 그가 진짜 생명의 창조자로 믿게 한 것이 바로 이거다. "아깝다. 더 참을성 있게 한 발짝만 더 나갔더라면 틀림없이 기계에 영혼까지 불어넣을 수 있을 것"이라고까지 한 비평가도 있었다. 오리가 똥을 누는 것을 보고 경탄한 게다. 피리 소리보다 북소리보다도 오리의 더러운 똥을 보고 열광한 것이다.

10 계몽주의자 볼테르*는 "보캉송이야말로 살아 있는 프로메테우스"라고 했단다. 또한 "배설하는 오리가 없었다면 프랑스의 영광을 생각나게 하는 것은 아무것도 없었을 것"이라고 비꼬듯이 말하기도 했다.
차마 정면에서 "오리 똥"으로 프랑스의 영광을 웅변하기는 쉽지 않았을 거다. 이성을 자랑하는, 인간이 신이 될 수 있다는 계몽주의의 상징으로 오리 똥을 바르기란 힘들었을 테다. 그런데도 천하의 볼테르가 보캉송의 '똥 싸는 오리'의 그 배설물을 향해서 모자를 벗고 경배를 올린 것이다.

• Voltaire(프랑스 계몽주의를 대표하는 비판적 지식인)

11 그러나 어쩌랴. 오리의 똥은 빵가루에 푸른 물감을 섞어 만든 가짜였다. 보이지 않는 은밀한 공간에 숨겼다가 마치 오리가 똥을 누는 것처럼 뒤에서 사람 손으로 짜내는 것이었다. 정말 살아 있는 오리처럼 고개를 숙이고 모이를 쪼고 꽥꽥거리면서 돌아다녔지만, 날개 하나에 200개의 부품을 써서 정교하게 만들어졌지만, 정말 생명만이 할 수 있는 배설은 하지 못한 거다.

그 오리가 누었던 똥이 가짜였음이 드러나자 보캉송의 오리는 버려지고 만다. 괴테가 수소문하여 찾아가 보았을 때 그 오리는 깃털이 다 빠져 앙상한 철사와 톱니바퀴에 목은 축 늘어져 주둥이를 땅에 처박고 늘어져 있었다. 이 모든 게 한낱 쇼의 도구로 전락해 버리자 좌절한 보캉송은 순수한 초심을 포기하고 실용으로 돌아선다.

12 프랑스 견직물 제조 공장의 검시관으로 임명된 그는 영국에 비해 뒤떨어진 견직물 산업을 부흥시키려 직조기 자동화에 돌입한다. 얼마 지나지 않아 그는 완전 자동화된 직조기를 만들고 심지어 펀치를 뚫어 무늬를 짜는 것까지 만들었다 한다. 《살아 있는 인형》*을 쓴 게이비 우드는 보캉송의 '피리 부는 자동인형'이 "인간의 오락을 위해 고안"된 것이라면, 리옹에서 만든 직조 기계는 "인간이 필요 없음을 인간에게 보여줄 의도"였다고 말한다.

그러나 보캉송의 노력은 여기에서 다시 좌절된다. 그가 만든 직조기가 일자리를 빼앗길까 두려워한 노동자들에 의해 불태워지고(일종의 러다이트 운동이다) 고향 리옹의 노동자들에게서 돌을 맞기에 이른다. 그래서 선지자는 고향으로 돌아가지 않는다는 말이 있나 보다. 예수도 그러지 않았나.

• Gaby Wood, 《Living Dolls: A Magical History of the Quest for Mechanical Life》, 2003.

13 비생명과 생명의 차이는 앞에서 얘기한 영화 〈베스트 오퍼〉의 마지막 장면에서 극명히 확인할 수 있다. 인공지능을 놓고 치열한 공방전을 벌이고 있는 머스크, 호킹 박사와 2045년 싱귤래리티의 유토피아를 꿈꾸고 있는 커즈와일과 그 신도들에게 이 영화의 마지막 장면을 알려주고 싶다. 가짜 모조품 보캉송의 로봇이 기계음으로 되풀이하는

대사, "가짜로 모든 것을 만들 수 있다. 가짜로 무엇이든 만들 수 있다. 기쁨도 불행도 건강도 병도 사랑까지도 끝없이 진품에 가까운 것으로."

• "Everything can be faked, Virgil. Joy, pain, hate... illness, recovery. Even love."

14 영화 〈A.I.〉의 한 장면이 떠오른다. 기적적으로 병을 고치고 돌아온 아들이 로봇 아이를 놀린다. 함께 식탁에 앉아 빈 그릇과 수저를 들고 먹는 시늉만을 하던 로봇 아이가 금지 조항을 어기고 시금치 샐러드를 집어 먹는다. 진짜 아들이 하듯. 금방 고장이 나서 쓰러지고 만다. 가족은 식구다. 먹는 입이다. 하물며 집에서 기르는 소도 생구*라고 하지 않았나.

로봇 소년은 사랑도 하고 질투도 하고 분노도 하는 자아와 감정이 있다. 인간처럼. 그러나 먹는 것, 그 생명의 고개는 넘지 못한 게다. 오늘의 AI, 컴퓨터, 로봇도 생명의 고개를 넘지 못하면 아무리 정교하게 발전해도 보캉송의 그 오리와 다를 게 없다는 말이다.

• 生口

자크 드 보캉송의 '피리 부는 목동'

LE JOUEUR DE GALOUBET, LE CANARD ET LE JOUEUR DE TAMBOURIN
PIÈCES AUTOMATIQUES CONSTRUITES PAR VAUCANSON.

보캉송의 오토마타들. 피리 부는 목동(왼쪽), 탬버린 연주자(오른쪽), 그리고 오리(중앙)

자동기계의 진화 역사에서 뮤직박스 다음으로 이정표를 세운 발명품은 무엇일까. 1730년대 말 호기심 있는 파리 시민이라면 누구든 알아챘을지 모른다. 후대에 튀일리궁(Palais des Tuileries)이 자리할 파리 롱그빌관(Hotel de Longueville)에 들어서면, 연회장에 여러 장식품이 진열되어 있었다. 그 가운데 눈에 띄는 인물이 있었다. 주춧대 위에 웅크리고 앉아 피리를 부는 실물 크기의 목동이다. 이 목동은 사실 기계지만 마치 사람처럼 피리를 불었다. 입으로 피리에 공기를 불어 넣고, 피리 구멍을 손가락으로 막았다 열었다 하면서 여러 다양한 곡을 연주한다. 주춧대 속에 감춰진 공기 펌프와 크랭크축이 목동의 입으로 배출되는 공기압과 손가락의 움직임을 조종했다. 핀이 박힌 원통은 연주되는 음정의 크기와 순서를 조정했다. 여러 개의 원통이 돌아가면서 서로 다른 12곡의 음악을 연주했다. 보캉송은 생명체를 해

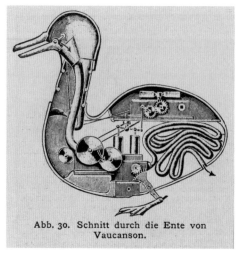

Abb. 30. Schnitt durch die Ente von Vaucanson.

보캉송이 제작한 오리의 내부구조

부학적으로 분석해, 기계가 생명체와 똑같이 움직이도록 만드는 데 집중한 최초의 자동기계 발명가였다.

기계와의 싸움에서 이긴 최초의 인간, 존 헨리

존 헨리의 동상. 웨스트버지니아 서머스 카운티 소재

서양에서는 기계가 들어올 때마다 반(反) 기계론자들이 있었다. 어찌 보면 기계와 경쟁을 하는 것은 서양문명의 내력이다. 19세기 초 영국에서 산업혁명이 일어나면서 각종 기계들이 생겨나자, 일자리를 빼앗길 거라는 두려움에 사로잡힌 많은 공장 노동자들은 기계를 부수고 고장내었다. 이것이 일명 러다이트 운동이다.
현대의 전설 속에서도 기계와 투쟁하는 사람의 이야기는 무수히 찾아낼 수 있다. 대표적인 것이 '존 헨리'로 알려진, 흑인 영웅에 대한 이야기다.

1872년 완공된 미국 웨스트버지니아 서머스 카운티 지역에 철도가 깔릴 때 일이다. 철도업자들이 능률을 높이기 위해 증기 굴착기와 같은 기계를 도입하려고 하자 철도 공사장에서 일하며 생계를 유지하던 노동자들은 그 기계에 일자리를 빼앗길 위협을 느끼고 불만을 표시한다. 그러자 신장 6피트의 건장한 흑인 헨리가 절대 사람이 기계만 못하지 않다며 기계와 맞장을 뜬 게다. 어느 쪽이 더 빨리 바위를 뚫느냐, 그 무거운 해머를 들고 괴물 같은 기계의 힘과 대결하는 것이다. 인간의 그 늠름한 근육, 검은 피부에서 땀방울이 흘러내렸으리라. 결국 혼이 담겨 있는 헨리의 해머가 새로 도입된 기계를 이긴다. 인간의 육신이 강철에 승리한 것이다. 놀랍지 않은가. 우리는 그 감격스러운 장면을 상상해 볼 수 있다. 손에 땀을 쥐고 그 대결을 바라보던 노동자들은 헨리가 승리하는 순간 환호를 지른다. "나는 인간이다! 나는 살아 있는 인간이다. 나에게는 혈관이, 그리고 온 피부에는 일할 때마다 이슬 같은 땀이 흐른다. 네가 아느냐?" 시끄럽기만 한 쇳덩어리 기계를 향해서 그들은 한목소리로 외쳤을 것이다.

이야기는 해피엔딩이면서도 비극으로 끝난다. 대결에 너무 힘을 쏟은 나머지 승리의 관을 쓰기도 전에 헨리가 죽고 만 거다. 죽어가면서도 손에서 해머를 놓지 않았단다. 뿌린 만큼 거두는 땅의 정직함과 땀 흘리는 노동의 신성함으로 살던, 힘세고 덩치 큰 철도 노동자 헨리가 어떻게 알았겠는가. 기계의 힘은 힘 자체가 아니라 연료만 있으면 지치지도, 밤낮을 가리지도 않고 움직일 수 있다는 데 있는 것을. 그리고 바로 그것이 오늘날 서양문명의 특성이라는 것을….

이 이야기는 미국인만이 아니라 기계의 위협과 함께 살아가는 당시 사람들의 가슴을 뜨겁게 했다. 기계에 저항했던 그의 영웅담은 민담이 되고 민요가 되어 전해진다. 오늘날 웨스트버지니아 빅밴드 터널 앞에는 여전히 해머를 손에 든, 존 헨리의 동상이 서 있다.

둘째 꼬부랑길

생식과 배설

01 문화란 말은 다양하다. 미국의 인류학자 클러크혼 *이 애써서 연구해 낸 문화의 정의는 150가지가 넘는다는 게다. 참 어지 간히 한가롭다. 말이란 문맥과 관계에 따라서 그 의미가 달라지는 것이 니 차라리 구름을 세고 앉아 있는 게 낫다. 그래서 나는 내 사전에 문화 란 말을 일단 이렇게 정의해 놓고 그것을 사용하는 문맥과 상황에 따라 서 변형시켜간다. 여기서는 이렇게 말해야겠다. 인간이 성에 대한 부끄 러움을 갖게 되고 똥에 대해 더러움을 느끼게 되는 것, 이게 바로 문화와 문명의 탄생이요 그 본질이라고 말이다.

* Clyde Kluckhohn(1905~1960)

02 생식과 배설. 둘 다 인체 밖으로 배출하는 것이다. 이상한 것은 사람은 입으로 들어가는 것은 성스럽고 또 그만큼 중요한 것으 로 생각하면서도 번식을 위한 생식, 그리고 배설하는 것에 대해서는 터부 시하는 게다.

성에 대한 부끄러움이 클수록, 인분에 대한 혐오나 더러운 의식이 커지면

커질수록 우리는 자연에서 멀어진다. 아이들을 보면 성적 부끄러움과 배설에 대한 거부감이 없다.

03 이상의 〈권태〉에 등장하는 시골 아이들의 기상천외한 놀이가 떠올랐다. 더 이상 놀 거리가 없어지자 아이들은 길에 늘어앉는다. 그러다가 한 5분쯤 지난 뒤에 하나씩 둘씩 일어나기 시작한다. 대체 무슨 놀이를 한 것일까. 제각각 대변을 한 무더기씩 눈 것이다. 이상은 그 놀라운 광경에 코멘트를 붙인다. "속수무책의 그들 최후의 창작 유희였다. 그러나 그중 한 아이가 영 일어나지를 않는다. 그는 대변이 나오지 않는다. 그럼 그는 이번 유희의 못난 낙오자임에 틀림없다. 분명히 다른 아이들 눈에 조소의 빛이 보인다."

04 옛날 그 글을 읽었을 때는 그냥 낄낄거렸다. 그리고 이상의 말을 흉내 내어 "조물주여 이들을 위해 풍경과 완구를 내려주소서"라고 빌었다. 그러나 알파고 이후의 지금은 아니다. 보캉송의 기계 오리의 가짜 배설물을 생각할수록 아이들의 그 배설 놀이가 새삼스럽게 놀랍고 신기하다. 그 아이들은 분명 자연이 무엇인지를 안다. 살아 있는 생명이 무엇인지를 아는 천재들이다. '현대의 프로메테우스'라고 칭송받던 보캉송도 끝내 하지 못한 것을 한 무더기씩 그것도 길 복판에 누고 일어선 아이들에게 축복을 보내고 싶다.
그리고 장난감을 내려달라고 한 기도도 이상의 몫까지 합쳐 취소한다. 풀을 뜯다 돌멩이와 함께 놀고 있는 아이들에게 보캉송의 오토마타 같은 '철학적 장난감'이 무슨 소용이 있겠는가. 횟배 앓는 뱃속이지만 그들의 뱃속에는 무쇠도 소화해 낼 만큼 튼튼한 위장과 아무 때고 배설할 수 있는 진짜 배설물이 있다. 인공이 아니라 자연 그대로의 생명인 게다.

05 아, 이 일을 어쩌나! 어른이 되고 난 뒤에 회피했던 '똥'이란 말을 인공지능과 함께 살아갈 내 손자들 때문에 자주 입에 담게 된다.

그래, 하지만 이상의 〈권태〉만 해도 심심한 아이들이 쭉 늘어서서 똥을 누는 경주를 하는 이야기를 하고 있지 않나. 그건 아이들에게는 아주 자연스러우며 (문명, 문화에 물들기 전) 살아 있는 생명의 한 의식으로 즐겁고도 유쾌한 것, 아주 시원한 것이다. 그러나 학교에 가서 글자를 배우고 제가 사는 동네와는 아무 상관도 없는 지리, 동네 사람들과 관계없는 역사, 무엇보다 하나에다 하나를 더하면 둘이 된다는 산수를 배우기 시작하면 변소에 다니는 것은 더럽고 창피하고 천한 것이다. 그래서 이 세상에서 제일 더러운 것, 피해야만 되는 것임을 몸에 익히고, 덩달아 몸이란 뒷간처럼 더럽고 천한 거라는 생각을 하게 되는 거다.

06 그렇지, 그런 기억이 있다. 아름다운 선녀, 눈이 부셔 감히 똑바로 볼 수 없는, 옆에 가면 찔레꽃에서도 맡을 수 없는 향기가 나는 여선생. 마음속으로 이 세상 사람 같지 않은 그 여선생이 어느 날 변소간에서 나오는 것을 보고 실망하여 고개를 돌리고 만 그날의 환멸, 결정적으로 날 어른이 되게 한 그날의 사건 역시 뒷간 때문에 일어난 일이다.

07 밤하늘에 유성이 흐르는 것을 본다. 어렸을 때, 어디선가 사람이 죽으면 그 사람의 혼이 떨어지는 것이라고 들었다. 그러다

어느 날 유성이 흐르는 그 신비한 하늘을 바라보면서 그것을 별이 똥 누는 것, 별똥이라고 한다는 말에 실망하고 말았다. 그래서 나는 별똥이라는 말을 쓰지 않고 언제나 유성이라고 말하곤 했다.

유성이라는 말은 한자에서 온 말이다. 흐를 유(流) 별 성(星), 중국에서는 별똥별을 그렇게 부른다. 때로는 별의 불이라는 뜻으로 '성화'* 라고도 하는 모양이다. 일본말도 똑같이 흐르는 별, 나가레보시* 다.

• 星火 | ながれぼし

08 하고 많은 말 가운데 왜 우리만이 별똥별이라고 불렀을까. 별이 똥을 싸는 것. 하필 그 더러운 똥을 누는 것에 비유했을까. 그 궁금증으로 한국말과 어깨동무를 할 만한 나라가 있는가 싶어 외국어를 배울 때마다 사전을 찾아본다. 영어로는 'Shooting Star', 불어로는 'étoile filante'라고 한다는 걸 알게 된다. 슈팅은 총을 쏠 때의 그 의미이고 'filante'는 실이 늘어지는 것 같은 것을 표현하는 말이다.

없구나. 한국말밖에는 없구나. 어느 나라의 말 가운데 아직 나는 유성 운석을 별똥이라고 부르는 나라를 찾지 못했다. 상상력이 없어서일까. 우주의 찬란한 쇼를 감상할 여유가 없어서일까. 그래서 실망했나. 처음엔 그랬다. 그런데 지금은 천만에다.

이미 우리는 생명력을 잃어가며 기계화되어가고 있고 데카르트의 철학처럼 두뇌만 둥둥 떠다니는 기계 인간, 참으로 로봇에 가까워진 존재가 되었다. 서구화된(흔히 세련된 것이라고 말하는) 문명인이 된 까닭에 똥을 더럽고 추한 것으로만 생각한다는 게다.

09　내가 어렸을 때 가장 좋아한 이야기가 '꼬부랑 할머니 이야기'
다. 꼬부랑 할머니의 이야기는 여러 가지 버전이 있는데 그중
방정환의 버전에도 이 똥이 나온다. 다시 한번 읽어보자.

"환갑, 진갑 다 지나서 허리가 꼬부라진 꼬부랑 할머니가 꼬불꼬불 꼬부
라진 꼬부랑 지팡이를 짚고 꼬부랑 고개를 올라갔습니다. 고개를 넘어가
다가 똥이 마려우니까 다 쓰러져서 꼬부라진 꼬부랑 뒷간으로 기어 들
어가서 똥을 누는데 꼬부랑 똥을 눕니다. 무엇? 꼬부랑 똥이 어디 있느냐
고? 할머니의 허리가 꼬부라졌으니까 똥도 꼬부라져서 꼬부랑 똥이 나오
지…. 재미있지 않아요? 그래 꼬부랑 고개 위에 꼬부랑 뒷간에서 꼬부랑
할머니가 꼬부랑 똥을 누는데 그때 마침 허리가 꼬부라진 꼬부랑 강아지
가 뒷간 밑으로 들어와서 꼬부랑 똥을 먹습니다.
그러니까 꼬부랑 할머니가 그것을 보고 더러워서 꼬부랑 지팡이를 집어
들고 꼬부랑 강아지의 꼬부랑 허리를 '딱' 때렸지요. 그러니까 꼬부랑 강
아지가 꼬부랑 뒷간에서 꼬부랑 할머니의 꼬부랑 똥을 먹다가 꼬부랑 지
팡이에 꼬부랑 허리를 얻어맞고 '꼬부랑 깽깽' '꼬부랑 깽깽' 하면서 달아
났습니다."*

• 1929년 3월 《어린이》 7권 3호에 발표

10　꼬부랑 할머니의 똥 누는 이야기, 이것을 노래한 시인이 동서
고금 어디에 있으랴. 생명을 노래한 서양의 보들레르, 말라르
메, 에드거 앨런 포에게서도 들어본 적이 없다. 똥오줌 먹고 자라난 새벽
의 푸성귀 같은 생명의 소리, 그 싱싱한 메타포를 노래한 시인은 지구상
에 딱 한 명 있을 거다. 그게 《질마재 신화》의 서정주다.

"질마재 상가수의 노랫소리는 답답하면 열두 발 상무를 짓고, 따분하면 어깨에 고깔 쓴 중을 세우고, 또 상여면 상여머리에 뙤약볕 같은 놋쇠 요령 흔들며, 이승과 저승에 뻗쳤습니다.

그렇지만, 그 소리를 안 하는 어느 아침에 보니까 상가수는 뒤깐 똥오줌 항아리에서 똥오줌 거름을 옮겨내고 있었는데요, 왜, 거, 있지 않아, 하늘의 별과 달도 언제나 잘 비치는 우리네 똥오줌 항아리, 비가 오나 눈이 오나 지붕도 앗세 작파해버린 우리네 그 참 재미있는 똥오줌 항아리, 거길 명경(明鏡)으로 해 망건 밑에 염발질을 열심히 하고 서 있었습니다. 망건 밑으로 흘러내린 머리털들을 망건 속으로 보기 좋게 밀어넣어 올리고 쇠뿔 염발질을 점잖게 하고 있어요. 명경도 이만큼은 특별나고 기름져서 이승 저승에 두루 무성하던 그 노랫소리는 나온 것 아닐까요?"*

서정주, 〈상가수(上歌手)의 소리〉《질마재 신화》, 일지사, 1975;《미당 시전집》, 1994)

11 두엄통에 똥을 삭혀서 몇 년 동안 두엄을 낸다. 거기에 별이 비추고 달이 비추고 우주가 비친다. 생명이 푹 삭은 거다. 거기서 싱싱한 푸성귀가 자라고 그걸 보고 얼굴 보고 빗질하고 노래 부르는 우리들이 있다. 이것이 기계와 생명의 차이다. 끝없이 생명에 가까워지려는 "똥 싸고 죽는다"라는 건 보캉송의 오리가 절대 할 수 없는 것이다. 오직 생명 있는 것에만 가능한 산물이다.

보캉송이 끝내 못한 것, 사람처럼 피리 불고 북치고 오리가 모이를 쪼아먹고 날갯짓을 하고 온갖 것을 다 할 수 있어도 똥을 누게 하지는 못했다. 그것만은 가짜로 꾸미다가 들통이 나는 바람에 그의 명성에 그야말로 똥칠을 하고 만다. 그래 자동인형으로 생명체와 똑같은 것을 만들 수 있다고 믿었던 보캉송은 어떤 기술로도 똥을 누는 로봇은 만들 수 없다. 똥이

268 너 어떻게 살래

바로 그 생명이라는 사실을 알지 못했다.

12 생명을 가진 것만이 똥을 눈다. 바퀴벌레는 오줌까지도 배설하지 않고 필수아미노산으로 바꿔버리는 놀라운 생체 기술을 가지고 있는 녀석들이다. 공룡의 죽음보다도 훨씬 이전부터 생존했던 이 놀라운 바퀴벌레의 생존력. 모든 에너지를 최소한으로 사용하고 며칠을 굶어도 죽지 않는다. 죽고 난 뒤에도 알을 깐다. 알을 가진 낭, 주머니를 가지고 다니다가 자기가 죽게 생기면 그걸 바깥으로 쏘는 거다. 자기는 죽어도 새끼는 번식한다.

13 적대적인 환경에서 살아남기 위해서, 바퀴벌레는 자신에게 기생하는 균조차도 이용한다. 1억 4000년 전부터 바퀴벌레의 체내에서 기생하는 세균, 부랏타박테리움*을 말한다. 부랏다박테리움의 게놈을 분석한 결과 이 세균은 바퀴벌레 몸의 노폐물을 바퀴벌레가 살아가는 데 필요한 분자로 변환하는 것으로 밝혀졌다. 다시 말하자면 바퀴벌레는 스스로 재활용의 힘을 증명하고 있는 셈이다. 이 세균 덕분에 바퀴벌레는 소변을 볼 필요가 없다고 한다. 이 강인한 바퀴벌레는 인간 문명으로 치면 복잡한 반도체의 회로처럼, 그 독한 독성인 오줌을 내부에서 필요한 양분으로 바꿔버리는 거다. 그런 바퀴벌레도 똥을 눈다.

• Blattabacterium

14 보캉송의 오리 때문에 이제야 그게 얼마나 소중하고, 인공지능이 백 번 재주를 넘어도 할 수 없는 생명의 특권이요, 생명을 증명하는 가장 확실한 증거묶음을 알았다. 그냥 안 것이 아니다. 원자력 함

공모함을 떼우고 하늘에 인공 별을 만들어 떼우는 서양 기술로도 절대 못하는 것, 그리고 서양 사람들이 그 의미를 알지 못하는 것이 우리 농부들이 두엄을 내며 먹을 것을 순환시킨 지혜다.

15 생명에 대한 정의, 기계와 생명의 차이를 물어봐라. 생물학자나 물리학자 더구나 수학자에겐 아예 물어볼 생각 마라. 아인슈타인에게 죽음이 무엇이냐고 물어봤더니 겨우 한다는 소리가 모차르트의 음악을 더 이상 들을 수 없는 것이라고 했단다. 그래도 수학 공식으로 말하지 않고 음악 이야기로 답해서 감동 끝에 찾아봤더니 어디에도 기록이 없다. 누군가 꾸며낸 픽션이었다. 그것이나마 기특해서 알아봤더니 일본 애들이 꾸며낸 도시의 전설이라고 하더라.

16 그래 기계와 생명이 어떻게 다른가. 낫 놓고 기역 자도 모르는 한국 농부. 두엄을 내는 한국인에게 물어보면 까무러칠 이야기를 할 거다. "기계는 똥 못 싸! 산 것들처럼 똥 싸지 못해." 우리가 수세식 변소로 씻어버리는 똥오줌. 더러워 입에도 담지 못할 것을 한국의 농부들은 똥통을 만들어 삭힌다. 그리고 그것을 받아 밭에 거름으로 우리의 입으로 들어갈 채소를 기른다.

먹을 것이 똥이 되고 똥이 다시 먹을 것이 되는 것이 생명의 순환이다. 이것이 바로 생명이 무엇인 줄 아는 한국인의, 아시아인의 지혜, 아테네 로마에서 실리콘밸리에 이르기까지 서양 사람들이 이해하지 못했던 생명 공감의 마음이다.

17　결국 보킹송의 오리는 똥 누는 것에서 실패했다. 그게 안 되니까 가짜를 만들고 그걸 들켰기 때문에 그 가치가 사라진 거다. 생명은 배설하는 거다. 깨끗한 것이 인공생명의 한계다. 더러운 것이 자연과 생명으로 리사이클이 되는 것이다. 더러움은 살아 있는 것의 특징이다. 그 더러운 배설을 그냥 일상어로 '똥'이라 하면 더럽고 '인분'(人糞)이라고 하면 덜 더럽다. 한자이기 때문에 육체성, 현실성, 실감이 덜해지는 거다. 디지털로 하면 더하다. 실제 아날로그 공간에서 대자보를 써 붙이는 것과 인터넷에 돌아다니는 글의 힘이 다른 것처럼.

18　아! 살아 본 적도 없는 오리가 어떻게 죽을 수조차 있겠는가. 그것은 그냥 폐기물이다. 자연주의를 쓴 호켄이 조사한 내용을 보면 우리들이 얼마나 막대한 자원을 채취하고 낭비하는지 자세히 나와 있다. 미국 시민 한 사람이 자신의 체중 20배에 해당하는 자원을 쓰고 있단다. 그 많은 자원을 낭비하고 뭐가 남나. 어마어마한 폐기물이 남는 거다.

19　자연은 어떤가. 절대로 이런 낭비를 안 한다. 자연 내에서는 어떤 배설물은 다른 동물의 영양분이 된다. 생명이 만들어내는 것은 모든 다른 유기체의 자양분이 된다. 그 리사이클이 이루어지는 과정에서 유해물질로 남는 것은 아직까지 들어본 적이 없다. 나 어릴 적에는 놀다가 똥이 마려우면 밭으로 뛰어가 누었다. 그것이 흙에서 다 썩는다. 거름이 되는 거다. 토끼는 제 똥을 먹고 쇠똥구리는 똥 경단 속에 알을 낳고 사람이 가꾸지 않아도 달맞이꽃은 씨앗을 쏟아낸다. 자연의 이치대로 순리대로 가는 거다. 저절로 저절로, 절로절로, 이것이 서양과 다른 우리

의 지혜다. 이것이 기계와 생명의 차이인 거다.

20 진정한 생명을 갖지 않은 가짜 생명들, 이 기계들은 괴테가 바라본 죽지도 살지도 않은 초라한 것들에 잘 나타나 있다. 인공지능의 초심이 서정주의 그것은 아니라는 것이다. 수학에서 나온 것이지 생명과는 다르다는 게다. 펀치카드에서 나오는 소리와 인분을 명경 삼아 거기에서 치장하고 부른 노랫소리는 엄청난 차이가 있다. 수학적으로 계산해서 뚫어진 펀치카드와 삭혀진 두엄에서 나온, 그 생명의 물에서 얻어진 소리. 생각해 봐라, 도저히 같을 수가 없는 거다. 그러니 우리가 인공지능을 만든다면 보캉송의 오리도 직조기도 아닐 거다. 왜? 자동의 의미가 다르다. 스스로 움직인다는 생명의 자동과 기계의 자동, 오토마타는 다르다. 한국의 오토마타는 다르다. 절로절로다.

셋째 꼬부랑길

청산도 절로절로

01 　우리는 AI의 DNA 핏줄이 없는 나라다. 네오필리아*도 없다.
　그래서 우리에게는 보캉송도 자동기계도 없었다. 우리는 인형
을 만들지 않는 나라다. 아니, 못 만들게 하는 나라였다. 내가 어렸을 때
나뭇가지에 풀을 엮어 꼭두각시를 만들었더니 어른들이 보고, "야 큰일
날 짓 하지 마라." 왼새끼*로 묶어 땅에 묻지 않으면 큰일 난다는 게다.
한중일 삼국 중 우리만 꼭두각시가 없다. 일본의 인형극 연구가 미타무라
엔교*가 조선시대 옛 인형의 양식이나 조정법을 수차례 조사했을 때 매
번 "조선에는 연극도 없고 인형극도 없다"는 답을 받았단다. 우연히 만주
에서 만난 조선인 이문권에게 "본 적은 없지만 '박첨지 놀이'라는 인형극
이 있다"고 듣고, 경성에 들어와 조사했으나 아는 사람이 없었다. 조선의
인형 놀이는 과거의 것이라 현재(당시의 구한말)는 찾기 힘들 것이라는 답
이 전부였다.

• 새로움을 추구하는 욕구 | 왼쪽으로 꼰 새끼 | 三田村鳶漁

02   일본은 이미 에도시대부터 가라쿠리 *라고 하는, 이를테면 오늘날처럼 자동장치로 움직이는 로봇을 만들어 사용했다. 그러나 그 일본도 서양에서 들어온 화승총 *이니 시계를 보기 전까지는 꿈도 꾸지 못한 게 나사였다. 그래서 일본을 '무(無) 나사의 문화사'라고 부른 논문 *까지 나온 적이 있다.

큰 톱니는 그만두고라도 이 작은 나사못 하나가 세계 지식과 역사를 바꾸고 오늘 같은 동서 문명의 갈림길을 만들었다면 그 말을 믿겠는가. 적어도 우리가 알고 있는 우리의 역사, 그리고 자기네들이 세계의 중심, 중화(中華)라고 떠드는 중국의 5천 년 역사에서도 나사못은 없다.

  • からくり | 火繩銃 | 무라마쓰 덴지로(村松貞次郎), "日本'無ねじ文化史'", 《일본기계학회지》, 1980년 2월호

03   동양 문화권에는 해부라는 것 역시 없었다. 네덜란드 해부학책을 에도 말기에 번역해 해체신서 *를 낸 스기다 겐바쿠 *가 처음 해부를 한 것이 그 시작이다. 서양에서 첫 해부가 시작된 지 자그마치 2,300년 뒤의 일이다.

한국인은 원래부터 인체 해부는 고사하고 몸에 칼을 대는 것 자체를 금기시해왔다. 데카르트에서 라 메트리 *로 이어지는 인체 기계론 같은 문화적 배경이 없었기 때문이다.

  • 解體新書 | 杉田玄白 | Julien Offray de La Mettrie

04   그런데 이 나사못과 톱니바퀴로 만든 시계, 그 시계로부터 서양과 우리의 첫 번째 만남이 시작한다. 시계가 처음 들어왔을 때 귀신 붙었다고 굿을 했던 한국인에겐 시계가 보급되어 일반화되어도

여전히 살아 있는 무언가다.

초기의 시계는 하루에 한 번 태엽을 감아주어야 했다. 우리는 그 태엽을 감아주라고 하는 것을 '시계 밥 주라'고 하고 시계가 멈추면 '시계가 죽었다'고도 한다. 괘종시계는 완전히 의인화되어 살아 있는 생물과 같이 취급된다. 시계추를 '시계불알'이라고 불렀으니 말이다. 일종의 가축처럼 벽에 매달린 식구처럼 산다.

05 그러니 시계란 것이 정확하게 맞는다는 인식도 없다. 흔히 "저 시계 맞아?"라고 묻고 아무렇지도 않게 "응. 10분 빨라" 혹은 "15분 늦어"라고 대답한다. 시계가 생물이라는 생각의 연장이다. 원래 생물이라는 건 정확하지가 않다. 빠르고 늦고 하는 게 당연하고 오히려 정확히 맞는 게 이상한 거다.

그 시계가 점점 작아져 방안에 들어오면 탁상시계가 되고 더 작아지면 사람의 신체(몸)로 옮겨온다. 회중시계다. 아예 양복바지 호주머니에 회중시계를 넣어두는 자리까지 생긴다. 웨어러블 컴퓨터의 선조라 할 수 있다. 옛날 시계가 귀하던 시절, 사진을 찍을 땐 반드시 양복 소매를 살짝 올려 시계를 노출 시키고 사진을 찍었다. 시계가 자기 자신, 신체, 생명의 한 부분, 분신이라는 증거다. 옷에 가려지니까 몸을 내놓는다. 팔목시계의 등장으로 신체의 한 부분이 되면서 회중시계의 역사는 끝난다. 지금 아이워치도 팔목이다. 모든 기계는 팔목에서 끝난다.'

• 이어령, "디지로그 시대가 온다 27. 내 손목시계 어디로 갔나",《중앙일보》2006년 1월 31일

06 정말 이해할 수 없는 것은 왜 자동으로 움직이는 그런 기계를 만들려고 했을까 하는 거다. 어려운 노동이라면 기계가 대신해

주는 거 이해할 만하다. 그러나 피아노야말로 인간이 오락으로, 예술로 하는 행위가 아니냐.

게다가 자동이라는 말 앞에서는 헷갈리기 시작한다. 원래 자(自)자는 자기 자신을 뜻하는 말이다. 내가 주체가 되어 피아노를 연주하는 것이면 그게 자동피아노고, 기계장치로 누가 대신 쳐주는 건 타동 피아노라야 되는 게 맞지 않나.

07 구한말 서양인들과 함께 들어온 자전거(自轉車)의 이름을 풀어보면 '스스로 굴러가는 수레'다. 사실 그 '자전거'란 이름 역시 우리말이 아니고 개화기 때 일본에서 들어온 말이라고 한다. 그런데 생각해보면 참 이상한 말이다. 어떻게 스스로 굴러가는가.

구한말 알렌*이 자전거를 타고 있는 걸 본 노인이 알렌에게 자전거를 가리키며 이것이 말로만 듣던 '증기기관차'냐고 물었다는 이야기만 들어도 알 수 있다. 그때 사람들은 자전거 타고 가는 사람을 보면 사람이 페달을 밟아 움직인다 생각하는 게 아니라 자전거가 혼자 움직인다고 생각했던 거다. 그래서 1989년의 독립신문 기사에서 보면 우리는 그걸 자행차(自行車), '스스로 가는 수레'라고도 했단다.

• Horace Newton Allen

08 그것뿐이냐. 자동차(自動車)란 말도 우습다. 사람이 운전하지 않는데 어떻게 스스로 움직이는가. 이름만 들으면 구한말에 자율자동차가 생겼다는 이야기다. 우리의 명명대로 한다면. 하긴 영어의 명명법도 마찬가지다. '오토-모빌'*이니까. 중국 사람들은 헷갈리게 자동차를 기차(汽車)라고 그런다. 컴퓨터는 전뇌(電腦)라고 부른다. 한자를 다루는

사람들이라 그런지 IT에 뒤늦게 뛰어들었지만, 말은 제대로 하는 사람들이다. 그런데 그 한자도 모르는 한국의 토착적인 무식한 사람, 자전거라는 말조차 모르는 사람에게 자전거를 가리키며 저게 뭐냐고 물으면 순 토박이말로 '바퀴'라고 대답했단다. 이거 내가 꾸며낸 말이 아니다. 언더우드 *가 실제로 겪은 일이다. 언더우드는 한국인은 근대 문명에 무식한 사람들이지만 슬기로운 사람들이라고 말한다. *

내가 IT 등의 특수 용어가 나올 때 토박이말로 자꾸 바꾸어 쓰는 것은 순우리말 속에 우리의 집단지가 있고, 지혜가 있기 때문이다. 한자는 지식의 언어고, 세 살 때 어머니에게 배운 한국말은 지혜의 말이라는 거다. 생명에 가까운 말, 생명의 언어다. 진짜 자동차, 진짜 자전거 이름의 관념대로 하자면 AI가 부착된 자율자동차밖에는 없다. 아직 우리에게는(서양도 물론) 엄격한 의미에서의 자전거도 자동차도 존재하지 않는 것이다. 사실 자율사동차, 인간 없이 스스로 움직이는 자동차는 우리 입장에서 보면 타율자동차다. 난 아무것도 하지 않으니까.

* automobile | Horace Grant Underwood | 로버트 네프, 정성화, 《서양인의 조선살이 1882–1910》, 푸른역사, 2008.

09 한국말에는 오토마타, 서구인이 가지고 있던 자동이라는 말이 없는 대신 '저절로'라는 말이 있다.

청산도 절로절로 녹수도 절로절로
산 절로절로 수 절로절로 산수간에 나도 절로절로
그 중에 절로절로 자란 몸이 늙기도 절로절로.
– 송시열 시조 〈청산도 절로절로〉

송시열의 시조에서 드러난 '절로절로'가 우리말 '저절로'다. '저절로' 이것이 한국의 오토매틱이다. 그러나 한국의 '저절로'와 서양의 '오토매틱'은 전혀 다르다. 생명이란 저절로 되는 것이지 누군가의 의지를 가지고 이루어지는 것이 아니다.

고려 문인 이규보의 산문 〈문조물〉(問造物)에서 사람을 해치는 것을 왜 세상에 내었냐는 질문에 조물주는 "내가 손으로 물건을 만드는 것을 네가 보았느냐. 대개 물건이 제 스스로 나고 제 스스로 화(化)할 뿐, 내가 무엇을 만들겠는가. 내가 무엇을 아는가. 나를 조물주라 한 것을 나도 모르겠다"라고 대답한단다.

10 또 있다. 이규보의 〈토대〉라는 산문은 온실을 부수는 이야기다. 아이들이 땅을 파서 무덤 모양으로 움을 만들면서 "겨울에 화초나 오이를 기를 수 있으며 따뜻한 봄날과 같이 손이 얼거나 거칠어지지 않는다" 하니 이규보는 성을 내며 "여름에는 덥고 겨울에는 차가운 것이 천시의 상수인 것인데 이것을 인위적으로 막는다면 결코 좋은 일이라고 할 수 없다" 하고 그 토대(온실)를 부숴버린다. 겨울에도 꽃을 피우게 하는 것은 물리를 역으로 생각하는 것이며 인간에게 당장 이득을 줄지도 모르나 결과적으로는 사물의 본성을 파괴하는 것이라고 생각한 게다. 동양인의 문명관을 상징적으로 나타낸 글이다.

동양인이 서양 사람들처럼 비행기나 자동차 같은 기계문명을 만들어내지 않았던 것은 능력이 없어서가 아니었다. '못한 것이 아니라 안 한 것'이다. 편하고 이롭다 해도 기계문명은 자연의 전체적인 질서를 파괴할 것이라는 동양인의 견해는 결코 무지로 돌릴 수만은 없다.

11   신비주의로 치부했던 동양의 사상들을 양자역학으로 땅이 흔
        들리자 다시 끌어들인 것이 하이젠베르크[•]다. 그는 장자의 이
야기를 인용하고 있다.

자공[•]이 한음[•]을 지나는 길에 한 노인이 채소밭을 돌보고 있는 것을 보았다. 노
인은 땅에 굴을 파고 우물에 들어가 항아리로 물을 길어서 들고나와 밭에 물을 주
었다. 무척 힘이 들었지만 효과가 크지 않았다.

자공이 말했다. "여기에 기계가 있으면 하루에도 백 이랑 넘는 밭에 물을 줄 수 있
을 것입니다. 그러면 힘도 적게 들고 효과가 클 터인데 선생께서는 왜 용두레 기
계를 쓰지 않으십니까?"

노인이 얼굴에 성난 빛을 띠웠다가 잠시 후 차갑게 웃으며 말했다. "나의 스승께
듣기로는 기계를 사용하는 자는 기교를 부려 일하게 되고, 기교를 부려 일하는 자
는 기교를 부리는 마음이 생기며, 기교를 부리는 마음이 생기면 그 영혼이 순박하
고 깨끗하지 못하며, 영혼이 순박하고 깨끗하지 못한 사람은 마음이 안정될 수 없
습니다. 마음이 불안정한 사람은 도의 가르침을 받을 수 없습니다. 내가 그런 기
계의 쓰임을 알지 못하는 것이 아니라 도에 부합하지 않는 일이 수치스러워 쓰지
않는 것입니다."

이것을 기심[•]이라고 한다. 그렇게 되면 인간이라는 것의 가치, 생명의 의
의라는 것을 알지 못하게 되기 때문에 싫다는 것이다.

[•] Werner Karl Heisenberg(1901~1976, 독일의 물리학자) | 子貢 | 漢陰(한수의 남쪽) | 機心

12   동양이니 서양이니 할 것 없다. 현대 문명 속에서 살아가는 사
        람과 아주 옛날 수렵 채집을 하고 농사를 짓던 시절의 옛날 사

람들이 어떻게 다른가? 나는 여러 사람에게 질문을 해 봤지만 학식이 있는 사람이든 인문학을 하는 사람이든 자연과학을 하는 사람이든, 그리고 정치를 하는 사람이나 기업을 하는 사람이나 시원한 대답을 해 주는 사람을 만나 본 적이 없다. 누군가 나에게 똑같은 질문을 해도 마찬가지였을 거다.

13 그러나 인공지능 이야기를 하고 있는 나는 분명히 그리고 단호하게 말할 수 있게 되었다. 인공지능이 오히려 인간과 인간의 지능이 무엇인지를 분명히 깨달을 수 있게 한 거다. 그래, 한마디로 그 차이를 말해보겠다. "옛날 사람들은 자연의 모든 것들에는 생명이 있다고 생각했고 현대인들은 거꾸로 살아 있는 모든 것들이 물질로 되어 있다고 생각한다." 더 짧은 말로 말하자면 "옛사람들은 비 생명도 생명으로 현대인은 생명도 비 생명으로 본다." 모든 차이가 여기에서 온다.

14 인간이 만든 AI가 인간의 지능을 뛰어넘는다고 하지만 자연지는 안 된다.
노자의 도덕경 25장의 말, "인법지(人法地), 지법천(地法天), 천법도(天法道), 도법자연(道法自然) - 사람은 땅에서 본받고, 땅의 법은 하늘을 본받고, 하늘의 법은 도를 본받고, 도의 법은 자연에서 나온다." 그 말대로 하자면 서양의 지능은 아직 인법지 단계도 못 간 거다. 양자역학을 통해 겨우 어설프게나마 따라오고 있지만 한참이나 멀었다. 자연은 엄두도 못 낸다.

넷째 꼬부랑길

바이오미미크리(biomimicry)

01   오래전 예루살렘 구시가를 방문했을 때의 일이다. 나는 '솔로
몬의 왕좌'에 가까운 언덕에 서서 제리코 가도 너머로 겟세마
네 올리브 나무를 바라보며 눈 아래 펼쳐지는 그림자 덮인 땅에 팔레스타
인 원산지 식물과 동물은 아직 남아 있을까 생각해보았다.

"게으른 자여 개미에게로 가서 그 하는 것을 보고 지혜를 얻으라"*는 성
경 구절을 떠올리고 자갈 섞인 바닥에 무릎을 꿇고 개미가 씨앗을 지하로
옮기는 모습을 관찰했다. 그것은 구약의 저자에게 감동을 주었던 먹이를
모으는 행동이었으며, 장소와 개미의 종류도 아마 마찬가지였을 것이다.
그리고 동행자들과 함께 템플산의 옆구리를 지나 팔레스타인 거주지까지
돌아가는 동안 내가 예루살렘 시내에서 볼 수 있는 개미의 종류를 머릿속
에서 계산했다. 그러한 나의 행동은 이상하게 보일 수도 있지만 내 속에
는 완벽한 논리적 근거가 있었다. 예루살렘 개미들의 100만 년의 역사는
이 마을의 과거 3천 년의 역사와 비교해 봐도 적어도 동등한 매력을 띄고
있기 때문이다.

• 〈잠언〉 6장 6절

02　오세아니아 피지에 서식하는 '필리드리스 나가사우'˙˙라는 개
　　　미 종이 '스쿠아멜라리아'˙˙라는 식물을 재배하고 있다고 한다.
개미는 식물의 씨앗을 나무에 옮겨(이식), 비료를 주고(배설) 키워 더 여문
열매 속에 둥지를 만든다. 열매가 커지고 종자가 되면 개미들은 새로운
종자를 기생 나무의 다른 부분으로 옮겨 새로운 재배를 시작한다. 이 과
정에서 개미들은 나무에 어떤 해도 끼치지 않고 공생관계를 이루어낸다.
실제로 개미는 6종류의 나무를 같은 방법으로 재배하고 있는 것으로 밝
혀졌다. 개미들은 인간처럼 나무를 '재배'하는 노하우를 이미 300만 년 전
부터 지니고 있었던 거다. 개미가 인간보다 먼저 농업을 한 게다.

· Philidris nagasau | Squamellaria

03　인공지능이 문제가 아니라 동물의 지능도 인간이 따르지를 못
　　　한다. 생물지능이 인간지능을 뛰어넘는 것이다.
센서를 아무리 최신의 최고의 기술로 발명을 해도 수십 킬로미터 바깥에
서 산불 난 것은 감지하지 못한다. 그런데 아주 조그만 풍뎅이는 그것을
안다. 산불이 난 곳은 천적들이 다 도망간, 풍뎅이의 입장에서는 안전지대
다. 그러니 열 센서가 그들에게는 생명 기술인 거다. 인간의 어떤 기술보
다 뛰어나다. 만약 그 풍뎅이의 센서를 연구해 산불 감지 센서를 만든다
면 산불이 커지기 전에 쉽게 끌 수 있다. 그러니 풍뎅이 연구를 하지 않을
수 없는 거다.

04　인간의 기계 기술, 산업기술은 200년밖에 되지 않지만, 생명
　　　기술은 36억 년간 쌓아 온 거다. 생명의 기술과 비교하면 인간
의 기술은 하찮다.

자동차가 시속 100킬로미터로 달리면 엔진은 금시 불덩어리가 되고 만다. 그래서 냉각장치가 되어 있는 것이다. 그런데 타조는 수냉식이나 공냉식 같은 특별한 장치가 없이 자동차만큼 달려도 통닭구이가 되는 법이 없다. 인간이 만든 기계에 비해서 자연이 만들어 낸 생체는 그만큼 차원이 다르다.

05 어디 그뿐이랴. 타조는 AI(조류 인플루엔자)에도 걸리지 않는다. 보통 닭은 AI에 감염되면 금시 힘을 잃어 먹지 못하고 죽는다. 그런데 타조는 면역력이 높아 병원체에 감염반응을 보이더라도 2~3일이면 회복한다. 지금까지 타조 연구자에 의하면 H5N1˙에 감염된 타조는 아프리카에서 딱 한 건이 있을 뿐이란다. 그래서 타조의 항체를 혈청˙으로 만들어 보도들도 못한 전염병이 돌 때 막을 수 있었다. 심지어 항암제까지 만드는 것도 가능하다 한다.

지금까지 천연두 단 하나를 제외한다면 인간의 기술을 가지고 바이러스에 승리한 적은 없다. 오직 우리 몸의 면역력에 의존할 뿐이다. 때문에 요즘 의학계에서 '인류를 구하는 타조의 저력'이라는 말까지 쓰며 타조의 면역력을 연구하는 게다. 인간의 힘이 아니라 거대한 자연의 힘을 빌려 인간의 위기에 대처하려는 노력이다.

˙ 조류에 호흡기질환을 유행시키는 인플루엔자 바이러스 | 血淸, serum

06 바퀴벌레를 본 적이 있는가. 눈에 띌 때마다 책으로, 슬리퍼로 내려쳐 죽이는 그 바퀴벌레 말이다. 사실은 그 바퀴벌레가 3억 년을 살아온 존재다. 인간은 태어나지도 않았을 때다. 생명체로서는 공룡보다도 오래되었다. 3억 년 전에도 지금의 모습과 비슷한 모습을 한 채 생

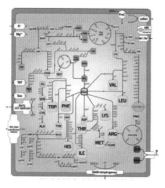

부랏타박테리움 작용도

존해 있었다. 모든 생물을 놓고 하나님이 상을 줄 때 제일 생명력이 강해서 원폭이 떨어져도 사는 바퀴벌레에게 1등을 주었단다.

바퀴벌레는 말했듯 오줌도 누지 않는다. 체내에 정착하고 있는 세균 부랏타박테리움을 이용해 오줌의 요소를 필수아미노산으로 분해한 뒤 재흡수해 영양분으로 쓴다. 제 몸으로 재활용을 하니 지구를 오염시킬 일이 없다. 부랏타박테리움이 어떻게 작용하는지를 풀어 놓은 도표를 보면 마치 컴퓨터 회로의 기판 같다.

그 녀석의 외모를 보라. 더러운 수채에서 갓 나온 놈이 어떻게 그렇게 반짝거릴 수가 있는지 신기하다. 신사의 구두가 그렇게 반짝거릴까. 이런 것을 보면 바퀴벌레와 같은 생물체가 생명이라는 관점만을 놓고 보았을 때 인간인 우리보다 훨씬 강력하게 현실에 적응해 갔음을 알 수 있다.

07 바퀴벌레는 누구나 다 싫어하지만, 무당벌레는 아이들도 좋아하는 예쁜 곤충이다. 등껍질에 땡땡이 무늬가 있어 브로치에 붙어 있는 보석 같다. 이 무당벌레 이야기는 이미 한국일보 인터뷰에서

밝힌 적이 있다. 알파고 포비아에 관한 인터뷰였다. 읽어보자.

"무당벌레는 풀이나 나무의 접점에서 난다. 하지만 실제 실험을 해보면 10마리 중 8, 9마리만 이 법칙에 해당하고, 1, 2마리는 예외다. 생명체를 대상으로 한 법칙은 아무리 엄밀하게 규정해도 90퍼센트밖에 적중하지 못한다. 이것이 퍼지˙이론이다. 선풍기도 같은 풍량을 지속하면 시원하게 느껴지지 않지만, 바람의 세기와 방향에 변화를 주면 시원하다. 지능을 가진 생명체는 끝없이 변화하는 자기조직˙을 통해 진화한다. 이것은 물리법칙이 절대로 따라 하지 못하는 것이다. NT와 BT와 IT를 결합해 만든 인공생명, 안드로이드는 패턴인식을 통해 의식과 감정까지도 흉내 낼 수 있다. 특정 단어를 들으면 슬퍼하거나 상대방이 화를 내면 얼굴을 찡그리게 하는 식으로 반응을 설계할 수 있다. 하지만 감정을 지닐 수는 없다."˙˙

˙ Fuzzy | Autopoiesis | "인공지능은 생명을 이길 수 없다", 《한국일보》 2016년 3월 12일

08
호랑나비처럼 나래가 큰 나비들이 고치에서 나올 때 무척 힘들어한다는 것을 아이들에게 가르쳐주자. 그러면 인공지능과 의식을 가진 생명의 차이도 알게 될 거다. 호랑나비는 고치의 좁은 구멍을 통해 그 큰 날개가 빠져나와야 한다. 사람들은 너무 안쓰러워 구멍을 크게 벌려줬다. 나비는 쉽게, 고통 없이 빠져나온다. 그래서 행복한 나비가 되었는가? 아니다. 날지를 못하는 것이다. 영원히. 왜냐하면, 좁은 구멍을 빠져나올 때 날개에 묻어 있던 불순물들을 전부 빨아내지 않으면 날개가 무거워져 날지를 못한다. 인공지능에는 이러한 고통 속에서 생명을 얻는 그 역설이 없다. 서구 문명은 사람의 뇌를 전기 회로로 모방할 수 있다고 생각한다. 그리고 많은 진전과 성공은 거두었다. 하지만 근본 차이가 있는

것이다. 인간의 뇌와 컴퓨터의 전기 회로 사이에 다른 것이 무엇인가.

09 지금 이머징 바이러스처럼 인공지능이 우리 앞에 왔다. 지능이란 무엇이냐. 생명이란 무엇이냐라는 화두가 우리에게 던져졌다. 새로운 바이러스가 인류의 면역체계를 뒤흔들었듯이 인공지능 역시 인간의 뇌의 발전 속도보다 빠를 것이다. 그러나 인간은 '타조력'을 발견했듯 자연에서 인공지능의 백신을 만들어 낼 수 있다.

지식이 아니라 '지혜'다. 답은 자연에 있다. 인간의 기술로는 어림도 없다. 산업기술이 아닌 자연을 모방하는 뇌, 자연의 새로운 섭리를 파고들어가는 지능, 수학으로 풀 수 없는 그것, 그것이 영감이고, 직관이자, SQ(spiritual quotient)다. 비록 인간의 뇌는 인공지능을 따라갈 수 없을지라도 자연의 생명지수 앞에서 인공지능은 초보에 초보. 생명은 인공지능으로는 어림도 없다. 정말 다행히도 인간에게도 이 '생명'의 면역체계가 내재되어 있다.

10 인터페이스 혁명을 이루려면 자연을 파괴하는 것이 아니라 되려 거기서 배우려는 자세가 필요하다. 예컨대 모기가 찌를 때 아프지 않은 원리를 활용해 '찔러도 안 아픈 주삿바늘'을 만들 수 있다. 그러면 어린아이들과 인슐린 주사를 맞는 환자들이 유용하게 사용할 수 있다. 모기뿐만 아니라 꿀벌에게도 배울 수 있다. 과거에는 벌꿀을 그냥 훔쳐 왔다면 이제는 육각형의 벌집이 가장 가볍고 튼튼하다는 원리를 우주항공 발전에 활용한다. 내가 말하는 인터페이스라는 것은 바로 이런 것들도 포함한다. 이를 위해선 인간만 알아도 안 되고, 자연만 알아도 안 된다. 자연과 인간 사이에 가로놓여 있는 '브릿지'를 융합시킬 수 있는 퓨전, 커

넥션, 하이브리드 정신이 필요하다. 인문학적 상상력과 과학적 상상력을
모두 가지고 승부를 걸어야 한다.

개미, 거미, 매미

개미는 끊임없이 땅에서 뭔가를 한다. 그래서 개미는 노동형 인간을 상징한다. 공중에 거미줄을 치는 거미는 지적 인간이다. 인터넷의 www(world wide web)은 세계에 널리 깔린 거미줄이란 뜻이다. 지구상에 쳐진 거대한 은빛 거미줄 위에서 살아가는 시대인 게다. 개미의 시대에서 거미의 시대로 세계가 변하고 있는 거다. 인터넷은 일종의 추상적인 숫자, 형식논리에서 나왔다. 그 형식논리에 걸리는 것만 이 사실이 된다. 지식인들은 제 시스템을 만들지 노동을 모른다. 그게 희랍이 망한 이유다. 거미줄을 쳐 놓고 걸리는 것만 먹는다. 그리스 시대의 철학자, 지식인이 되어서는 안 되는 이유다.

그런데 숫자가 아닌 언어나 종교, 선이나 명상처럼 비언어적인 것으로 초월하는 것이 매미다. 초월하는 존재인 매미는 이슬을 먹고 사는 신선과 같은 존재다. 인간은 이렇게 세 개의 층위, 매미, 거미, 개미로 나뉜다.

매미에게는 다섯 가지 덕이 있다고들 한다. 첫째가 문(文)이다. 매미 머리 쪽을 자세히 살펴보면 반점이 있는데, 여기에 '文'자와 흡사한 무늬가 새겨져 있다. 둘째는 청(淸)이다. 맑은 이슬만 마시고 산다고 하여서 붙여진 거다. 셋째는 염(廉)이다. 쥐나 다른 벌레들은 사람들의 곡식을 갉아먹기도 병균을 옮기기도 하는데, 매미는 사람들이 애써 만든 곡식을 먹지 않으니 해충이 아니라 익충이다. 넷째는 검(儉)으로, 집 없이 평생을 사니 검소하다고 하여 지어진 거다. 매미는 너무도 검소해서 둥지도 없다. 다섯째가 신(信)이다. 매미는 계절을 잘 지켜 철이 되어 나왔다가 철이 지나면 사라진다.

이러한 매미의 오덕을 생활프로젝트로 만든 것이 조선시대로, 지도자나 관리들이 쓰는 익선관의 뒤에 매미의 날개를 본뜬 것을 붙였다. 조선조 500년, 군대도 없고 엄정한 조직도 없는데도 왕조가 500년간 유지될 수 있었던 것은 익선관을 쓰고 매미의 다섯 가지 덕을 본받고자 하는 의지 덕분이었다. 이것이 조선의 '바이오미미크리'다.

다섯째 꼬부랑길

로보틱스

01   '로봇'˙이라는 말은 체코슬로바키아의 소설가 차페크의 희곡
    《로숨의 인조인간》에서 처음 사용됐다. 강제노동을 뜻하는 체
코어 '로보타'˙에서 온 말이다. 쉽게 말해 노예다. 그는 명령한 대로 일을
묵묵히 해나가는 전설 속 진흙 인형 골렘˙에서 영감을 받아 글을 썼다.
차페크는 이 희곡에서 기술의 발달과 인간사회와의 관계에 대하여 아주 비관
적인 견해를 상징적으로 표현한다. 인간의 노동을 대신하기 위해 개발된 로보
타가 인간을 위해 많은 일을 하다가 결국은 인간에게 대항한다는 이야기다.
100년 전 소설인데도 최근 할리우드 로봇 이야기와 그리 다르진 않다.

˙ robot | robota | golem. 히브리어 겔렘(물건의 재료) 혹은 갈미(형질이 이루어지기 전의 상태)에서
  유래된 것으로 본다.

02   로봇이 우리 코앞에 있는 세상에서 100년 전 소설을 꺼내든 건
    알파고를 복기하면서 미처 보지 못했던 새로운 이야기를 발견
했기 때문이다. 사람들은 로숨이 인조인간 로봇을 만들려 했고 만들었다
는 이야기는 잘 알고 있지만, 실제로 로숨 두 부자가 각각 다른 로봇을 만

들려 했다는 사실은 잘 모른다. 나도 복기하다 옛날 책을 다시 읽고 알았다. 알파고 덕분이요, 꼬부랑길 덕분이다.

03 늙은 아버지 로숨은 문자 그대로의 '인간'을 만들고 싶어 했다. 유물론자인 그에게 로봇을 만드는 일은 "하나님이 더 이상 필요하지 않다는 것을 증명하는 일"이다. 그는 10년에 걸쳐 진짜 인간과 똑같은 것을 만드는 데 성공했지만 끔찍한 형상인 데다 사흘밖에 살지 못했다. 반면 아들 로숨은 아버지의 결과물을 비난한다. 그에게 인간이란 "행복을 느끼고, 바이올린을 연주하고, 산책하고 싶어 하는, 실제로 별로 쓸모없는 것들을 많이 필요로 하는 그런 존재"였다.

'쓸모없는 것을 하는 인간'을 대신해 '쓸모 있는 것을 하는 로봇'이 필요했다. 가솔린 엔진을 만드는 것과 똑같이, 생산과정은 최대한 단순해야 하고, 최대한 실용적이어야 했다. 생산적 노동과 직접적으로 관련되지 않은 기능은 전부 내다 버리는 거다.

04 "GDP는 우리 시의 아름다움이나 결혼이라는 것의 장점, 공개토론의 높은 지성과 공무원들의 성실함을 포함하지 않습니다. 우리 아이들의 건강이나 교육, 놀이의 즐거움을 보장해주지 못합니다. 우리의 해학이나 용기도, 우리의 지혜나 배움도, 우리의 헌신이나 열정도 포함하지 않습니다. 간단히 말해서 GDP는 우리의 삶을 가치 있게 만드는 모든 것을 제외하고 측정합니다.˙

GDP에 관해 케네디가 캔자스대학에서 한 연설이다. 100년 전 소설 속 주인공 아들 로숨이 바라본 인간관이나 지금의 GDP로 계산되는 인간관이나 별반 다를 바가 없나.

05 아들 로숨은 오락물인 자동인형을 만들었던 보캉송이 직조기를 만든 것처럼 '발견의 세대' 뒤이어 나타난 '생산의 세대'를 상징한다. 차페크가 글을 쓴 1920년대는 유럽에서도 아동 노동착취가 악명 높던 시기다. 예닐곱 살만 되어도 공장에서 일해야 하던 당시의 사회 상황을 봤을 때, 불평 없이 쉬지 않고 일할 수 있는 인조 노동자가 필요하다고 생각했던 거다.

인조인간 이야기가 그렇게 끝나듯이 이 희곡도 노예들의 폭동으로 종말을 고하게 된다. 반란을 일으켜 사람을 다 죽이니 인간도 로봇도 다 없어진다. 가까스로 생명 하나가 살아나 결혼시키고 생명을 이어간다. 그래서 이 작품의 마지막은 한마디 말로 끝난다.

"생명은 불멸할 것입니다! (일어선다) 불멸하리라! (두 손을 앞으로 펼친다) 불멸!"*

• 카렐 차페크(Carel Čapek), 《R.U.R(로숨의 유니버설 로봇)》, 김희숙 역, 2021.

06 60년 전 다트머스 회의에 모였던 AI 시조이자 1세대들은 아버지 로숨과 많이 닮았다. 1958년 매카시는 튜링이 말했던 생각하는 기계, 튜링 머신의 가설을 실현해보기 위해서 리스프*를 작성한다. 그 제자들이 그것을 프로그래밍 언어로 만들어 실용화하자고 하자 인공지능은 탐구용이지 실용을 목적으로 한 게 아니라고 하면서 화를 냈다.

그러나 현실에서는 언제나 지적 호기심과 탐구가 아니라 실용성을 목적으로 하는 시장주의자가 승리하는 법이다. 아버지보다는 아들 로숨의 로봇이, 매카시가 만든 리스프보다는 그 제자들이 실용적 프로그래밍 언어로 발전시킨 것이 승리하면서 AI도 로봇도 오늘까지 온 게다.

• LISP. 리스트 처리용 프로그래밍 언어

07 생명이 불멸이라고 말하면서도 지금까지 로봇은 산업로봇에 치우쳐 있었다. 그러니 현재 구글을 비롯한 여러 곳에서 만드는 AI 로봇은 종전의 로봇과 다르다. 아들 로숨이 만든 산업로봇이 아닌 서비스 로봇이다. 지금 AI는 아들 로숨이 실패한 그 분야를 하려고 하는 거다. AI 1세대를 지나 2세대들이 시장으로 진출하고 3세대들이 구글 리프트랩스*에서 만드는 손떨림 방지 숟가락이나 눈물 속 당분을 측정하는 구글 콘택트렌즈 등을 봐라. 모두 생명과 관계된 것을 하려는 게다.

이제 우리는 인간의 노동을 대체하던 산업로봇이 서비스 로봇으로 변화하는 시대에 직면하고 있다. 순수한 지적 탐구의 산물 AI는 학교에서 시장, 군사로 옮겨갔다가 다시 평화, 생명 영역으로 들어오고 있다.

• Lift Labs

08 인공지능의 반란이 일어날 거라는 생각은 서양의 콤플렉스다. 나는 이것을 '프랑켄슈타인 콤플렉스 밈'이라고 명명한다. 조물과 피조물의 대립이 서양문명의 내력이다. 이 상극의 드라마는 신화시대부터 오늘날까지 굵은 계보를 이룬다.

히브리 신화(헤브라이즘)의 골렘은 주인의 명령을 충실히 수행하는 머슴이지만, 복잡한 운영규칙을 지키지 못하면 통제 불능이 된다. 꾀를 짜내어 골렘을 죽일 수 있게 되는 순간 쏟아지는 골렘의 진흙에 압사당해 죽어버리게 되는 거다.

이 골렘 전설부터 프랑켄슈타인 이야기까지, 모든 서양의 신화와 소설이

다 피조물이 조물주를 들이받는 이야기다. "신은 죽었다"는 니체의 말이
서구 문명의 특성이다. 애초에 공존할 생각이 없는 게다. 여기서 인공지능
위협설이 나오는 게다.

09 위험하다고 하면서도 왜 그것을 멈추지 않고 알파고까지 이어
왔나. 현재 인공지능이 활동하고 있는 그 분야들을 살펴보면
그 해답이 간단하다.

구글만이 아니라 IBM, 페이스북, 마이크로소프트 등 지금 IT와 관련된 회
사들이 새로운 분야에서 영역을 확장하고 있는 것 중 제일 먼저 눈에 띄
는 것이 의료, 복지, 교육 그리고 엔터테인먼트 등이다. 지금까지 산업주
의, 자본주의에서 가장 투자를 게을리해 온 사각지대인 거다.

금융자본주의의 상징적인 인물 조지 소로스*는 2003년 이런 말을 한다.
"국제무역이나 글로벌 금융시장은 부의 창조에는 아주 우수한 힘을 지니
고 있지만, 평화유지나 빈곤의 경감, 환경보호, 노동조건과 인권 등에 대
한 일반적으로 공공재*라고 불리는 사회적 수요를 충족시키기에는 역부
족이다." 그 분야를 한 마디로 줄여봐라. 생명과 관련된 분야가 아닌가.

• George Soros | 公共財, public goods

10 본래 IBM은 정부의 국세조사나 군사, 병기 등에 관련한 부분을
담당해왔다. 히피나 해커들로부터 빅브라더라고 공격대상이
되었던 그 IBM이 지금 무엇을 하고 있는가. 가장 눈에 띄는 것이 왓슨이
라는 인공지능이고 현재 그것이 하는 일 중에 가장 중요한 게 의약품 개
발, 그리고 암을 비롯한 환자들의 의료정보 서비스다.

왓슨은 건구이 야구과 제휴해서 약을 받아가 사람들의 정보를 모두 빅데

이터로 처리한다. 거기에 전문의학지 42개의 데이터, 60만 건의 임상 결과, 150만 건의 치료기록 등을 토대로 최적화된 치료법을 제시한다. 최신 정보를 스스로 학습하고, 오래되었거나 상관도가 낮은 정보는 버리는 식으로 가장 적합한 데이터를 찾아 제약회사들의 신약 개발까지 제안한다. 아시아에서는 일본이 2016년 전반기, 한국에서는 후반기부터 가천대 길병원에서 왓슨을 도입해 암 환자를 진료하고 치료하는 데 활용한다.

11 산업혁명도 마찬가지였다. 이전의 사회는 말의 힘, 마력*으로 움직이는 사회였다. 그런데 말 사료에 대한 수입 및 수출에 관한 법령으로 제한이 생기고 사룟값이 비싸지니 영국 사람들은 패닉 상태에 빠진다. 인간의 양식을 빼앗아 먹지 않는 말, 그것이 석탄 넣고 달리는 기차다. 제임스 와트*는 이 마력을 증기기관의 힘, 석탄의 힘으로 바꾸었다. 그리고 석유로, 화폐로 사회의 동력은 바뀐다. 이제 비트*가 우리에게는 새로운 동력이다. 이렇게 따지고 보면 지금 인간이 AI, 지능로봇으로 바뀐다는 것은 이제는 비트로 움직인다는 것을 말한다.
말을 대신해 기차와 자동차가 나온 것처럼 산업주의는 인간의 신체를 대신할 기계들을 만들어내고 있다. 모든 문명의 발전은 필요에 의해 생기는 거다.

• 馬力, horse power | James Watt | bit

12 전 세계 산업로봇의 70퍼센트를 점유하던 일본이 현재 추진하고 있는 로봇 산업의 방향을 보면 일본 역시 생명을 향해 가려는 시도를 읽을 수 있다.
일본은 에도시대부터 가라쿠리라는 자동인형을 만들었던 로봇 왕국이다. 당시에 부를 누린 사람들은 손님이 방문했을 때 차를 서비스하는 자동인형을 가지고 있었다. 심지어 나무를 정교하게 조각해 만들어 의상을 바꿔 입으며 그네를 타고 공중제비를 도는 등 스스로의 힘으로 움직이는 인형도 있었다. 그런 로봇 왕국이 거꾸로 후진국이 되어버린 게다. 마치 그들이 시도했던 5세대 컴퓨터가 망하고 반도체 기업들이 망하는 것과 같다. 시대를 읽지 못했던 거다.

13 세계 최초의 애완견 로봇 아이보*는 소니의 로봇 마니아였던 도이 도시타다* 상무가 미국의 '겐기스'라는 6개의 발을 가진 로봇을 보고 힌트를 얻어 만든 애완용 로봇 강아지다. 심지어 로봇 코너가 아닌 '애완동물' 코너에서 판매되었다. 고령화 사회의 일본에서 아이보는 외로운 노인들에게 좋은 친구가 되었다. 배변의 문제나 털 날림의 문제가 없으니 살아 있는 강아지를 키울 때와 같은 번거로움은 없고, 신문을 물어오는 등 강아지 특유의 잔심부름은 쉽게 해내 노인들에게 큰 인기를 끌었다.

아이보는 99년 발매되어 4세대 제품까지 나오고 총 100만 대가 판매되었을 만큼 사회적으로는 큰 화제를 불러일으켰으나 상업적으로는 실패했다.

• Aibo, 동반자라는 뜻 | 土井利忠

14 아이보의 실패는 아무리 귀엽고 심부름을 잘해도 진짜 강아지와 같지 않다는 데 있다. 살아 있는 강아지는 집안을 더럽히고, 아무 데나 똥을 싸고, 제때 밥도 줘야 한다. 귀찮기 짝이 없다. 심지어 더러는 주인을 할퀴기도 한다. 그래도 내다 버리지 못한다. 돌봐주는 것이 사랑이기 때문이다. 개에게 정이 붙는 것은 편안함을 줘서가 아니라 귀찮게 해서다. 그게 바로 생명이기 때문이다. 결국은 사랑이다. 사랑하기 때

문이다. 이 돌봄이 필요하지 않은 것에는 정을 붙일 수 없다. 그래서 아이보는 살아 있는 강아지를 절대 대체할 수 없다. 몇몇 외로운 노인만 키우지 젊은이들은 아이보를 거들떠보지도 않았다. 필요하지 않았던 거다. 이게 영화 〈Her〉의 이야기다. OS가 아무리 잘해줘도, 아무리 다루기 힘든 게 인간이어도, 다루기 쉬운 인공지능에 애정은 생기지 않는다. 아무리 강아지를 잘 흉내 내었다고 해도 아이보는 결국 보캉송의 오리처럼 '똥을 누지 않아' 실패한 게다.

15 먼 데까지 갈 것 없다. 2011년 3월 11일의 일본 후쿠시마를 기억하는가. 쓰나미는 인간의 의지로는 어찌할 수 없는 자연의 힘이었다. 자연이 인간의 문명을 덮쳤을 때의 재앙을 우리는 생생하게 목격했다. 도로가 먼저 붕괴되고 자동차가 먼저 떠내려갔다. 파도는 마치 성난 짐승처럼 인간의 문명을 삼켜버린다. 이것이 자연(自然)이란 것이다. 우리의 마음이나 힘과는 아무 상관이 없는 '타자'의 '힘'다. 저절로다. 자연의 힘이 지나간 후 인공 에너지*인 '원전', 이것이 파괴되기 시작하자 체르노빌과 같은 무서운 재앙이 벌어진 것이다.

* artificial energy. 태양광, 풍력 같은 자연 에너지에 대립되는 화석연료나 원자력 에너지

16 그런데 누가 와서 막았나. 쓰나미가 와서 원전이 파괴되며 생기는 방사능 오염을 막은 것은 미국의 로봇 기술이었다. 인공지능이 와서, 인공 에너지를 통제한다. 인공물에서 인공물, 결자해지*다. 로봇 왕국이라고 한 일본이 정작 자신의 피해 복구는 미국 로봇의 도움을 받았던 게다. 반세기 전 히로시마 원폭을 투하한 것도 미국이었고, 원전 건설에 도움을 제공한 것 또한 미국의 기술이었다. 한때 일본인들은 미국

인을 털 달린 오랑캐,' '원숭이'들로 생각했다. 하지만 후쿠시마 사고 당시 미국의 구호 프로젝트를 뭐라고 불렀나. '도모다찌',' 친구라는 뜻이다. '원자력 동포'들이었던 셈이다.

• 結者解之 | 毛唐人(모당인) | ともだち

17 이 후쿠시마 원전 사태가 일본이 산업로봇에서 서비스 로봇으로 전환하는 계기가 된다. 그래서 로봇에 AI를 이용하기 시작한다. 지금 AI 로봇의 전성시대가 온 데에는 몇 개의 요인이 있다.

우선, 로봇의 개발·제조비용이 크게 떨어졌다. 로봇의 '두뇌'에 쓰이는 고성능 프로세서나 '눈'과 '귀' 같은 지각기관에 들어가는 고성능 센서의 부품 가격이 크게 내렸다. 또 미국의 벤처기업 윌로 개러지'가 개발한 로봇용 기본 소프트웨어 'Ros'가 업계 표준 OS로 무료 제공되었으며, 3D프린터가 보급되어 모크업'을 쉽고 저렴하게 만들 수 있게 되었다. 덕분에 자금력이 없는 벤처기업에서도 큰 리스크 없이 차세대 로봇 개발에 임할 수 있게 된 게다.

로봇 메이커를 둘러싼 사회 환경도 변했다. 선진국에서는 저출산 고령화로 구조적 인력 부족이 우려된다. 이미 의료, 간호 및 물류, 택배, 건설 등에서는 현실로 나타나고 있다.

• Willow Garage | mockup. 실제 양산될 제품과 동일한 형태를 만드는 테스트 완성품

18 AI가 로봇 안으로 들어오니 로봇은 이제 이전의 로봇이 아니다. 일본 소프트뱅크'의 로봇 '페퍼'는 초등학생만 한 몸집에 '이모셔널 엔진''을 탑재, 최초로 사람의 감정을 읽고 반응하는 인공지능 로봇이다. 손정이 회장은 "앞으로 페퍼가 다양한 장소에서 사람과 함께

거주하게 될 것이다"라고 호언장담했다. 페퍼는 산업로봇처럼 캐터필러*
로 움직이지 않고 두 발로 걷는다. 그런데 두 발로 걷는 것이 간단한 인공
지능을 담는 것보다 훨씬 어려웠다.

• SoftBank | Pepper | Emotional Engine | caterpillar(무한궤도, 無限軌道)

19 2006년 처음 대중에게 공개된 일본 혼다의 인간형 로봇 아시
모*는 시연회에서 무대에 설치된 계단을 걸어 오르다가 굴러
떨어져 바닥에 얼굴을 부딪쳤다. 로봇에 큰 결함이 있다는 게 드러난 거
다. 다칠 위험에 처했을 때 본능적으로 머리 같은 중요 부위를 감싸는 것
은 생명체로서는 아주 당연한 행동이다. 하지만 로봇 아시모는 할 수 없
다. 인간에게 너무나도 자연스러운 행위가 로봇에게는 대단히 어려운 일
이라는 거다.
로봇공학자 한스 모라벡*은 "지능 검사나 체스에서 어른 이상의 성능을
발휘하는 컴퓨터를 만들기는 상대적으로 쉽지만, 지각이나 이동 능력 면
에서 한 살짜리 아기만 한 능력을 갖춘 컴퓨터를 만드는 일은 어렵거나
불가능하다"라고 말한다.
지식도 있고 모든 것이 다 되는 호문쿨루스가 시험관 밖에 나오지 못하
듯, 현재의 로봇도 IT와 연결된 특정한 공간 밖으로 나오지 못한다. 1세대
든 2세대든 생명 불멸, 이 고개를 넘지 못하는 거다.

• ASIMO | Hans Moravec

20 산업로봇으로는 전 세계를 제패한 일본이 왜 아이보에서 실패
했을까. 그것은 오늘의 서비스 트렌드를 반영하지 못했기 때문
이다. 그들은 서비스 로봇 시장에 관심이 없었다. 그러나 이제는 실패의

뜻을 알 거다.

서비스 로봇으로 눈을 돌린 일본의 로봇 시장에 아이보 대신 등장한 것이 '팔로'*다. 후지소프트*에서 만든 팔로는 대화형 로봇이다. 이름도 '말하다'라는 프랑스어 단어 'parler'에서 왔다. 그냥 말 상대가 아니다. 팔로는 상대의 표정이나 음성의 억양으로부터 건강상태를 진단하는 역할을 목표로 하고 있다. 딥 러닝을 적용하니 종전보다 훨씬 범위가 넓어지고 대화가 가능해진다. 치매 환자를 대처하는 데는 이야기를 들어주고 말을 시키는 것 이상으로 효과적인 대응방법이 없다. 독거노인과 같은 고령자들에게 가장 절실하게 필요한 존재가 말 상대이기 때문에 2013년부터 고령자 거주 시설에 임대하고 있다.

• Palro | Fuji soft

21 요즘 어떤 나라의 특수부대원들은 작전 중에 잠을 잘 때 로봇을 끌어안고 잔단다. 지뢰 탐색 중에 로봇이 파괴되면 울면서 무덤을 만들어주기도 한다. 자신이 만든 조각상을 사랑했던 '피그말리온'과 같은 현상이 나타난다는 거다. 영화 〈A.I.〉에서는 로봇이 알아서 인간이 됐지만, 지금은 인간이 로봇을 인간으로 만들어버리고 있다. 영국에서는 결혼하지 않고 여성 로봇과 살겠다는 남성들이 나타났다. 이에 대해 '인간의 존엄성을 해치는 생각'이라며 반대하는 운동이 뒤를 이었다.

22 아이보와 페퍼, 팔로, 지뢰탐지용 로봇을 껴안고 잠드는 군인들의 이야기에서 뭘 볼 수 있을까. 성적으로 문란한 키프로스의 여인들에게 혐오를 느껴 이상적인 여인의 조각상을 만들고 사랑하게 된 피그말리온처럼, 인간관계가 제대로 작동되지 않을 때 인간과 기계 사

이의 인터페이스, 관계가 생겨난다. 인간관계보다 기계와의 관계에서 휴머니티를 발견하는 거다.

팔로와 페퍼를 만들었지만, 일본은 독일처럼 여전히 인공지능을 통한 산업주의 4.0 이야기를 하고 있다. 산업으로 가면 아이보처럼 망하고 만다. 지금 일본과 독일은 아들 로숨의 패러다임에서 벗어나지 못한 게다. AI를 제조업의 산소마스크인 줄 아는 사람들은 생명 자본을 모르는 거다.

23 그래서 우리가 할 일이 많다. AI는 인공지*만 가지고도 안 되고 자연지*만 가지고도 안 된다. 우리는 이 인공지와 자연지 양쪽을 다 가지고 있는 양서류인 게다. 서양은 직선, 일본은 원만 가지고 있지만, 우리 태극기를 보라. 직선과 원을 다 같이 가지고 있지 않나. 'or'가 아닌 'and'인 거다. 그래서 이 문화자산을 가지고 가면 희망이 있다는 거다.

한국은 아직 로봇에서 일본에서 뒤지고, 군사, 산업, 서비스 어느 하나를 봐도 IT 강국이라 자부해 온 우리에게 내일은 보이지 않는다. 그런데 우리에게 만약에 모레가 있다면, 이들이 갖고 있지 않은 가장 중요한 자본이 있다. 그게 생명 자본이다.

• 人工智 | 自然智

24 생명이 자본이 되는 시대가 온다. 아니, 이미 왔다. 내가 처음 《생명이 자본이다》라는 책을 냈을 때, 경제학자들은 내가 생명과 경제를 연결하는 것을 비판하고 심지어는 비웃기까지 했다. 그런데 코로나19 팬데믹으로 어떻게 되었나. 국가경제의 핵심적 척도가 GDP 대신 환자 수, 사망자 수로 바뀌지 않았는가. 생명이 이미 자본인 것에 더해, 물

질에 어떻게 생명을 불어넣는지가 앞으로 경제의 핵심 동력이 되는 게다. 그간 내가 힘주어 얘기해 온 디지로그다.

팬데믹 이후 프랑스의 자크 아탈리˙도 《생명경제로의 전환》˙이라는 책을 냈다. 물질 자본이나 금융 자본의 개념이 사회 자본, 문화 자본 그리고 이제는 자연 자본으로 변하면서 '생명이 자본'이라는 사실에 세계인이 눈 뜨게 된 게다.

• Jacques Attali | 《L'economie de la vie》

25 'want'가 어원적으로 결핍을 뜻하고 있는 것처럼 현대인의 욕망은 물질성을 넘어 영혼의 상처에 의한 것이다. 공감 소통의 상호성과 인터페이스의 혁명으로 물질애˙에서 생명애,˙ 생명 기술˙을 바탕으로 하는 새 문명의 징후를 읽는 상상력과 창조의 방법이 필요하다는 거다.

인간이 축적해 온 모든 기술이 끝나는 특이점을 싱귤래리티˙라고 한다. 직선 길로는 진부령 고개를 넘을 수가 없다. 그때 브레이크스루,˙ 터널을 판다. 터널조차도 팔 수 없는 그 지점이 '특이점'인 게다. 기술이 막히는 거다. 그러나 그 고개를 우리의 꼬부랑길로는 넘을 수가 있다. 그 자원이 뭐냐. 끝없는 반전과 지속과 반전을 거듭하면서 꼬불꼬불 넘어가는 생명의 길이다. 생명의 자원인 거다. 우리에게는 생명 자본이 남아 있다. 그들이 가진 것은 기술, 산업, 금융 자본이지만 우리에게는 생명의 꼬부랑길이 있다는 거다.

• 物質愛 | 生命愛 | biomimicry | singularity | breakthrough

다트머스 회의의 주요 인물

다트머스 회의(Dartmouth Conference)는 1956년 다트머스대학의 존 매카시가 주
최했던 학술회의로, 인공지능의 역사에서 가장 중요하게 취급되는 회의다. 회의는
10인의 과학자가 참여해 8주에 걸쳐 워크숍 형식으로 진행되었으며, 'AI의 봄'을 알
리는 계기가 되었다.

존 매카시(John McCarthy)

1972년 컴퓨터과학계의 노벨상이라고도 불리는 '튜링상'을 받았던 컴퓨터과학자,
인지과학자이다. 리스프(LISP) 프로그래밍 언어 창시자이며, 최초로 미합중국과 소
비에트연방 과학자들 간 '컴퓨터 체스' 경기를 주도한 인물이기도 하다.
캘리포니아 공과대학에서 수학을 전공했으며, 프린스턴대학에서 영화 〈뷰티풀 마
인드〉의 실제 주인공으로 유명한 수학자 존 내시와 함께 수학 박사과정을 전공한
이력이 있다. 이후 스탠퍼드, 다트머스대학, 매사추세츠공대(MIT)에서 교수로 재직
했다. 자신이 직접 남긴 글에 따르면 그는 제한된 컴퓨터 환경에서 자유자재로 다
룰 수 있는 '튜링 머신'을 만들기 위해 리스프를 고안했다.

마빈 민스키(Marvin Lee Minsky)

MIT의 인공지능 연구소의 공동 설립자이며, 인공지능 분야를 개척한 과학자.
브롱크스 과학 고등학교를 거쳐 매사추세츠주의 필립스 아카데미에서 공부했다.
1950년 하버드대학교에서 수학 학사학위를 받고, 1954년에 프린스턴대학교에서
수학 박사학위를 받았다. 1958년부터 MIT 교수직으로 재직했다.
1953년에 공초점 레이저 주사 현미경에 관한 이론을 개발해 냈다. 1970년에 튜링
상, 1990년에 일본국제상, 2001년 벤자민 플랭클린 메달을 비롯한 다양한 상을 수
상했으며, 미국 국립 공학 학술원과 국립 과학 학술원 회원으로 활동했다.

다트머스 회의의 참석자들. 윗줄 맨 오른쪽이 존 매카시, 그 왼쪽에 있는 인물이 마빈 민스키다.

허버트 사이먼(Herbert Alexander Simon)

시카고대학교에서 정치학을 전공하고 박사학위를 취득했다. 이후 경영학, 조직학, 컴퓨터 과학, 인공지능, 인지과학, 경제학의 여러 방면에서 교수를 역임했다. 현대 과학의 다양한 영역을 개척해 온 선구자이다.

경제 조직 내부에서의 의사결정 과정에 대한 연구로 1978년 노벨 경제학상을 수상했으며, 튜링상을 비롯해 미국 과학 훈장, 헤럴드 팬더상, 존 폰 노이만 이론상 등등 저명한 상들을 휩쓴 사회과학계의 거물 중에서도 거물로 평가받아온 인물이다.

삶의 미래 연구소

테슬라 CEO 일론 머스크가 1천만 달러를 기부하면서 유명해진 '삶의 미래 연구소'*는 학계와 산업계의 인공지능 연구자들이 인간에게 도움이 되는 인공지능 연구를 위해 자발적으로 결성한 조직이다. 2015년 1월 15일, 푸에르토리코 AI 컨퍼런스*에서 시작되었다.

연구소는 인공지능의 위험을 경고하는 오픈 레터를 올리며 서명을 받았는데, 스티븐 호킹, 닉 보스트롬 등의 석학들과, 빌 게이츠, 스티브 워즈니악, 일론 머스크 등이 함께 이름을 올렸다. 8,600명에 달하는 서명자의 명단에는 캐나다 마피아 3인방의 이름과 딥 마인드 3인방은 물론, 버너 빈지의 이름도 눈에 띈다.

이 '오픈 레터' 형식의 경고문은 첨단 인공지능 연구가 오로지 긍정적인 차원에서 이루어져야 하며, 그렇지 않은 것에 대한 연구는 제한되어야 한다고 주장한다. 또한 "인공지능 체계를 우리가 원하는 데로 조절할 수 있어야 한다"라며 "인공지능이란 분야에 크나큰 잠재력이 있기 때문에 그 장점을 살리기 위한 연구가 중요하지만, 그와 관련된 실수를 피하는 것도 중요하다"라고 말하고 있다.

미래학자나 SF 소설가와 과학자들이 예측하고 그렸던 미래가 거의 눈앞에 다가와 있고, 그들이 예측한 미래는 그다지 긍정적이지 않다. 그러니 업계의 투자자들은 종말까지는 아니어도 인공지능의 위험성에 신경을 써야 할 때가 왔다고 경고하는 것이다.

* FLI(Future of Life Institute) | AI Safety Conference in Puerto Rico

오픈에이아이(OpenAI)

오픈에이아이 로고

2015년 12월 일론 머스크를 주축으로 AI 기술 전문기업들에서 모금한 약 10억 달러(한화 1조 2천억 원)의 연구 자금으로 연구를 시작한 초대형 비영리 인공지능 연구소가 'Open AI'다. 이 비영리 법인의 공식 후원자는 링크드인의 리드 호프먼 회장, 피터 틸, 제시카 리빙스톤, 아마존 웹서비스, 인포시스 등이 있다.

이 연구소 멤버는 대부분 딥 러닝의 대가들로 되어 있다. 초대 연구소장은 힌튼의 DNN 리서치의 공동 창업자인 일리야 수츠케버이 *이며, 여기에 캐나다 마피아 3인방의 한 명인 요슈아 벤지오 *가 고문으로 참여하고 있다.

이들의 장기 목표는 "인간의 의지와 사고력으로 할 수 있는 일이면 뭐든지 할 수 있는 범용 인공지능을 만들되 인간을 대체하는 것이 아니라 인간의 모자라는 점을 보충하는 이타적 기술개발"이다. 또 'AI의 폭주 *를 사전에 막는 솔루션도 연구 중이다.

일론 머스크는 "우리(OpenAI)의 연구는 재정 의무 혹은 부채로부터 자유롭기 때문에, 인간에게 긍정적인 영향를 주는 데 보다 집중할 수 있다"며, "AI는 각 개인의 의지의 확장에 초점을 맞추어, 누구나 넓고 공평하게 사용하되 가능한 안전해야 한다고 믿는다"라고 말한다.

이들이 꿈꾸는 AI는 "창의적이고, 꿈을 꾸고 그리며, 이 세상을 인간과 같이 경험하도록 하는 것" *이다.

- Ilya Sutskever | Yoshua Bengio | AI apocalypse | "to be creative, to dream, and to experience the world"

여섯째 꼬부랑길

규소 인간의 반란

01　알파고의 이벤트가 서울에서 열리기 직전, 나는 이미 《와이어
드》에서 그것을 소상히 소개한 특집 기사를 읽었다. 오늘날 우
리가 화제로 삼는 인공지능의 위협설도 《와이어드》에 등장한 지 20년이
넘었다. 2000년 4월호에 소개된 빌 조이˙의 논문 "미래는 왜 우리를 필요
로 하지 않는가"˙˙가 그것이다.

빌 조이가 누군가. IT를 주도해온 글로벌 오피니언 리더다. 바로 썬마이크
로시스템즈˙의 공동창업자이고 빌 클린턴 대통령이 임명한 미국 '정보기
술에 관한 대통령 자문위원회'˙˙의 공동의장이 아닌가. 빌 조이의 논문에
서 말하는 미래는, 제목이 암시한 대로 인간이 필요 없게 되는 세상. 그건
로봇 틈새에서 살거나 아예 우리가 로보캅처럼 사이보그가 되어버린 세
상이다. 인공지능이 인간을 대신하는 미래. 원폭이 떨어지지 않아도 인류
의 끝장이 난다.

• Bill Joy | "Why the future doesn't need us" | Sun Microsystems | Presidential Information
　Technology Advisory Committee

02 20세기를 지배한 기술의 원천은 모두가 전쟁에서 비롯된 거다. 원자 핵무기 Atomic의 'A', 탄저균 같은 생물 병기 Biological 의 'B', 독가스의 화학 병기 Chemical의 'C'. ABC로 대표된다. 어려울 것 없다. 쉽게 말해 인류를 몰살할 수 있는 기술인 거다.

그런데 21세기에는 더 무서운 일이 벌어진다는 거다. ABC가 GNR의 새로운 기술로 바뀐다는 이야기다. 대체 핵보다 세균보다 독가스보다 더 무서운 살인 병기가 뭔가. 뜻밖에도 그것은 군사 무기라기보다 우리가 보라색 꿈을 꾸고 있는 미래의 첨단 기술이라는데 놀라움이 더 크다. G는 유전 공학(Genetics), N은 나노 기술(Nano-technology), 그리고 마지막 R은 로봇공학 (Robotics)이다.

03 이 기술이 합쳐지면 하나의 생명체를 만들 수 있다는 거다. 거기에 브레인 역할을 하는 AI까지 들어가면 원폭의 버섯구름이 뜨지 않아도 인류는 죽는 줄도 모르고 이 지상에서 사라진단다. 오늘의 인간과는 전혀 다른 인조인간들이, 역시 우리가 잘 모르는 세상을 만들어내는 미래가 온다는 거다. 그 기술로 인간 자신이 아예 로봇이 되어버리는, 인간이라는 것이 필요 없는 세상이 되어버린다는, 그래서 아예 인류 멸망이 온다는 말이다. 그러니 로봇공학의 힘으로 영생불사를 누리게 된 인간은 이미 '인간적 존재'는 아닐 것이다. 이게 빌 조이의 입에서 나온 말이다.

04 "물은 잠잠하다가도 100도의 비등점이 되면 갑자기 끓는다. 인공지능과 같은 기술도 갑자기 어느 날 인간이 감당할 수 없는 상태로 비약한다. 그 지점을 '싱귤래리티'라고 한다고 했다. 인공지능에

서 싱귤래리티의 개념을 본격적으로 사용한 사람은 버너 빈지 *다. 그는 1993년에 발표한 논문 "다가오는 기술적 특이점"* 에서 생명공학과 신경 공학과 IT 기술의 발달로 인해 30년 이내에 인류의 지능을 초월하는 인공 지능이 출현하면서 인간의 시대가 종언을 맞을 것이라고 예언했다. 커즈 와일은 이예 싱귤래리디는 2045년이라고 못 박았다.

• Vernor Vinge | "The Coming Technological Singularity: How to Survive in the Post-Human Era"

05 '싱귤래리티는 기하급수적으로 온다'는 말은 언뜻 이해하기 힘 들다. 그래서 이왕이면 모네의 아름다운 그림 속 수련으로 설 명해보자.

열흘간 어디를 다녀와 보니 없던 수련이 연못의 절반을 덮고 피어 있었 다. 하루 2배씩 성장하는 이 수련이 연못을 모두 채우려면 며칠이 걸릴 까? 연못의 절반을 덮는 데 열흘이 걸렸으니 나머지 반을 덮는데도 열흘 이 걸릴 것이라는 건 오답이다. 정답은 바로 다음 날이다.

인공지능은 혼자 피는 꽃이 아니다. 다른 인접 기술들과 서로 어울리면 시너지 효과가 생기고 그게 산술적인 발전이 아니라 기하급수적으로 옮 겨간다. 지금까지 그래왔다. 그게 '무어의 법칙'이다. 생귤래리티는 오는 것이 아니라 들이닥치는 것이다.

06 싱귤래리티라고 우리가 이야기하는 것은 미래 연구에 있어서 정확하게 신뢰할 만한, 인류 기술개발의 역사에서 추측할 수 있는 미래 모델의 한계점을 의미하는 것이다. 인간의 모든 예측은 그 지 점에서 끝난다. 그 싱귤래리티를 넘어서면 기술이 어떻게 변하며 그에 따

모네, 〈수련〉, 1914~1917.

라 인간들이 어떻게 생활하게 될지를 누구도 예측할 수 없다. 어찌 됐든 인공생명이 인류의 가장 큰 문제가 되리라는 건 분명해 보인다.

07　앞서 자동피아노 속 골판지에 구멍을 뚫던 민스키는 "인간은 탄소로 된 컴퓨터다"라고 말한 적이 있다. 이 말을 뒤집으면 AI 는 규소, 실리콘으로 된 인간, 생명이다.

그러면 그렇지. 질 들뢰즈˚가 카트린느 클레망˚과의 대담에서 한 말, "인 공지능이란 탄소 생명체에 대한 실리콘 생명의 복수"라는 그 난해했던 이야기가 떠오른다.

"오늘날 우리는 아주 흥미 있는 무엇인가와 마주치게 되었다. 그것은 실리콘(규소)의 복수다. 생물학자들은 어째서 생명은 규소보다 탄소에 의해 '전해져' 왔는지 궁금하게 여겼다. 근대의 기계의 생명은 실리콘을 타고 전해진다. 그것이야말로 비-기관적 생명인 거다. 탄소의 기관적 생명과는 구별되는 생명인 것이다."*

오늘날처럼 인공지능이 화제가 되기도 전에 이런 이야기를 한 게다.

• Gilles Deleuze | Catherine Clément |《L'Arc》49호, 1980. 99~102쪽

08 지구상의 모든 생명체는 탄소*로 이루어져 있다. 지구상에 0.2 퍼센트밖에 안 되는 원소가 모든 생명체를 이룰 수 있는 이유는 탄소의 화학적 다양성을 바탕으로 많은 탄소화합물이 존재할 수 있기 때문이다.

규소*는 탄소보다 훨씬 더 풍부한 원소이지만 천연에는 매우 드물게 순수한 요소로 존재한다. 고순도의 규소는 컴퓨터, 핸드폰과 같은 반도체 전자 장치에 사용된다. 수년 전부터 규소 생명체가 존재하냐는 질문을 많은 과학자가 던져왔다. 탄소와 닮은 점이 많은 규소로 만들어진 생명체가 가능할까?

• Carbon | Silicone

09 여기서 재미있는 상상을 해본다, 규소의 입장에서. 규소는 화날 것이다. 자신들과 비슷한 형태를 지닌 탄소들은 지구에서 생명체를 탄생시키는데 왜 자기는 안 될까? 규소들이 이에 대해 '복수'를 하는 방법이 바로 반도체를 이용한 오늘의 컴퓨터요, 그 속에서만 태어나

살 수 있는 인공지능이다. 실리콘이 인간으로 치면 세포요 자궁인 게다. 규소 생명체는 멀하자면 컴퓨터의 0과 1을 사용해 만든 숫자의 생명체, 인공생명이라고 할 수 있다.

10 우리 인간의 몸 안에는 미토콘드리아가 있다. 재미있는 게 여자가 남자한테 수정을 받고 배란해서 생명을 만들 때, 원래 가지고 있었던 미토콘드리아가 아닌 다른 미토콘드리아는 다 죽여 버린다. 그래서 남자의 DNA는 계속 희석되어 자기 조상이 누구인지 모른다. 하지만 엄마의 미토콘드리아는 계속 유지되어서 몸속의 DNA는 모두 여자의 DNA로 만들어져 있다.

11 프로메테우스는 남성의 신이다. 프로메테우스적 문화는 기술을 기반으로 하고, 한계를 모르는 성격을 띠고 있다. 심리학적 관점에서 흥미로운 것은 인조인간 제작에 간여하는 주인공들이 주로 '남성'이라는 점이다. 여기에 대해 몇몇 연구자들은 유기적인 생명을 창조할 수 있는 여성의 능력에 대한 불안감, 즉 출산에 대한 질투에서 불멸성과 보편성을 얻기 위한 행위로 해석한다. 그래서 남성이 인공적인 것을 만들면 만들수록 그 피조물은 점점 더 자연과의 접점을 상실하고 마는 게다. 여자는 생명을 만드는데 남자들은 큰소리만 치고 창조하는 게 없다. 그래서 생명 대신 만든 게 법이고, 학교이고, 제도인데 그게 생명만 하겠는가? 그래서 메리 셸리는 빅터 프랑켄슈타인이라는 한 물리학자가 인조인간을 만든 이야기를 쓴 거다. 슬픈 얘기다.

12   과학을 맹신하는 프랑켄슈타인은 인간의 지혜로 생명체를 만들 수 있다고 믿는다. 그래서 만들고 나서 보니 그 결과는 괴물이다. 얼마나 기가 막히는가. 희랍어 자연이란 말은 출산한다는 뜻을 가진다. 자연이 만든 생명체는 아름다움과 조화가 있는데 인간이 만든 생명체는 괴물에 불과했던 거다. 100년 200년밖에 안 되는 인간의 과학기술로 만든 생명이, 신이 만든, 적어도 38억 년 동안의 긴 세월을 통해 만들어진 생명과 비교가 되나.

《파우스트》에서 탈레스가 한 말이 있다.

"생명은 그리 갑작스레 만들어지는 것이 아니다. 과학적으로 35억 년의 긴 세월을 필요로 하는데, 그걸 플라스크 속에서 간단하게 만들려고 하는 게 악마의 속도다." '악마적 속도' * 는 는 이탈리아 말 빠르다, 신속하다를 의미하는 베로체 * 와 타락천사 악마 루시퍼 * 를 조립한 괴테의 조어다. 인간이 되려면 시간이 걸리는 법이다.

* veloziferisch | veloce | Lucifer

13   "인공지능이 인간의 지능을 넘어서면 그다음엔 어떻게 되지?" 라고 흔히들 묻는다. 그런데 우리가 인공지능에 대해서만 모르는 게 아니다. 당장 내일 어떻게 되는지도 아는 사람이 없다. 똑같은 문제이다. 그런데도 우리는 살아간다. 불확실하고, 내 자신임에도 나 자신을 믿을 수 없고, 남들은 더 말할 것도 없다. 그리고 우리나라의 정치, 경제도 내일을 모른다. 한 치 앞을 못 본다. 우리가 그 속에서 살아가고 있는 것이다. 인공지능이든 인간의 지능이든 생체든 물체든 내일을 전혀 예견할 수 없는데, 스스로 예측해서 그것을 전제로 미지의 암흑 속으로 나를 내던진다.

14 인공지능만의 문제가 아니다. 우린 그렇게 살아왔다. 그런데 왜 그것을 걱정하는가. '걱정해서 될 일이 아니다', '걱정해야 한다.' 이 둘 모두 아니다. 바로 지금 내일을 알 수 없는 이 순간의 긴장 속에서도 최선의 것을 하루하루 선별하는 힘과 순발력이 있어야 한다.

그런데 인공지능의 미래와 관련한 소동은 모르는 장면들이 계속 나오니 30분 늦게 영화관에 들어온 관객인 우리에게 더 난해하고 어렵고 힘든 거다. 만약 우리가 이것을 예고편부터 봤더라면 좀 더 차분할 수 있었을 게다.

앞뒤 모르는 그 상태에서 유일하게 적응할 수 있는 길은 순발력이다. 아무것도 모르는 심연 속에 내던져졌을 때, 주어진 시나리오가 작동하지 않았을 때 그때 한국인은 강했다. 정부가 주도하는 장기 계획들은 거의 다 실패했지만, 재난이 벌어지고 뜻하지 않은 일이 벌어졌을 때 순발력 있게 대응하는 한국인의 재주는 세계인들이 다 인정한다. IMF 때도 그랬고 이번 코로나 팬데믹에서도 그랬다. 슬프고도 자랑스러운 이야기이다.

15 한국 사람이 위기에 강하다는 말은 바로 순발력 때문이다. 기획력보다는 순발력이 강하고 경쟁력보다는 생존력이 강하다. 소나무와 펭귄은 경쟁력이 약하기 때문에, 아무도 살지 않는 추운 극지에서 벼랑과 바위틈에서 자기 생존력을 확보한다. 그게 한국이 살아왔던 방식이다.

그런 한국인들이 지금 AI에 열렬한 관심을 갖는 건 어째서일까. 인공지능이 사람의 지능을 초월하는, 2045년 전후의 문제가 아니라는 것을 그들은 본능적으로 안 게다. 지금, 혹은 앞으로 수년 후의 문제다.

미래는 왜 우리를 필요로 하지 않는가

빌 조이가 2000년 《와이어드》에 발표한 논문 *에는 인공지능의 급속한 발전에 대해 심각한 우려를 담고 있다. 우려라기보다는 경고에 가깝다. 제목에서 암시하듯 빌 조이는 기술의 발전이 가져올 미래를, 머지않은 시기에 닥쳐올 전 인류적 재앙이라는 관점으로 바라보고 있다. 이 논문이 발표되자 미국의 학계는 충격에 빠졌고 전 세계에 파문을 불러일으켰다.

빌 조이의 논문이 실린 《와이어드》의 표지

독일의 대표적 일간지의 하나인 《프랑크푸르트 알게마이네 차이퉁》은 논문의 전문을 번역하여 게재함으로써 이 논문의 메시지에 주목했고, 영국의 세계적 환경잡지 《에콜로지스트》는 빌 조이와의 대담을 특집 기사로 다루었다. 그뿐 아니라 미국 스탠퍼드대학은 빌 조이를 초대해 '기술의 장래와 인간의 운명'에 관한 포럼을 개최하고 1,000여 명의 청중이 운집한 가운데 그의 견해에 관해 치열한 논쟁을 벌였다.

그 논문의 몇 대목을 다시 읽어본다.

> "이 새로운 기술들의 엄청난 힘을 고려할 때, 우리는 그것들과 어떻게 하면 가장 잘 공존할 수 있을지를 물어야 하지 않을까?
> 로봇의 꿈은 첫째, 지능을 가진 기계가 우리를 위해 대신 일을 해주고, 그리하여 우리는 여가의 삶을 누리며 에덴으로 되돌아갈 수 있으리라는 것이다. 두 번

째 꿈은 우리가 점차로 로봇 기술로써 우리 자신을 대체하여, 우리의 의식을 다운로드시킴으로써 거의 영생불사를 성취하겠다는 거다. 그러나, 우리가 우리의 테크놀로지 안으로 다운로드 될 때, 그때부터 우리가 우리 자신이나 또는 심지어 인간으로 존재할 수 있는 가능성이 있을까? 로봇으로 존재한다는 것은 우리가 지금 이해하고 있는 것과 같은 의미의 인간적 존재는 아닐 것이고, 로봇이 어떠한 의미에서도 우리의 자식들이 될 수는 없을 것이며, 또 이 길을 따라갈 때 우리의 인간성이 상실되어버릴 것이라는 건 내게 매우 가능성이 큰 것으로 보인다."

- Bill Joy, "Why the future doesn't need us", 《와이어드》, 2000년 4월호

커즈와일의 싱귤래리티

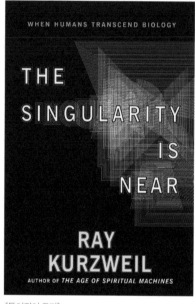

《특이점이 온다》

미국의 유명한 발명가요, 인공지능 학자 레이먼드 커즈와일*이 2011년에 출간한 저서 《특이점이 온다》*에서 제시한 미래상은 다음과 같다. "법칙으로 대표되는 정보기술, 유전자공학, 로봇공학, 나노기술, 인공지능의 기하급수적인 성장으로 인해 인류는 마침내 2045년에는 특이점, 싱귤래리티*에 이르게 된다. 인류의 두뇌보다 훨씬 지능적인 지능을 가진 AI가 인류에게 모이고, 사람들은 다른 나노로봇들을 체내에 집어넣어 육체를 보강하고, 세계의 모든 지식은 빛의 속도로 공유되고 지능이 극적으로 확장된다.

이 내용을 조금 정리해 나가면, 특이점은 우리가 설정한, 우리가 알고 있는 기준점을 넘어선 것을 말한다. 세상에 일정한 기준이 있으니까 우리가 그 세상에서 사는 게다. 그런데 변화가 그런 기준점을 넘어서면 모든 게 뒤죽박죽이 된다. 예를 들어 수학적으로는 한 함수에서 답이 정의되지 못하는 특수한 점(좌표, 숫자)이라든가, 우주물리학에서는 블랙홀의 중심에서 밀도나 중력이 무한대가 되고 일반 상대성 이론이 적용되지 않는 것과 같다. 쉽게 말해 싱귤래리티의 세계는 우리에게 울타리 없는 허허벌판의 광야다. 그 시점에서 인간은 어디가 동이고 어디가 서인지 알 수 없는 곳에 이른다.

커즈와일이 제시하는 싱귤래리티도, 이 블랙홀의 이미지에 가깝다. 우주물리학의 관점에서, 블랙홀 주변의 '사건의 지평선'이라고 불리는 어떤 경계를 넘은 물질은 광속 이상의 탈출속도(사실상 불가능)가 없으면 빠져나오지 못하고 블랙홀로 빨려 들어가고 만다. 그리고 블랙홀 바깥에서는 빛이 탈출할 수 없기 때문에 지평선 너머를 보는 것은 불가능하다. 즉 싱귤래리티(특이점)는, AI를 필두로 한 다양한 과학기술의 지수 함수적 성장이 관측의 극한에 달하는 점이라고 할 수 있다.

• Raymond Kurzweil | 《The Singularity is Near: When Humans Transcend Biology》 | Singularity

레이먼드 커즈와일

11

인터페이스 고개

모든 사물에 모성을 집어넣어라

'나와 너' 사이

01 인터페이스란 인간(아날로그)과 컴퓨터(디지털)의 접촉면이다.
어려운 이야기 할 것 없다. 찻잔이 뜨거워 만질 수 없을 때 손잡
이를 달아주면 해결된다. 쥘 수 없는 뜨거운 잔과 나 사이의 경계를 사라지
게 하는 손잡이가 바로 인터페이스다. '당신과 나 사이에 저 바다가 없었다
면'으로 시작하는 옛 유행가 *의 그 '바다', 또는 영화 〈인터스텔라〉 *에서
이별한 아버지와 딸을 이어주는 '책장'이 곧 인터페이스다.
아이폰이 우리에게 가져온 변화를 한마디로 요약하면 '인터페이스 혁명'
이다. 아이폰은 140년 가까이 타이프라이터 * 시대부터 사용해온 키보드
를 기기에서 떼버리고 화면을 키웠다. 그리고 손가락으로 모든 것을 할
수 있도록 디자인했다. 내 몸과 맞닿은 디지털 세상이 펼쳐진 셈이다. 전
세계가 아이폰을 기억하고 열광하는 것은 기계와 인간 사이를 가장 가까
운 인터페이스로 연결해주었기 때문이다.

• 남진, 〈가슴 아프게〉 | 〈Interstellar〉, 2014. | typewriter

02   어찌 보면 지금까지 모든 기기, 문명, 컴퓨터, 새로 생긴 것들
은 항상 낯설고 사용자와 사이가 껄끄러웠다. 1946년 세계 최
초의 컴퓨터 에니악*은 그 무게가 30톤에 달했다. 자리에 고정된 유선 전
화기, 전화만 걸리는 휴대전화, 필름을 갈아 끼우는 카메라가 그랬다. 그
런데 아이폰이 모든 인간이 쓰는 기계와 인간 사이의 벽을 넘었다. 디지
털과 아날로그의 경계가 홍해처럼 갈라지면서, 누구나 건널 수 있는 기적
의 인터페이스 길이 드러난 거다. 이 인터페이스 혁명으로, 일찍이 내가
2006년 중앙일보 신년 연재 〈디지로그 시대가 온다〉를 통해서 선언한 '디
지로그의 미래'가 현실에 다가왔다.

• ENIAC(Electronic Numerical Integrator And Computer)

03   그동안 컴퓨터 하드웨어는 급속히 발전했지만, 인터페이스는
정체돼 있었다. 실제로 컴퓨터와 인간을 이어주는 인터페이스
인 키보드는 150년 전에 발명된 것을 아직도 그대로 쓰고 있다. 지금 우
리가 사용하고 있는 쿼티 키보드만 해도, 100년 전 마크 트웨인이 소설
쓸 때 치던 타이프라이터 키 그대로다. 컴퓨터도 달라지고 사람도 달라
졌는데, 그 사이의 키보드는 어째서 그대로였을까. 사람과 컴퓨터 사이의
'유저 인터페이스'에 관심이 없었기 때문이다. 컴퓨터와 인간을 연결하는
인터페이스(키보드)는 어느 한쪽의 진화만을 따라갈 수 없다. 그래서 오늘
날에도 영어에서 가장 많이 사용하는 'A'자를 제일 작고 약한 새끼손가락
으로 찍어야만 하는 바보짓을 대물림하고 있는 거다.

04   여기에 손을 댄 게 바로 스티브 잡스다. 130~140년 동안 불편
했던 쿼티 키보드를 없애준 고마운 은인 아니겠는가. 아이폰의

출발이다. 스티브 잡스는 오래전부터 사람과 기계(컴퓨터)의 인터페이스에 착안해 사이좋게 놀았던 사람이다. 아이폰에 커넥터 단자가 없고, 노트북이나 모바일 기기의 배터리가 10시간 이상 지속하게 된 것도 그의 작품이다. 사람들이 가장 불편해하고 있는 것을 빨리 포착한 것이다. 즉 커넥터가 작은 것 같지만 불편한 깃을 불편하지 않도록 앞뒤 없이 만들어주는 마음, 스티브 잡스가 실리콘밸리에서 아이폰을 만들 때 한 말이 있다. "모든 사물에 모성을 집어넣어라." 어머니는 그 자체로 인터페이스다. 포용하고 끌어안고 하소연 들어주고…. 또한 디자인은 인터페이스를 만들어주는 핵심 파워다. 길이 나쁘면 왕래가 어려워지는 법이다. 쓰기 힘들고 정이 안 붙는 디자인은 사람의 마음을 끌지 못한다.

05 "우리 인간은 궁극의 포인팅 디바이스인 손가락을 가지고 있습니다. 아이폰은 그 손가락을 써서 마우스 이래 가장 혁명적인 '유저 인터페이스'를 실현했습니다."

2007년 1월 아이폰을 발표하면서 잡스는 이렇게 말했다. 그런데 잡스가 한 이 말을 기억하는 사람이 누구 있었나. 내가 아는 한은 없는 것 같다. 마우스 이래 가장 혁명적인 인터페이스를 실현했다고 직접 말한 것을 놓치고서 이러니저러니 하면서 상찬을 하고 있다. 이것은 디지로그나 유저 인터페이스의 면에서 보고 있는 사람이 없다는 거다. 나는 '아이폰이 유저 인터페이스를 혁명한 것이다'라고 예전부터 얘기해왔다. 이번에 자료를 보다가 스티브 잡스 자신이 그렇게 얘기했던 것을 보고 놀랐다. 유저 인터페이스가 얼마나 중요한지 아직도 사람들이 잘 모른다. 구글이 AI 회사인 것을 모르는 것처럼. 그걸 내가 얘기하고 싶은 거다.

06 여기서 잠깐 고개를 돌려보자. 육지와 바다를 연결한 '컨테이너'도 일종의 인터페이스 혁명이다. 육지 입장에서 보면 바다는 교통의 장애물이다. 거꾸로 바다 입장에서 보면 육지가 교통의 장애물이다. 그래서 육지를 달리는 트럭과 바다를 달리는 선박은 전혀 별개의 것으로 취급됐다. 물건을 수송하던 트럭이 해안에 이르면 나 몰라라 항만에 부려놓으면 그만이었다.

07 그런데 선박에 옮겨 싣는 과정에서 자주 물건이 깨지거나 분실되곤 했다. 하역하다가 사람이 다치는 경우도 다반사로 일어났다. 결국에는 운송비용이 늘어나서 아무리 싸게 팔아도 현지에 가면 가격이 올랐다. 제대로 무역이 될 리 없다. 그러다 한 트럭 운전사의 아이디어가 모든 상황을 바꿔 놓는다. 그는 육상과 해상 수송의 인터페이스를 바꿨다. 수송비도 줄이고 시간도 절약할 수 있는 인터페이스. 그것이 바로 컨테이너다. 한국 경제가 어려울 때마다 수출을 통해 위기를 돌파할 수 있었던 것도, 집에서 칠레산 포도주를 쉽게 마실 수 있게 된 것도 사실은 모두 컨테이너 때문인 거다.

08 인터페이스는 '나와 너' 사이에 있기 때문에 전문가가 따로 없다. 그래서 트럭 운전사가 자신이 하고 있던 일의 불편을 해소하려다가 '무역의 총아' 컨테이너를 만들어 낼 수 있었던 거다. 덕분에 해양에 기반한 국가가 함포 하나 쏘지 않고 대륙에 기반한 국가를 한순간에 추월할 수 있었다. 이 인터페이스에 관심만 가져도 세상이 달라진다는 게다.

09   스마트폰이 천지인 지금 세상의 많은 것들이 달라졌다. 인터페
이스 혁명 이전, 즉 실체 개념이 지배하던 사회에서는 활자도
컴퓨터도 지배자의 전유물이었고, 그래서 빅브라더가 존재했다. 메인 프
레임 같은 컴퓨터는 주로 관청이나 대기업에서 사용했다. 그러나 아이폰
을 만든 스티브 잡스는 조지 오웰이 빅브라더가 세계를 지배하게 되리라
는 1984년 바로 그해 매킨토시 컴퓨터를 만들어 그 관계를 역전시켰다.
그 광고 문구가 인상적이다. "애플 컴퓨터가 매킨토시를 출시할 겁니다.
그리고 여러분은 1984년이 소설《1984》와 다른 이유를 알게 될 겁니다."•
워싱턴으로 몰려들던 사람들이 실리콘밸리로 가는 세상, 오히려 민중이
관료체계를 감시하는 역류 현상을 만들어 낸 것이다.

• "Apple Computer will introduce Macintosh. And You'll see why 1984 won't be like '1984'"

10   컴퓨터 하는 사람들에게는 그립게 느껴지는 사람. 'PC의 아버
지'라고 불리는 사람이 앨런 케이•다. 이 사람은 오늘날 노트
북, 손안에 들어오는 그런 것이 나왔을 때 컴퓨터는 비로소 제 역할을 한
다고 주장한 사람이다. 활자를 발견한 구텐베르크 혼자 르네상스를 가져
온 게 아니다. 활자 인쇄술만으로는 한계가 있었다. 구텐베르크의 인쇄본
이라는 것은 커다란 양피지에 인쇄한 것이다. 그 큰 책을 들고 말을 탈 수
있나. 이것을 줄여서 작은 판형으로 만든 사람이 이탈리아의 알도 마누치
오•다. 르네상스가 호주머니에서 나왔다고 해서 '호주머니 속의 르네상
스'라고도 한다.

• Alan Curtis Kay. 미국 전산학자로 처음으로 PC라는 개념을 제시했다. | Aldo Pio Manuzio

11 이 앨런 케이는 마누치오와 같은 역할을 했다. 스티브 잡스가 애플을 만들게 된 것도 앨런 케이의 생각이었다. IBM에서 만든 메인 프레임이라는 것은 관청, 기업, 공무원들, 연구소 등 큰 기관에서 공공용으로 쓰인다. 잘못하면 정보를 전부 손에 쥐고 있는 빅브라더가 탄생한다. 그러나 한 사람 한 사람이 컴퓨터를 가지고 있다면 반대로 된다. 오히려 빅브라더를 이쪽에서 감시할 수 있다. 개인끼리 네트워크를 만들면 메인 프레임보다도 더 많은 역할을 할 수 있는 거다. 그게 오늘날의 인터넷이고 컴퓨터고 스마트폰이다. 이렇게 '다운사이징' 하면서 우리 호주머니 속으로 들어온 거다. 르네상스가 호주머니에서 나왔듯이. 앨런 케이라고 하는 한 사람의 인사이트가 얼마나 큰 줄기를 만들었나. 문명의 흐름을 정확하게 잡는 사람이다.

12 여기서 잠깐 멈춰보자. 한국인이 최초로 만난 기계는 무엇이었을까. 바로 재봉틀이다. 우리는 재봉틀을 보며 최초로 기계의 경이로움을 느꼈다. 지금은 찾아보기 힘든 물건이 되었지만, 70~80년대만 해도 열의 아홉 가정마다 들어가 있었다. 한창때는 혼수 목록에서 빠지지 않았을 정도다. 그런데 이 재봉틀이 애초에는 공업용 제품이었다. 그것이 가정에 들어오니 인터페이스가 생겨난 거다. 크고 각지고 못생긴 재봉틀이 우아한 곡선미를 가진 멋진 외형으로 다시 태어났던 게다.

13 공장의 산업로봇은 사람이 옆에 갔다가 다치지 않도록 유리 안에 들어 있다. 또는 쇠줄에 묶여 있다. 하지만 가사 로봇은 그렇지 않다. 산업로봇이 가정으로 오려면 인터페이스가 있어야 한다. AI와 같은 기술, 기계적 인터페이스는 물론, 마음의 인터페이스도 있어야 한다.

그런데 서양은 기술적 인터페이스만 한다. 우리는 아날로그적 인터페이스를 심어줄 수 있다.

14 이렇게 보면 인간과 기계의 상호작용*이 가장 중요하다. 인간과 기계의 인터페이스를 고침으로써 완벽하게 되는 거다. 기세를 아무리 발전시켜봐야, 또 프로그램을 아무리 발전시켜도 결국은 사람과의 관계가 중요한 거다. 그래서 인공지능과 컴퓨터 연구는 결국 휴먼 인터페이스로 방향이 전환되는 거다. AI가 주목받는 것은 AI 그 자체가 아니다. 인터페이스 혁명이라는 점에서다. 공장에 있던 산업용 미싱이 집집마다 들어오면서 인터페이스라는 개념이 생겨나듯이.

• HCI(Human Computer Interaction)

15 다시 아이폰, 아니 지난 15년간 사용한 스마트폰을 보자. 우리는 스마트폰을 통해 각종 서비스를 편리하게 제공받고 있다고 생각한다. 하지만 스마트폰을 오고 간 서비스와 정보의 흐름에 대해서 생각해 볼 때, 되려 우리가 구글이나 삼성, 애플 등에 엄청난 정보를 제공해 온 거라는 사실을 알게 된다. 영어 단어 '애셋'(asset)에는 자산이란 뜻도 있지만 '정보제공자'란 뜻도 있다. 디지털 언어로 변환된 모든 아날로그 세계에서의 체험이 클라우드 속으로 들어간다. 그게 빅데이터가 되는 거다. 지금도 수십억 사람들이 한 번씩 클릭할 때마다 기업의 데이터 센터에 축적되며, 이는 고스란히 기업의 자산으로 쌓이는 거다.

16 그래서 구글은 물에서도 살고 뭍에서도 사는 개구리다. 이렇게 아날로그 자산이 디지털 자산이 되고 그것이 애플이나 구글이

개발 중인 AI 자동차가 되어 아날로그의 실생활로 출현하기에 이른다. 이들 빅데이터가 인공지능으로 진화해 IT(정보기술), BT(바이오테크놀로지), NT(나노테크놀로지)가 기하급수적으로 발전하고 특이점에 도달하는 2045년에는 이른바 '실리콘 인간'이 등장하게 되는 것이다. 그렇게 되면 인간의 두뇌로는 도저히 풀 수 없는 기후에너지 문제, 식량문제와 같은 21세기의 난제들을 풀 수 있게 된다.

17 그렇다면 우리는 무엇을 해야 할까. 인공지능의 후발국으로서 혼신을 다해 개발해도 시원찮을 판에 '알파고 포비아(공포)'에 빠져 있다니 답답한 일이다. 벌써 미국에서는 인공지능이 무엇이며 어떻게 개발하고 활용해야 하는지 알려주는 온라인 대학이 생겨났다. 세계 각국에서 모여든 수강생만 백만이 넘는다. 하루빨리 알파고 포비아를 '알파고 이펙트(효과)'로 만들어서 인공지능 시대의 선도를 위한 대비에 나서야한다. 그런데 이보다 앞서 우리가 진실로 걱정해야 할 것은 최고의 IT 강국, 유전공학 강국이었던 대한민국이 그동안 무엇을 했는가, 하는 것이다.

18 지금 한국이 처한 AI 현실을 영화 속 기차 플랫폼의 한 장면으로 설명할 수 있다. 사랑하는 사람이 기차를 타고 떠나가고 있는데 지금 바로 뛰어가면 그녀가 내민 손을 잡아 함께 타고 가는 해피엔딩이다. 한발 늦으면 기차에 가속이 붙어 따라붙을 수가 없다. 한국의 AI는 바로 그 지점에 있다. 온 사회가 머뭇거릴 새 없이 AI에 관심을 기울이고 우리가 원하는 미래를 만들어나가야 할 때인 거다.

19 먼 미래의 이야기가 아니다. 이미 새로운 큰 판이 벌어지고 있
다. 우리 호주머니 속에서 AI 시대를 알리는 안드로이드가 울
리고 있다. 이제 '인공지능'을 '인공 지혜'* 로 변화시키는 사명이 우리 젊
은이들에게 놓여 있다. 산업혁명 때 모든 사람이 기차를 보고 두려움을
떨칠 수 없었지만, 지금은 모든 사람이 편하게 이용하는 수단이 됐다. 에
니악도 미 국방성이 탄도탄의 궤적을 계산하려고 만든 전쟁 산물이지만
결국 인류의 삶에 도움 되는 방향으로 쓰이고 있지 않은가. 초인공지능이
인간지능의 대립이 아니라 그것을 보완하는 조력자가 되게 하려면 우리
가 먼저 법, 제도, 윤리 그리고 다음 세대를 위한 새로운 교육을 시작해야
한다.

• AW(Artificial Wisdom)

20 세계가 눈을 들어 한국을 주목하고 우리를 따라올 수밖에 없도
록 말이다. 산업사회의 지각생이 이제는 선두주자가 되자는 거
다. 한 가지 분명한 것은 인공지능을 헤쳐나갈 수 있는 것은 디지로그이
고, 한국인에게는 그 디지로그가 있다는 점이다.

둘째 꼬부랑길

목

01   고속도로를 지나다 보면 인터체인지*가 나온다. 마차길밖에
몰랐던 한국인이 서구 문명의 상징인 고속도로를 달리고 있다.
참으로 한국은 많이 변한 거다. 거의 60년 전 《흙 속에 저 바람 속에》*를
썼던 나에게는 특히 그렇다. 시골 신작로 길에서 지프차에 치일까 봐 앞
으로만 도망치던 노부부에게서 본 한국인의 얼굴을 지금 어디에서 찾아
볼 수 있겠는가?

• interchange | 현암사, 1963

02   인터체인지의 의미는 영어와 한국말이 전연 다르다. 인터체인
지의 한쪽은 입구*이고 한쪽은 출구*이다. 영어에서는 나가고
들어오는 것이 대립개념으로 나뉘어 있다. 이 분리는 지구가 끝나는 날까
지 절대로 합쳐질 수 없다. 그런데 한국말에는 나가고 들어오는 정반대
말이 한마디 말로 합쳐져 '나들목'이라고 되어 있다. 아하! 나들목, 나가고
들어오는 길목을 줄여서 그렇게 부른다. 고속도로가 생긴 뒤 만들어진 말
이다.

나들목에서 나오자마자 자동차는 기차가 지나는 건널목에서 멈춰야 한다. 건널목을 지나 집에 다다를 즈음 아이가 마중 나와 길목에 서 있다. 나들목, 건널목, 길목…. 우리는 무수한 '목'을 지나 집에 돌아온 것이다. 이 목이 없고 그냥 길만 있었다면 나는 외줄의 길을 따라 내가 원하지 않는 곳으로 가 있을 게다.

• Entrance | Exit

03 어릴 적 "너희 어머니 어디 가셨니?"라는 물음에 "나들이 가셨어요"라고 대답하곤 했다. 아, 나들이. 나들목의 그 나들이…. 나만 그런 게 아니다. 아직 어머니는 집에 들어오지 않았지만, 아이는 돌아오리라는 믿음까지 마음에 넣어 나들이 가셨다고 한 게다. 왜 한국 아이들은 서양 아이들처럼 "She is out." 밖에 나갔다고 하지 않고 '나가고 들어온다'라고 하는가?

어머니는 아버지와 싸우고 영영 집을 나간 게 아니다. 어머니가 나간다는 것은 곧 돌아온다는 의미와 같다. 나가는 것과 들어오는 것은 대립이 아니라 지속하는 하나의 개념이다. 아이가 나들이 갔다고 말하는 순간 그는 시간 밖에서 어머니를 바라보고 생각하고 있는 거다. 하루의 시간 단위에서 보면 어머니의 외출은 외출이 아니라 '출입 안에서의 외출'인 것이다.

04 '나들이'와 합쳐진 말 '목'은 뭔가. 목이 무엇인지 모르면 목을 만져봐라. 나는 게으르고 반복적 행동을 싫어해서 세수할 때 얼굴만 닦는 '고양이 세수'를 하곤 했다. 형들이 "야! 목도 씻어야지!"라고 말하면, 그때마다 나는 "원래 세수는 씻을 세(洗) 손 수(手). 손만 씻는 건데 얼굴까지 씻었으면 충분하잖아"라고 변명한다. 그 순간 어린 나는 손이

있는 몸과 얼굴이 있는 머리 사이에 목이 있다는 것, 세수한다는 것은 손과 얼굴이 있는 그사이의 '목'을 씻어야 한다는 사실을 깨닫는다. 그리고 곧 그 손에도 작은 '목' 하나가 더 있다는 것, 팔과 손을 이어주는 '손목'이 있다는 것을 발견한다.

05 그렇지. 손과 팔을 연결해주는 손목의 '목'은 손에도 팔에도 속해 있지 않다. '건널목, 길목, 나들목' 같은 것이다. 그래서 팔에서 보면 팔목이고 손에서 보면 손목이 아닌가. 발을 씻을 때도 마찬가지다. 거기에도 다리와 발을 이어주는 발목이 있다. 두 발로 걷는 사람에게 있어서 발은 땅과 인간의 사이를 이어주는 역할을 한다. 땅과 접촉하는 발은 그 자체가 대지이고 그것과 나를 이어주는 접합점이 발목이다.
뇌가 있는 머리와 심장이 있는 몸뚱이를 이어주는 것은 가장 큰 목이기 때문에 그냥 '목'이다. 사람은 '목' 하나로 통하는 것이다. 그러니까 모든 '목'자가 붙은 것은 머리와 몸뚱이를 합쳐준 그 목에서부터 파생된 거다.

06 내 몸은 이렇게 머리와 몸을 이어주는 목으로 되어 있고, 그 목은 다시 사지의 목, 손목과 발목으로 연결된다. 그것은 분리와 동시에 연결하는 대립과 상보의 접합점이다. 영어나, 컴퓨터 용어로 바꾸면 인터페이스가 된다.
IT 분야에서 중요하게 논의되는 것이 이 인터페이스다. 컴퓨터 용어로서의 인터페이스는 사물의 경계가 되는 부분과 그 경계에서 통신과 접속이 가능하도록 하는 매개체를 의미한다. 그래서 계면(界面)이라는 어색한 번역 말도 있다.

07   인터페이스*의 '페이스'*는 우리나라 말로 '얼굴'이다. 'inter-
face', 사람과 타자, 사람과 세상 사이*에 있는 각자의 얼굴들
이 인터페이스 역할을 하는 거다. 그런데 그걸 '목'으로 가지고 오면 서양
개념의 인터페이스와 한국말로 생각하는 인터페이스가 아주 다르다는 것
을 느낀다. 인터페이스라는 말의 본뜻을 훨씬 실감나게 이해할 수 있도록
하는 것이 우리 말 '목'이다. 영어의 인터페이스라는 말보다는 한국말의
'목'이라는 말이 인터페이스를 이해하는데 훨씬 더 직관적이다.

• interface ǀ face ǀ inter

08   손과 팔을 이어주지 않으면 손을 움직일 수가 없다. 발도 마찬
가지다. 손과 팔을 이어주는 게 손'목'이요, 발과 다리 사이에도
발'목'이 있다. 사람을 꼼짝 못 하게 할 때 손목에 수갑을 채우고, 발목에
족쇄를 채운다. 인터페이스, '목'이 없으면 못 움직인다. 사극 같은 것을 보
면 한국 감옥은 참 허술하다. 그런데 전연 다른 광경이 보인다. 목에 널빤
지로 된 칼을 씌워놓는 거다. 손발 다 놔둬도 목에다만은 뭔가를 씌운다.
이것만 봐도 한국인의 목에 대한 관념이 유별나다는 것을 알 수 있다. 미
당의 시 〈행진곡〉에서도 이런 생각은 드러난다. "결국은 조금씩 취해 가
지고 /우리 모두 다 돌아가는 사람들. / 모가지여 / 모가지여 / 모가지여 /
모가지여." 잔치의 끝은 머리도 가슴도 손과 발의 사지도 아니다.

09   이 '목'에는 무엇이 있나. 귀중한 다이아몬드 목걸이가 걸려 있
다고 말한다면 당신은 정말 구제불능*의 물질주의자다. 그건
무덤 속 부장품은 되어도 살아 있는 사람에겐 별 가치가 없는 것이다. 산
사람의 목에 있는 가장 중요한 것은 '숨'이다. '숨'은 생명과 동의어다. 우

리는 죽음을 '숨 떨어졌다', '숨 끊어졌다'라고 이야기하고, 살아 있음을 '숨이 붙어 있다'로 표현한다.

다른 나라에는 생명을 '목+숨' 다른 나라에는 생명을 '목+숨'이라고 부르는 예가 드문 것 같다. 우리말과 가장 언어적 유사성이 큰 일본만 해도 생명을 '구비이끼'*라고 하지 않는다. 사람의 인터페이스인 목을 생명이라고 말하는 민족, 그 말을 사용하는 곳은 이 지구에 우리나라뿐이다.

• 救濟不能 | 首息

10 '숨'은 생명과 동의어다. 숨은 들숨과 날숨으로 구분된다. 그런데 들숨 날숨 사이에 숨이 멈추는 순간이 있다. 그 순간이 물리학으로 보자면 양자적 진공의 순간이다. 세상의 모든 원자는 파장과 입자로 되어 있다. 파장은 아날로그, 입자는 디지털이다. 양자의 세계에서는 파장도 입자도 아닌 상태가 존재한다. 이게 양자의 진공 상태이자 모든 존재의 모형이고 근원이다. 그리고 이 사상의 원형을 동양이 가지고 있다.

11 인도 요가에서는 이것을 명확하게 언어로 표현한다. 들숨은 쁘라카,* 날숨은 레차카,* 그리고 들숨과 날숨의 사이에 멈추는 정지숨을 쿰하카*라 한다. 산 것도 아니고 죽은 것도 아니고 진공의 순간. 서로 반대되는 것을 이어주는 것이 바로 지식, 정지숨이다. 들숨과 날숨밖에 모르는 서구 사상을 좇아가다 보면 숨이 막히고 만다. 들숨과 날숨 사이의 멈추는 순간, '지식'(止息)이 있어야 한다. 그래야 들숨이 날숨으로 바뀌고 날숨이 들숨으로 변할 수 있다.

• puraka, 吸息 | rechaka, 呼息 | kumbhaka, 止息

12 뇌사냐 심장사냐를 두고 싸움을 하는 사람들은 어리석다. 한국인에게는 목숨이 끊어지는 것이 죽음이다. 생명은 뇌에도 심장에도 있지 않고 목에 있다. 그래서 서양인들도 사람 처형할 때 목을 자르려 단두대를 만들지 않았는가.

하지만 삶이 목에 달려 있다는 것을 한국인들만큼 잘 아는 사람들은 드물다. 한국인은 직장에서 퇴출당하면 목 잘렸다고 한다. 구조조정 때 목이 붙어 있어야 버틸 수 있다. 목구멍에 풀칠을 해야 생계를 유지할 수 있다. 목에 관한 한, 그러니까 인터페이스에 관한 한 한국인에게 물어보라!

13 서양은 이 '목'을 모른다. "나는 생각한다, 고로 존재한다." 데카르트는 몰라도 이 말을 모르는 사람은 없다. 그런데 이 말이 얼마나 무서운 말인지 알고 쓰는지 궁금하다. 이게 목과 몸통을 작두로 잘라버린다는 말이다. 뇌가 있으니 존재하지 팔다리는 아무 소용없다. 서양의 '인간기계론'*이 여기서 대두된다. "나는 뇌가 있다. 고로 존재한다." 모든 인공 뇌, 인공지능이 여기서 생겨난 거다.

  • theory of human machine, 人間機械論

14 플라톤은 뭐라고 했나. "이데아의 세계는 빛이고 진짜 세계이며, 감각의 세계인 우리의 몸뚱이는 빛의 그림자요 가짜 세계다." 그것을 반대로 "휠레라고 하는 물질이 있기 때문에 거기서 아이디어도 생겨나는 것이다"라고 말한 사람은 아리스토텔레스다. 그러니까 플라톤과 아리스토텔레스가 토론하는 〈아테네 학당〉* 그림을 보면 플라톤은 하늘을 가리키고 아리스토텔레스는 땅을 가리키고 있다. 그들은 목은 인정하지 않은 거다. 서양에서는 영육 갈등, 영과 육이 따로따로 있다.

만약 그때 아테네 학당에 한국인이 가 있었다면 손으로 목을 만졌을 것이다. 머리는 하늘, 몸뚱이는 땅이다. 그리고 그 사이를 이어주는 목이 있다.

• 라파엘로(Sanzio Raffaello)가 그린 프레스코 벽화. 바티칸 미술관 소장

15 소크라테스의 순교에서 육체는 아무것도 아니다. 육체는 죽여도 혼은 저들이 죽일 수 없다. 그래서 그는 태연히 죽을 수 있었다. 《파이돈》을 읽어보면 "악법도 법이다"라고 했다는 말은 거짓이고, 대신 "이스쿨라피우스에게 수탉 한 마리를 갚아달라"고 말했다 한다. 소크라테스는 의사 이스쿨라피우스가 만들어준 극약 헴록 * 을 먹고 죽는다. 당시 의사는 병을 고쳐주고 닭 한 마리를 받았다. 그런데 죽으면서도 닭을 꼭 갚아야만 하나. 그건 내 육체는 죽지만 나의 영혼은 죽지 않는다는 자신감의 표현이다. 의사는 몸을 고치지만 나는 영혼을 고치는 사람이라는 거다.

영과 육을 분리해서 생각하는 사상, 이원론 * 은 생명이 없는 철학이다.

• hemlock. 독당근으로 불리는 미나리과 식물 | 二元論, Dualismus

16 그런데 우리는 혼백이 같이 있다. 혼백이 나뉘면 죽는 거다. 즉, 육체와 정신을 따로 두지 않고 함께 있다. 그러니까 서양의 가톨릭처럼 완전히 육체를 무시하거나 하지 않았다. 영육이 함께 있는 것이다. 동양사상은 항상 가운데, 중용, 중도에 있지 양극단을 취하지 않았다.

17 이왕 말이 나왔으니 혼백(魂魄), 귀신 이야기를 해야겠다. 한자어는 대개 쌍으로 되어 있다. 음과 양이 합해져야 온전한 하나가 되기 때문이다. 단어를 하나만 쓰면 다른 말과 혼동되기 쉬우니까 두

개로 짝을 지어 말하는 것이 알아듣기도 쉽다.

'귀신˙'도 그렇다. '귀'와 '신˙'은 원래 독립된 말이다. 귀˙는 이승의 땅에 있는 혼령이고, 신˙은 저승의 하늘에 있는 혼령이다. 귀도 신도 몸이 없어 보이지가 않는다. 왜 목숨이 끊어지는 것이 죽음이라고 하지 않았나. 그렇다면 목숨이 붙어 있는 것이 삶이다.

머리와 몸뚱이가 끊기면 혼(魂, 머리)은 하늘로 올라간다. 가벼워서. 그런데 몸에 있는 백(魄, 몸)은 무거워 땅속으로 들어간다. 혼과 백을 이어주는 목이 있어야 숨을 쉬고 살아서 움직이는데 그것이 끊어지면 혼과 백이 분리되고 흩어져 사라지고 만다. 혼비백산(魂飛魄散), 몹시 놀란 심정을 말할 때 이런 사자성어를 쓰는데, 혼은 가벼워 날아가고(飛) 백은 무거워 사방으로 흩어져(散) 버렸다는 말이다.

• 鬼神 | 鬼 | 神

18 생명이 '목'이라는 인터페이스에 있다고 생각하면 AI가 무엇인지에 대한 의문이 풀린다. 수학은 몰라도 또 복잡한 인문학 지식이 그렇게 많지 않아도 된다. 이 토박이말만 잘 풀어도 된다. 몇천 년 살면서 쌓아온 우리의 머릿속에, 언어 속에, 생활 속에 그 답이 있다.

사람 인(人)과 인간(人間)이 어떻게 다른가. 오늘날에는 인과 인간을 구별하는 사람이 없다. "이 인간이?"라는 말을 하면 욕을 들은 것처럼 화를 낸다. 사람이라는 말은 '살다'에서 온 말이고 한문에서 인간의 간은 사이 간(間)이다. 인간은 사람을 뜻하는 것이 아니라, 사람과 사람 사이를 뜻하는 것이다. 즉, 사람과 사람 사이에, '인세지간'(人世之間)처럼 세상 사이에 있는 것이 인간이라는 것이다.

세상이 없으면 로빈슨 크루소는 인간이 아니라 그냥 '인'이다. 그러나 인

세지간의 세(丗)자를 자연의 나무, 강, 물로 보면 로빈슨 크루소도 인간이 될 수가 있다. 표류하는 섬에 아무것도 없다면 그 인은 죽는다. 그러나 물이 있고 나무가 있고 먹을 것이 있어서 나와 자연과의 '사이'가 생겨 서로 주고받는 것이 있으면 로빈슨 크루소는 인에서 비로소 인간으로 된다. 즉, 사람이 사이를 갖는 타자를 갖게 된다.

19 내가 서양 사람들도 알기 쉽게 알파벳의 모양으로 만든 공식이 '하우, 엑스와이제트'다. 아날로그와 디지털, 한국이 합치는 것과 서양이 합치는 것의 차이를 이렇게 이야기했다.

아날로그 시대의 인터페이스는 'HOW'다. H는 너와 나의 사이에 다리를 놓는 거다. O는 돌고 도는 순환의 인터페이스다. 네 것이 되었다가 다시 내 것이 되는 것이다. W는 하이브리드다. V자 두 개가 붙었다 떨어졌다 하는 것처럼, 무언가가 결합되었다가 떨어지곤 하는 것이 W다.

20 반면 디지털 시대의 인터페이스는 'XYZ'다. X는 서로 크로스되어 작은 접점 하나만을 남긴다. 디지털과 아날로그의 순간적 교차다. 우리가 전원을 켜면 연결이 되지만 전원이 꺼지는 순간 연결이 끊어진다. Y는 둘이 합쳐서 하나가 되는 것이다. 디지털과 아날로그가 한 번에 융합된다. Z는 왔다 갔다 한다. 디지털로 갔다가 아날로그로 왔다 갔다 하는 꼬부랑길이다. XYZ를 하나의 인터랙션,* 사이 문화를 나타내는 아이콘으로 보는 로봇이나 인공지능은 영원히 없을 것이다. 앞으로 인공지능 시대 인터페이스는 이 3종류가 있다. 이 연결의 목을 우리가 어찌하느냐에 따라 성공이냐 실패냐가 갈라진다.

• interaction

21   인공지능이란 것이 결국은 실리콘으로 만들어진 규소 인간에 인간의 뇌를 연결하는 것 아닌가. 손과 팔이 절단되고 다리와 발이 분리된 인간은 없다. 물통 속의 두뇌처럼 뇌만 컴퓨터에 매달려 동동 떠다니는 인간은 인간이 아니다. 모든 과학적 좀비에서 벗어나 목숨을, 생명을 찾아야 한다. 컴퓨터와 인간, 육체와 머리를 따로 떨어뜨려 놓고 대립해서 싸우는 것이 아니라 그것을 연결하는 생명의 '목'을 만들어주는 것이 진정한 인터페이스다.

22   가장 큰 우주의 인터페이스는 천지인 *이다. 하늘과 땅 사이에 사람이 들어감으로써 인터페이스가 생긴다. 하늘과 땅의 사이를 나쁘게 하는 것도 인간이지만 좋게 만드는 것도 인간이다. 땅과 하늘만 가지고는 인터페이스가 힘들다.

한국 사람이 제일 좋아하는 게임도 '스타크래프트' ** 아니었는가. 450만 장이라는 판매고는 아직 그 어떤 게임도 깨지 못한 기록이다. 블리자드라는 미국 게임 회사에서 만들었고 세계적으로 히트했지만, 한국에서 특히 열광적이었다. 왜냐하면 이 게임도 천지인으로 되어 있기 때문이다. 하늘 종족(프로토스-중국에서는 神族), 땅 종족(저그-중국에서는 蟲族), 그리고 인간(테란-중국에서는 人類) 세 종족이 싸우는 것이다.

• 天地人 | Starcraft

23   천지인 융합이 한국인을 만든 가장 큰 철학이다. 단군 신화에도 나타나 있지 않나. 땅에 있던 곰, 하늘에서 온 환웅, 그리고 그 사이에서 낳은 것이 인간이니 천지인이다. 하늘과 땅이 결혼하고 융합하고 생명을 낳는 그 과정의 이야기는 어떤 종교가 들어오고 어떤 영향을 입어도 천지인 삼재 사상으로 한국인의 문화유전자가 되어 내려왔다.

셋째 꼬부랑길

사이좋게 놀아라

01 '사이'라는 말도 요즘엔 거의 듣기 어려운 말이 됐지만, 내가 제
일 많이 듣고 자란 말이다. 친구들이랑 어디 바깥에만 나가면
어머니께서 늘 "얘, 사이좋게 놀아라!"라고 당부하셨다. 우리말 인간(人間),
시간(時間), 공간(空間)은 모두 이 사이 간(間) 자가 들어가 있다. 사이가 문
제라는 거다. 사람과 사람 사이가 없으면 관계는 끝나는 거고, 자연과 인
간 사이가 없으면 공해를 비롯해 각종 기상이변이 생긴다. 인공지능의 인
터페이스 역시 결국 '사이'의 문제다.

02 그러나 우리는 사이라는 말이 무엇인지 잘 모르고 지금까지 자
랐다. '사이'란 무엇인가. 쇼펜하우어˙가 《수상록》에서 이렇게
말했다.

"사람과 사람 사이, 그것은 호저들의 안타까운 이야기 속에 숨어 있지."

호저가 뭐냐? 또 안타까운 이야기는 뭐냐? 짐승들 얘기를 왜 우리한테 하

는 거냐?

• Arthur Schopenhauer

03 호저는 고슴도치처럼 생겼다. 고슴도치처럼 날카로운 바늘이 온몸에 돋은 산속에서 사는 짐승. 북미와 유럽지역에만 있다. 쇼펜하우어는 유럽 사람이니까 이걸 본 거다. 어느 추운 겨울날 한 마리의 호저가 서로 몸을 덥히기 위해 다가간다. 그러나 날카로운 가시에 찔려 피를 흘린다. 떨어지면 추위에 혼자서 떨 수밖에 없고, 추워서 서로 가까이 다가가 안기려 하니 가시에 찔려 피를 흘릴 수밖에 없다. 그러니까 피를 흘리느냐, 떨어야 하느냐 이 두 가지에서 선택 사이에서 호저는 고민에 빠진다. 햄릿이 된 게다. 이럴 수도 없고 저럴 수도 없는 이 안타까운 상황을 '호저의 딜레마'* 라고 한다. 그 유명한 프로이트가 "집단 심리학과 자아의 분석"이라고 하는 논문 속에서 이걸 인용한다.

* Hedgehog's dilemma

04 인간들에겐 두 가지 심성이 있다. 남하고 함께 있고 싶은 마음하고 자유롭고 싶은 마음. 혼자서는 못 산다. 무인도에서 혼자 살 수는 없다. 그런데 사람들이 많이 어울리면 그게 또 구속이 되는 거다. 자유가 억압되는 거다. 그래서 프로이트는 인간에겐 두 가지의 모순 심리가 있다고 말한다. 독립하고자 하는 마음, 부모로부터 친구로부터 사회로부터 자신을 지키고 싶은 마음. 호저처럼 가시로 자기를 보호하고자 하는 것이 있다. 독립성이다. 그런가 하면 동질성. '얘하고 나하고 달라'를 강조하지만, 한편 같아지길 또 원하는 거다.

05　우리나라에서도 호저의 딜레마를 보여주는 얘기가 많이 있다. 비익조,* 전설의 새지만 이게 한동안 사이좋은 부부가 되라는 의미를 담아서 건네는 내 주례사 단골 메뉴였다. 이 새는 땅에 다닐 때는 그냥 걸어 다닌다. 그런데 하늘을 날 때는 절대 혼자서는 못 난다. 왜냐. 눈이 하나밖에 없기 때문에 그렇다. 그래서 수컷과 암컷이 만나야 눈이 두 개 되니 비로소 날 수 있게 되는 거다. 연리지*도 있다. 뿌리가 다른 두 개의 나무지만 올라가다가 서로 엉켜 하나의 나무가 된다. 백낙천*이라고 하는 유명한 중국의 시인이 시로 당나라 현종과 양귀비의 이야기를 연리지에 빗대어 시로 썼다. 사랑하는 사람하고는 이 세상에서는 연을 맺기 어려우니 하늘에서 하나가 되려고 했나보다며.

• 比翼鳥 ┃ 連理枝 ┃ 白樂天(백거이). 당나라 중기의 시인

06　현명한 호저는 찔리지도 춥지도 않은 서로의 거리를 만들어낸다. 우리네 어머니가 말씀하신 것처럼 사이좋게 살기 위해서. 우리는 관계, 그 사이에 대한 것을 경시하고 있는데 그것이 사물의 본질이다. 서양이 인간과 기계의 이항대립이라면 우리는 삼항순환으로 돌아간다. 기계와 인간 그 사이가 좋아지는 게 인터페이스다.

07　어렸을 때 집에 놀러온 손님들도 이 사이를 두고 우리를 괴롭혔다. "엄마가 좋으냐, 아빠가 좋으냐" 어머니도 좋고 아버지도 좋은데, 둘 다 다 좋아하면 안 돼요? 그러면 "그건 말이 안 되지. 너 도둑이 와서 '어머니 업어갈까 아버지 업어갈까?' 그러면 뭐라고 할래?" 궁지로 몰아넣고 꼭 이자택일을 시킨다. 이것이 바로 'Either A or B', 이거냐 저거냐를 두고 끝없이 선택하고 끝없이 한쪽만 가지고 온 서구 문명이다.

우리가 'Both A And B', 이것도 저것도 아닌 '사이'의 문명인 반면, 서양은 익스클루시브,˙ 배제의 문화인 거다. 두 개가 있으면 하나만 선택하고 꼭 어느 한쪽을 죽인다. 선택이 아니라 포용하는 것이 동양 문명이다. 함께 다 끌어안으려니 고통스럽겠지만, 그래야 그 사이가 잘 되는 거다.

˙ exclusive

08   내가 두 발로 낑낑대며 간신히 섰을 때, 어머니는 왼발 오른발 '따로따로'를 외치며 나의 독립심을 키워주셨다. 내가 독립할 즈음엔 "독립하면 너무 외로울 거다. 독립한 사람끼리 서로서로 사이좋게 지내"라고 하셨다. '따로따로'와 '서로서로', 우리 어머니들이 가르쳐 주신 철학이다. 이것이야말로 미래를 이겨나가야 할 우리 다음 세대들에게 줄 수 있는 마음이고 하나의 가치인 거다.

그리고 이것이 지금까지 서구 문명에서 끊임없이 싸워 온 디펜던스˙와 인디펜던스˙가 결합된 인터-디펜던스˙다. 남에게 의존해서 흡수되거나 남을 지배해서 혼자 독립하는 게 아니다. 독립도 아니고 의존도 아니다. 따로 서 있되 서로 사이좋게 지내는 것이다. 로스트-로스트˙의 제로섬 게임˙이 아니라 원-윈˙의 상생 게임이다. 우리 한국인의 마음에 남아 있는 동양의 해원상생˙의 사상이다.

˙ dependence | independence | inter-dependence | lost-lost | zero-sum game | win-win | 解冤相生

09   우리는 사이로 살아왔지만, 서양은 개인으로 살아왔다. 서구 산업사회의 덕목이 개체에 기반을 두고 전개되어 온 것이라면 동양의 사이는 개체와 개체 간의 관계에 그 토대를 두고 형성해 온 것이

라고 할 수 있다. 플라톤은 살아 있는 것은 1이라고 했다. 그럼 돌멩이는 뭔가? 죽어 있기 때문에 1이 아니다. 그것을 부수면 둘이 되고 셋이 되고 계속하면 원자까지 부술 수 있다. 그런데 사람을 반으로 쪼개보라. 그건 이미 사람이 아니다. 1에다 1을 곱해도, 1을 나누어도 다 1이다. 생명체는 어디까지나 1이라는 거다.

영어의 'indivisual'은 'in+divide'로 더 이상 분할할 수 없다는 뜻으로 개체의 속성을 의미한다. 그것은 원자를 뜻하는 아톰*과 같은 말이다. 이 개체라고 하는 의미는 서양이 추구하는 것이고, 우리는 아니다. 혼자서는 아무런 의미가 없다. 그래서 "짚신도 짝이 있다"고 하지 않나.

• atom

10 그 짝을 두고 '기계와 나' '기계와 사람'처럼 '와'자를 넣으면 기계와 인간과의 관계가 서양처럼 된다. 그런데 '랑'자를 넣으면 한국적으로 '사이'가 된다. 동양식 사이 문화로 바뀌는 게다. '기계랑 나'. '너랑 나랑'이라는 말처럼 '랑'이라는 말은 친화력이 있다.

꼬불꼬불에 '랑'이 붙으면 그 사이가 따뜻해진다. 이것이 '꼬부랑 고개의 이야기 원리'로 한국인을 이야기하는 한 방법이다. 고려가요 청산별곡의 "머루랑 다래랑"이라는 말처럼 랑은 같은 공동격이지만 옛날 고려 때부터 쓴 말이다. 정감 있게 둘을 결합시킬 때 쓰는 말인 게다.

11 기계와 공존을 이야기할 때 서양에서는 '로봇 앤드 휴먼 빙'* '맨 앤드 로봇'*처럼 '앤드' 밖에 없지만 우리는 '로봇이랑 나랑'이라는 좋은 말이 있다. '너랑 나랑'은 앞뒤에 아무것도 붙지 않아도 이미 좋은 말이다. '앤'(and)로 연결된 게 서양이라면, '랑'으로 연결된 것이

한국이다. '와, 과'의 공동격을 유아어 '랑'으로 바꾸면 갑작스레 친밀해지고 가까워지고 공존의 장이 생긴다.

* robot and human being | man and robot

12 '아리랑 쓰리랑'에도 우리말 '랑'이라는 말을 쓰지 않나. 아리랑의 어원에 대해서는 여러 가지 말이 있다. 밀양 군수의 따님 '아랑'의 이름이 변형된 것이라는 설도 있고, 의미 없는 후렴구라는 설도 있다. 그러나 아리랑 뒤에 쓰리랑이 붙어 있는 것을 설명할 수 있는 말은 별로 없다. 사실 아리랑 고개는 님이 떠나는 고개니 '아리고 쓰린' 고개가 그 아리랑 고개다. 거기에 '랑'을 붙여보라. 아리고 쓰린 고개가 신도 나는 고개가 된다. 이게 바로 '랑의 효과'다.

몇 해 전 스페인에서 아리랑이 연주된 일이 있었는데, 40대의 한 스페인 청중은 "신났는데 슬펐다"라는 말을 전했다. 그렇다. 슬픈데 신바람이 나고, 신나는데 슬픈 것, 이것이 바로 아리고 쓰린 것에 '랑'이 붙어 생기는 '랑의 효과'인 게다.

13 고개가 그렇다. 혼자 넘으면 발병이 나는 게다. "나를 버리고 가시는 님은, 십 리도 못가서 발병이 난다." 여기서 가는 님도 마찬가지다. "바위고개 언덕을 혼자 넘자니, 옛 님이 그리워 눈물 납니다"라는 노래도 있지 않나. 그런데 너랑 나랑 함께 넘는 고개는 즐겁고 신나는 고개다. 소풍이라도 가는 것 같을 게다.

14 호저의 딜레마. 서양에서 인간의 '사이'를 기껏 하나의 개념으로 만들어 놓은 것이다. 이것은 이러지도 저러지도 못하는 부

정적이고 소극적인 가치이다. 이 딜레마를 깨뜨린 것이 바로 동양의 '인'
(仁)이다. 이럴 수도 저럴 수도 없는 딜레마가 아니라 이렇게도 하고 저렇
게도 할 수 있는 거다. 어질 인은 호저의 공간이 아니다. 이상적인 중용의
거리를 뜻하는 것이 아니라 서로 교감을 함으로써 다른 게 되는 거다. 서
로 어울리는 거다.

15 솔로몬 왕 앞으로 두 여자가 두 여자가 찾아와 아기 하나를 두
고 서로 자기 아이라고 우긴다. 솔로몬 왕은 반 쪼개서 가져가
라고 판결한다. 아무리 떠보느라 그랬다 한들, 어떻게 애를 잘라 둘로 나
눠 가져가나, 생명체인데. 그러한 솔로몬의 판결을 지혜로운 것이라 여기
고, 그 이념이 줄곧 내려온 것이 서구 사상이다.
똑같은 얘긴데도 동양은 다르다. '각자 아이의 양손을 잡고 반대편으로
끌고 가라. 끌려가는 쪽이 이기는 거다.' 아이가 '엄마! 아파!' 소리 지르니
까, 진짜 엄마는 안쓰러운 마음에 손을 놓는다. 열심히 끌고 간 힘센 여자
는 애가 찢어지건 말건 관심도 없다. 그러니 '저 여자가 가짜다!' 소리칠
수 있었던 거다.
모든 단어 앞에 'inter' 자가 붙는 정보사회가 생명의 시대로 뛰어넘기 위
해선, '너와 나의 생명체는 절대로 쪼갤 수도 서로 갖다 붙일 수도 없다!'
는 것을 기억해야 한다.

넷째 꼬부랑길

공존의 어울림, 어질 인(仁)

01

(…) 우리 인간이 진짜 위대한 이유는, 어떤 조건에서도 상대방을 분석하고 해부하여 비참하게 이길 수 있기 때문이 아니라, 친구가 흘리는 눈물을 보고 마음을 바꿔, 슬쩍 져줄 수 있는 존재이기 때문이다. 인공지능 로봇이 우사인 볼트보다 100미터를 더 빨리 뛸 수는 있겠지만, 옆 레인에 넘어진 친구를 일으켜 주기 위해 입력된 값을 포기하고 달리기를 멈추는 일은 없을 것이다.

인류가 인공지능에 패배했지만, 인류는 여전히 위대하다. 비록 나를 포함한 아주 많은 사람들이 잊은 채 살아가는 '위대함'이지만 말이다.

– 이세돌의 패배 당시, 한 대학생이 쓴 글의 일부 (출처 : 서울대학교 대나무숲 트위터)

02

이 젊은이야말로 인공지능의 시대를 정말 옳은 방향으로 보고 있었다. 정말 봉창 뜯는 소리들만 들리던 와중에 희망을 읽었던 글이다. 인간이면 배우거나 누가 말하지 않아도 기본적으로 가지고 있는 게 있다. 내가 너를, 네가 나를 서로 헤아릴 줄 아는 마음, 그것이 인간의 기본이고 바탕인 거다. 상대를 생각해서 져주는 마음, 상대방의 마음까지도 배려하는 마음이다. 이 마음을 한마디로 정의하자면 동양의 '인'(仁)이다. 한국인이 다른 건 몰라도 인(仁)은 있다. 배우지 못한 시골 사람들도 그 바탕에는 이 마음이 깔려 있다.

03 서양 사람들은 몰랐지만, 우리는 어질 인(仁)자를 가지고 살았다. 어질 인(仁)은, 사람 인(人)에다 두 이(二)자를 쓴다. 두 이 자는 건 두 사람이란 뜻이 아니라 '둘 사이', 사람과 사람 사이를 말하는 거다. 어떤 사람들은 두 개의 사람 인자가 서로 어울리는 것이라고 하지만, 그게 아니다. 그냥 두 이자 왼편에 사람 모습을 그린 거다. 두 이자를 써야 의지하는 관계가 된다는 말이다. 앞 꼬부랑 길에서 말한 '사이좋게 놀아라'의 사이는 바로 어질 인이다.

그런데 어질 인(仁)을 사전 찾아보면 아주 우습게 써 났다. 슬기롭고, 너그럽고, 덕행이 높고, 뭐고, 뭐고…. 좋은 말은 다 써놓은 게다. 어질 인을 찾아보면 전부 '어질다'로 나오고, '어질다' 찾아보면 전부 인(仁)이다.

04 중국이라는 그 큰 나라가 주변국 부를 때, 서쪽 나라 사람들은 야만스러운 서융(西戎)으로, 남쪽으론 벌레 충(虫) 자를 써서 남만(南蠻)으로, 북쪽의 나라도 오랑캐 적(狄) 자를 써 북적(北狄)이라 했으며 모두 개, 벌레, 짐승을 뜻하는 한자들이 포함되어 있다. 그런데 동쪽만은 동이(東夷)다. 중국 후한 시대 허신*이 지은 《설문해자》*에는 '동이'(東夷) 자를 풀이하는 항목이 있다.

夷 東方之人也, 南蠻從蟲, 北狄從犬, 西戎從羊 唯 東夷從大 大人也 夷俗仁 仁者壽
有君子不死之國 故孔子曰 道不行 吾欲之君子不死之國九夷 承乎 浮於海 有以也.

이것을 풀어보면 "동이(東夷)란 동쪽 사람이다. 오직 '동이'만이 대의*를 따르는 대인*들이다. 동이의 풍속은 어질다. 어진 사람은 장수하는 법이라 군자들이 죽지 않는 나라가 있다. 이에 공자께서도 말씀하시기를 "중국에 도(道)가 행해지지 않으니 나는 군자불사지국(君子不死之國)인 구이(九夷) 나라에 가고 싶다" 하고 뗏목을 타고 바다로 나갔다 하니 참으로 연유(이유)있는 일이로다"라는 의미이다.

• 許慎 | 說文解字 | 大義 | 大人

05 공자가 말한 구이(九夷)란 동이의 아홉 나라, 즉 고조선을 뜻한다. 공자의 나라인 노나라는 중국의 동해안에 있었으니 거기서 배를 타고 동쪽으로 오면 바로 한국의 서해안에 도착하니 말이다.

이제까지 우리는 동이(東夷) 민족이라 하여 夷(이) 자를 '오랑캐 이'라고만 여겨왔고 동이(東夷)란 동쪽 오랑캐인 것으로 알고 있었다. 그러나 한자의 근본을 밝히는 《설문해자》는 이(夷)는 '크게 어질다'는 뜻이란다. 2000년 전, 유교 이전에도 동이족은 어질었다. 휴머니티, 인간성이 있었단 얘기다. 그걸 쭉 가지고 지금까지 왔기 때문에 '사이'란 말이 있는 거다.

06 동쪽이 인이라는 생각은 오행사상*에도 나타난다. 마지막 덕목인 신(信)을 정 중앙에 두고 동쪽은 인(仁) 서쪽은 의(義), 남쪽은 예(禮), 북쪽은 지(智)다.

한양도성의 사대문은 유교에서 말하는 4대 덕목인 인의예지(仁義禮智)를 오행에 맞추어 한 글자씩 넣어 이름 붙였다. 동대문은 인(仁)자를 포함한 흥인지문(興仁之門), 서대문은 의(義)자를 넣어 돈의문(敦義門), 남대문은 예(禮)를 포함한 숭례문(崇禮門), 북문은 지(智)와 의미가 상통하는 정(靖)으로 대체해서 숙정문(肅靖門)이라는 이름을 지은 게다. 그리고 도성의 중심에 위치한 종각의 이름을 마지막 덕목인 신(信)을 넣어 보신각(普信閣)으로 지었다.

• 五行思想

07 그러니까 우리는 인의예지신의 동쪽에 있는 동이족들이다, 그래서 인이 있다고 한 나라이다. 그런데 이 인이 뭔가. 다섯 손가락으로 쉽게 설명할 수 있다. 엄지손가락이 인에 해당한다. 나머지 네 손가락은 의예지신이다. 손으로 물건을 쥘 때 엄지손가락 하나만 밑에서 받쳐주고, 나머지 네 손가락은 다 같이 잡는다. 즉, 인의 바탕 위에 의예지신이 있는 거다. 그러니 '인이 없는데 어찌 예악(禮樂)인들 존재할 수 있겠는가. 인이 없으면 어떻게 신이 있고, 어떻게 예가 있고, 어떻게 의가 있겠느냐'는 거다.

우리가 비록 세계에 군사력과 경제력을 과시할 순 없어도, 인간의 바탕이 있는 나라인 게다.

08 《춘추좌씨전》*에는 예(禮)가 462회, 인(仁)자는 33회가 나온다. 공자가 살던 시대 이전 선인들이 쓴 여러 기록을 정리한 문헌에는 인(仁) 자가 거의 나오지 않는다. 나온다고 하더라도 《시경》에서처럼 잘생긴 사람, 멋있는 사람을 인이라고 했을 뿐이다.

그런데 공자와 그 제자들의 대화를 기록한 책 《논어》에는 예(禮) 자는 75회인데 비해 인(仁)이라는 글자가 무려 105번이나 등장한다. 이것이 무엇을 말하나. 공자님께서 인이라는 글자를 특별히 다른 뜻의 의미를 부여하여 儒敎 사상의 바탕을 만든 거다. 그런데 공자도 참 무책임하다. 다른 건

다 정의 내렸으면서 어질 인(仁) 만은 '이게 인이다'라고 딱 잘라 정의 내린 것이 없다.

• 《春秋左氏傳》

09 인이란 무엇인가를 묻는 제자의 물음에 공자는 그 상대와 상황에 따라서 각기 다른 대답을 준다. 인(仁)이 고정된 절대가치 아닌 상대적 가치의 윤리라는 것을 알 수 있다.

왜 공자님은 어질 인(仁)자를 풀이하지 않았을까? 사실 뭐라고 정의했다간 큰일 날 거다. 인은 곧 '사이'인데, 사이의 경우가 얼마나 많겠나. 수천, 수만 가지가 넘는다.

'사이'는 정의할 수 없는 거다. 그러니 제자 중 누군가 '이건 이렇습니다. 그걸 인이라 할 수 있겠습니까?' 물으면 '어찌 그것을 인이라 할 수 있겠느냐'라고 전부 개별적(case by case)으로 정의를 부정(negative definition)한 거다.

10 경제학의 아버지라 불리는 애덤 스미스의 경제이론에도 '인'이 있다. 애덤 스미스는 시장을 자유경제원리에 맡겼다. 시장이 뭔가? 생산자와 소비자의 '사이' 아닌가, 우리가 시장주의를 이야기하려는 것은 소비자도, 생산자도 아닌 시장의 원리, 바로 사이 원리 때문이다. 애덤 스미스의 《국부론》이나 시장론, '보이지 않는 손'은 《도덕 감정론》'을 전제로 하고 있다. 그가 죽기 직전까지 손질해가며 완성한 건 《국부론》이 아니라 《도덕 감정론》이다.

그는 경제학자가 아닌 도덕, 윤리를 가르치는 허치슨'에게 배웠다. 그러니 연민' 즉, 남의 아픔을 내 아픔처럼 알고, 남의 가난을 내 가난으로 여기는 마음이 있는 거다. 다시 말해 "인간의 바탕에는 '인'이 있다. 그것을 전제로 시장을 보이지 않는 손에 맡겨라"라고 한 게다. 그 바탕이 없는 금수 같은 사람, '남이 굶어 죽든 말든 무슨 상관이야'하는 사람들에게는 자본주의 시장체제라는 건 존재할 수 없다. 다 약탈해 버리니까.

• 《The theory of Moral Sentiments》| Francis Hutcheson(1694~1746) | Sympathy

11 애덤 스미스가 급하니까 공자한데 가서 '인'을 빌려온 게다. 그런데 지금 우리는 애덤 스미스가 말하는 'sympathy'와 인이 같은 것이라고 외치고 있나? 이게 가슴 칠 일이라는 거다.

오늘을 열심히 살면 과거가 되고 미래가 된다. 내일은 오늘의 과거고, 모레는 오늘의 미래다. 이렇게 생각해보면 공자님이 가르쳐주신 인의예지신은 케케묵은 유교가 아닌 거다. 정보 시대야말로 인의 시대고, 사유의 시대다. 우리 어릴 적 어머님 말씀이 맞다. '애야, 사이좋게 놀아라. 사이좋게 놀아.'

12 한자로 어질 인(仁). '인'을 씨라고도 한다. '행인'(杏仁)이라고 하면 살구씨고, '도인'(桃仁)이라고 하면 복숭아씨다. 돌멩이를 땅에다 심으면 싹이 나나? 그런데 과일의 씨는 심었다 하면, 천년 후에라도 싹이 트고 꽃을 피울 수 있다. 인이라고 하는 것은 상호 감응하는 거다. 흙과 씨는 서로 공감을 하는데 돌멩이는 감응을 안 한다.

뇌졸중 걸려서 마비된 손을 '불인병'(不仁病)이라 부른다. 남이 그 손을 꼬집어도 육체적으로 외부 감각을 느끼지 못한다. 인이 없는 사람도 남의 슬픔을 못 느끼니까 똑같이 불인병이다. '인'이라는 건 단지 추상적 유교니 학문이 아니다. 생명을 키우는 씨고, 그것이 없다면 아무것도 느끼지 못하는 불인병의 세계다. 그것을 정보의 'inter'라는 말로 바꾸어보라. 뜻이 한층 더 확실해진다.

타자와의 감응은 윤리와 경제학에서만이 아니라 이미 뇌 과학 분야에서도 발견된다. 남의 아픔을 자신의 아픔으로 느끼게 하는 상호작용 '거울 뉴런'*이 그것이다.

• Mirror Neuron

13 '따로따로 사이좋게 살아라.' 이 모순의 인터페이스를 과학적으로 증명한 것이 '거울 뉴런'이다. 원숭이의 뇌 반응을 실험하던 이탈리아 학자*가 발견했다. 그는 원숭이의 뇌와 컴퓨터를 연결하고 우리에 먹을 것을 넣었다. 원숭이가 손으로 물체를 잡는 그때의 뇌 반응을 연구하려 했던 거다. 그런데 실험 도중 서류가 떨어져서 사람이 그걸 집으려는 순간에도 갑자기 '삐삐삑-' 하고 신호가 울리더란다.

원숭이 뇌 속에 거울과 같은 신경세포가 있다는 걸 이렇게 발견한 거다. 그래서 내가 서류를 집으면 저도 집고, 내가 피를 흘리면 자기도 흘린다. 원숭이 새끼 앞에서 손을 하늘로 뻗치면 원숭이도 똑같이 행동하는 이유가 거울 뉴런에 있었다.

• Giacomo Rizzolatti

14 사실 이 거울 뉴런은 어려운 게 아니다. 태어난 지 얼마 안 된 아이에게도 실험해 볼 수 있다. 원숭이와 유인원은 모두 이 독특한 신경이 있어 상대의 행동을 똑같이 따라 하고, 직접 경험하지 않아도 상대방을 느낀다. 남이 즐거우면 나도 웃고, 눈물을 흘리면 따라서 울고…. 이 거울 뉴런이 도덕이고, 심리학인데, 실제 과학으로도 증명된 거다.

2천여 년 전부터 인간에게 가장 중요한 것이 이 '미러 뉴런'이다. 그렇지, 이걸 내가 설명하지는 못해도 상황은 얘기할 수 있다. 공자님만 그랬겠나. 예수님이 말씀하시는 착한 사마리아인을 보라. 같은 동포도 아니고, 아무 관련도 없는, 가장 천시했던 사마리아 상인이 언제 봤다고 죽어가는 사람을 씻겨주나. 또 주막에 맡기고 돈까지 주면서 모자라면 돌아올 때 주겠다고도 한다. 바로 이 미러 뉴런 덕분인 거다. 하늘이, 자연이 주신 미러 뉴런 때문에 오늘날 같은 사회를 만들고, 도덕이 존재하고, 나쁜 독점 없이 시장질서가 유지되는 거다.

15 정보혁명과 그 기술에서 발생한 용어들은 사이와 관계를 뜻하는 대부분 '인터'*와 관련된 것들이다. 인터페이스를 비롯하여 인터넷,* 인터액티비티,* 인터디펜던스*…, 모두가 그렇다.
정보화시대의 사이는 바로 인터다. 요즘은 인터 없이는 못 산다. 인터넷부터 없으면 당장 세상 돌아가는 모든 일이 다 멈출 게다.
산업 시대의 꽃은 자동차였다. 가지고만 있으면 혼자서도 몰고 다닐 수 있다. 그러나 자동차에는 인이란 없다. 이 세상에 자동차가 모두 사라지고 내 것 한 대만 남았다고 상상해보라. 얼마나 기분이 좋겠나. 확 뚫린 길, 최고의 스피드를 낼 수 있다. 그런데 스마트폰은 어떤가. 내가 가지고 있어도, 상대방이 없으면 무용지물이다. 인터넷에 접속했을 때 나 빼고 다른 유저들이 모두 없어졌다고 해보라. 그걸 어디다 쓸 텐가?

• inter | internet | interactivity | interdependence

16 이게 인이라는 거다. 네가 가졌기 때문에 내가 가질 수 있고, 내가 가짐으로써 네가 쓸 수 있다. 네가 걸 때 내 것도 네 것이지

만, 내가 걸 땐 네 것도 내 것이다. '인'은 바로 정보화의 네트워크를 형성하는 '인터'의 기술에 새로운 생명을 불어넣을 수 있다.

오늘날의 미디어 시대, 정보화시대는 산업주의와 다르다. 우리식으로 말하면, '어질 인의 시대! 인터의 시대!'인 거다. 즉, 네가 가져야 내가 갖고, 네가 기뻐야 내가 기쁜 시대다. 독점이 아닌 나눔을 토대로 한 미디어의 시대, 인터넷의 시대, 인터페이스의 시대, 상호작용의 시대다. 정보사회는 상호의 소통성, 커뮤니케이션을 최대의 가치로들 알고 있지만, 아니다. 인간의 소유 형태를 혁명적으로 바꾼 것이 핵심이다.

17 인의 마음은 모든 사람의 바탕에 있다고 하지 않았나. 그러니까 유행가에도, 공자님같이 위대한 성인의 말씀에도, 종교에도 다 인이 있었던 거다. 과학과 경제뿐만 아니다. 휴머니티라고 하는 인간의 마음 바탕에는 인이 존재하고 정이 존재한다.

"사이에서 태어나 사이에서 살고 사이에서 죽는 것이 인간의 중요한 한 모습이다."

중국에서는 인터넷을 '인특망'(因特网)이라고 쓴다. 그래서 내가 이렇게 조언하기도 했다. '아니다. 어질 인(仁)자로 써라.' 인특망(仁特网)과 인터넷, 비슷하지 않나.

지금까지는 정보 시대였지만 앞으론 인의 시대가 올 거다. 인은 서로 감응(感應)하는 것이라고 하지 않았나. 과거의 케케묵은 유교가 아니다. 예의지신*은 그럴지도 모른다. 하지만 시대가 바뀌고 이것저것 다 달라져도, 인의 가치만은 그대로일 거다.

• 禮義智信

18 영화 〈A.I.〉의 마지막 장면을 기억하는가. 쓸모없게 되어 버려진 로봇 아이가 몇천 년 후 다시 발견된다. 그 로봇이 마지막으로 바란 건 한 번만이라도 어머니를 다시 만나게 해달라는 것이었다. 영원불멸로 천 년을 살 수 있는 삶 대신에 단 하루 동안의 어머니와의 삶을 택한다. 그냥 어머니를 보고 싶어서가 아니었다. 모자지간으로 어머니와 아들로서 서로 나누는 그 사랑을 느끼고 싶었던 거다. 그 AI 로봇의 마음도, 내 몸을 사랑하듯 내 이웃을 사랑하라는 예수님의 가르침도, 입장을 바꿔 생각하라는 맹자의 역지사지*의 가르침도, 남을 불쌍하게 여기는 측은지심*의 마음도 다 인이다.

* 易地思之 | 惻隱之心

19 〈터미네이터〉의 마지막 장면은 또 어떤가. 인류를 구원할 지도자 존 코너를 위해 싸우던 터미네이터는 마지막에 스스로 펄펄 끓는 용광로에 몸을 던진다. 그 순간 주인공 소년 코너의 눈에서 눈물이 쏟아진다. 터미네이터가 묻는다. 도대체 그 액체가 무엇이냐고. 코너가 말한다. 인간은 슬픔을 느끼면 눈에서 뜨거운 액체가 나온다고.

AI 시대에 무엇이 필요하겠나. 인간의 뇌보다 훨씬 똑똑한 기계를 인간이 지능으로 다스릴 수 있겠는가. 기계와 소통하고, 자연과 소통하고 할 때 AI 시대에 우리에게 필요한 것은 이 인의 정신이다. 어떻게 하면 인공지능에 인을 넣어줄 수 있는가.

20 인공지능에 한국의 '仁' 정신이 융합될 수만 있다면 보다 완전한 AI 인간으로 탄생할 수 있다. 이 기술은 둘 중 하나, 이분법적 사고를 지닌 서양인은 생각하지 못한다. 우리에게는 어질 인, 양수겸장

이라는 아날로그 자산이 있다. 비록 현재는 우리의 AI 기술이 뒤져 있어서 내일을 알 수 없다 해도 알파고와 이세돌의 접점만 알게 되면 '모레'는 있다는 희망을 가질 수 있다는 게다. 생명자본주의와 디지로그 그리고 인공지능이 합쳐져야 인간과 공존이 가능한 로봇을 만들 수 있다. 그걸 할 수 있는 나라는 대한민국밖에 없다. 함께 어울리고 공존하는 접화군생,˙ '인'의 마음으로 인공지능 시대를 바라봐야 한다.

• 接化群生

샛길

한국의 건축에 깃든 인(仁), 팔각정

한국의 국토를 순례하던 어느
외국 카메라맨은 사진을 찍으
려고 장소를 찾다가 바로 여
기다 싶은 곳이 있어 보면 그
자리에 예외 없이 정자가 서
있었다고 말했다. 한국의 어
디를 가든, 마을을 안고 흐르
는 맑은 강물과 기암절벽이
있는 산, 언덕에는 으레 정자
가 자리한다. 이렇게 정자의
가치는 그 건축물에 있는 것
이 아니라 그것이 서 있는 터
에 있다. 요즈음 한창 유행하
는 말을 빌리자면 '에콜로지'

여주 신륵사의 팔각정

로서의 건축인 것이다. 팔각정만이 아니라 한국인들은 예부터 집보다 집을 짓는 장
소성을 더 중시해왔고 그런 공간을 한국인들은 터라고 불러왔다. 대궐 궁전에서 초
가삼간에 이르기까지 터의 개념은 한국인의 종교와 같은 이데올로기가 된다. 건축
자재의 설계보다도 그것을 세우는 터를 찾아내는 더 많은 힘을 기울여왔다.
《삼국유사》를 읽어보면 옛날 신라인들은 절을 짓기 위해서 터를 골랐다기보다 좋
은 터가 있기 때문에 거기에 절을 세웠다는 사실을 알 수 있다. 무엇보다도 서라벌
의 산과 들과 그리고 바다가 한눈에 조화를 이루고 있는 그 신비한 자리에 석굴암
이 세워졌던 사실 하나만 가지고도 입증이 된다. 이와 같이 건축의 물질성보다도
그 주위의 환경 쪽을 극대화시킬 때 생겨난 대표적인 건축양식이 바로 그 팔각정이
다. 그렇기 때문에 그 정자에는 건축의 본질이라 할 수 있는 벽, 안과 밖을 가르는

그 벽의 개념이 완전히 배제되어 있다.

팔각정은 벽이 아니라 단지 8면으로 분절된 공간만이 있을 뿐이다. 그래서 그 8면의 각은 기둥 사이로 여덟 장의 그림과 같은 풍경이 보인다. 말하자면 모든 그림이 프레임을 가지고 있듯이 팔각정은 자연 경치의 수틀 노릇을 하고 있는 셈이다. 그래서 자연은 단순한 자연적 상태에서 여덟 기둥에 의해 분절된 하나의 예술작품으로 화하게 된다. 팔각정을 세운 사람들은 사진기가 없었던 시절에 이미 프레임이라는 사진 예술의 창조성을 터득하고 있었던 셈이다. 일본인들은 자연을 자기 뜰 안에 끌어들여 정원 예술을 만들었지만, 한국인은 직접 밖으로 나가 자연 그 자체를 예술로 만들었다. 정자에 앉아서 보면 자연 자체가 병풍이고 정원이다. 그 정자와 주위의 경치를 떼낼 수 없듯, 팔각정의 풍경 미학은 인간과 자연 또한 깊은 관계 속에서 분리될 수 없는 한 폭의 그림임을 암시한다.

12

디지로그 고개
기계에게 어떻게 인간성을 가르칠 것인가

첫째 꼬부랑길

알파고는 바이러스처럼 우리에게 왔다

01 그날, '알파고'라는 말을 듣는 순간 가슴이 내려앉은 거다. IMF,
리먼 쇼크, 메르스…. 그동안 내 가슴속에서 멍들어 있던 문자들이
한꺼번에 내출혈을 일으킨다. 누가 이 땅을 일러 "조용한 아침의 나라"라고 했는
가. 아니다. 우리는 밥을 먹고 사는 게 아니라 충격을 먹고 산다. 어제까지 AI라고
하면 조류독감*인 줄 알고 알파고라고 하면 무슨 특목고 이름인 줄 알았던
한국인들이다. 그들이 하루아침에 또 낯선 영문자의 충격파에 휩쓸린다.

• Avian Influenza

02 우리가 두려워할 것은 충격 자체가 아니다. 내가 꼭 믿는 말은
아니지만, 한국인에겐 '위기극복의 DNA'가 있다고 하지 않나.
IMF 외환위기 때는 어땠나. 한국인들은 언제 들어보지도 못했던 IMF, 그
이름이 붙은 금융의 쇼크에 발끝까지 흔들리면서도, 전 국민이 뭉쳐 아이 돌
날 금반지까지 내놓았다. 이 놀라운 광경에 나는 젊은이들 하는 말대로 '감동
먹었다'. 우리 자신이 그랬고 바깥세상 사람들도 놀랐다. 그때 박세리가 웅덩
이의 해저드*에 떨어뜨린 공을 맨발로 쳐내 위기를 탈출하는 장면을 보면

서 온 한국인들이 환호했다. 이세돌과 알파고가 둔 바둑이 그저 바둑 놀이가 아니고 제78수도 그저 판에 놓인 돌이 아니었듯, 박세리가 쳐낸 것도 그저 골프공은 아니었다. 거기에서 사람들은 말 그대로 자기 자신의 '위기극복 DNA'를 발견한 거다. 자신(自身)의 자신(自信)을 되찾은 게다.

• hazard. 골프장에 설치된 모래 구덩이, 웅덩이 등의 장애물로, 원래 위험이라는 뜻을 지닌다.

03 외환위기 때 IMF를 가지고 "아이고 미치고 환장하겠네"라는 기발한 유행어를 만들어낸 게 누군가. 온 국민이 금반지를 빼는 정성으로 위기에 대처했던 바로 그 한국인, 한국인의 흥이다. 하지만 알파고의 '고'는 아이고의 '고' 미치고의 '고'로는 넘어갈 수 없다. 금반지 몇만 개로도 안 된다. 이번에는 돈으로 되는 싸움도 아니요, 깡으로 하는 시합마저 아닌 게다. 국가가 나선다고 될 일도 아니고 기업 혼자 감당할 문제도 아니다. 한국인의 집단지능과 인공지능이 붙는 냉정하고 시한 없는 대결인 게다. 바둑판 위에서가 아니라 넓고 험한 벌판, 신문명이라는 씨름판 위에서다.

04 사람의 뇌는 미쳐야 돌아간다. 한국말에서 '돌았다'라는 말은 미쳤다는 말인 동시에 두뇌의 회전이 빠르다는 뜻이기도 하다. 머리가 잘 돈다는 것, 그것은 뇌가 활성화하여 환장하는 거다. 미치고 환장할 때 뇌는 잔인하게도 신나게 돌아간다.

아이고 미치고 환장하겠네. 그래서 장롱 안에 쓰지도 않고, 혹은 손가락에 사마귀처럼 붙어 있는 금반지를 빼내는 아이디어를 낸 거다. 어떻게 '나'밖에 모르던 사람들이 'ㅁ'자 붙여 '남'을 생각했나. 'ㄹ'자 하나 더 합쳐 '니리' 생각했나. IMF 외환위기 상황이 아니면 생각이 미쳤을까?

05 환장은 또 어떤가. 환장은 장이 뒤집힌다는 뜻이다. 한국 사람에게 내장은 곧바로 뇌이며 심장인 거다. 심장과 직결되고 내장감각이라고 하여 두뇌와 직결된다. 전문가들에게 물어보라. 뇌가 장기에서 생겨난 것으로 뇌보다 장기가 먼저 반응한다. 사촌이 땅 사면 배 아프다는 민족이다. 대담한 생각을 하면 '담대하다'라고 하고 발칙한 생각을 하면 간이 부은 게다. 예나 지금이나 한국인은 뱃심 좋게 살아간다. 오장*으로 생각하고 느낀다. 환장하겠다는 말을 학술 용어로 번듯하게 풀 수도 있다. 생각을 뒤집는 패러다임 시프트*라는 게다.

• 五臟(간장, 심장, 비장, 폐장, 신장의 다섯 가지 내장) | Paradigm Shift

06 잠깐만 진정하고 숨을 돌리자. 오히려 그런 자신감 때문에 한국인이 미래의 위기에 둔감하다면 뭐라 답할 것인가. 그게 진짜 우리를 위협하는 위험 요소라고 하면 뭐라 대꾸할 건가. 따지고 보면 금반지를 빼는 것보다는 외환위기가 오지 않은 것이 좋고, 해저드에서 공을 쳐내는 그 극적 장면보다는 해저드에 볼을 떨어뜨리지 않은 게 백배 낫지 않은가.

확실히 케네디 말대로 "위기는 기회다". 하지만 위기를 기회로 재생하거나 성공하는 확률은 낙타가 바늘귀를 지나는 것과 같다. 케네디 대통령이 이 말로 대박을 터뜨렸지만, 사실은 한자를 잘 모르는 서양 선교사들이 오해에서 비롯된 풀이란 것도 세상이 다 아는 일이다.

07 2015년에는 뭐가 몰아닥쳤나. 그 일도 엊그제 같다. 중동에서 낙타 구경도 못 해본 사람들이 혼쭐이 났다. 그래. 알파고 쇼크는 메르스 사태와도 비슷하다. 전 세계로 퍼졌던 메르스 감염의 경로와

상황이 한눈에 들어오는 지도를 본 일이 있다. 2015년 유럽질병통제센터 (ECDC)가 메르스 감염실태를 그린 세계 지도다. 넓고 넓은 6대주, 그 발생지인 사우디를 제외하고는 환자 수 세 자리에 사망자 수 두 자리는 우리밖에 없었다. 진원지에 바로 등을 붙이고 있는 쿠웨이트, 예멘도 두세명이다. 유럽은 말할 것도 없다. 아시아 지역으로 오면 어떤가. 대충 훑어봐도 많아야 필리핀의 세 명이다. 나머지 말레이시아, 태국 그리고 중국은 모두 한 명. 일본은 얄밉게 한 명도 없다. 오직 한국만이 환자 수 185명에 사망자 36명의 부끄럽고 슬픈 기록을 남겼다. 메르스도 "우째 이런 일이…".라고 말할 땐 이미 늦다는 것을 한국인들의 마음에 새겼던 거다.

08 원래 인류가 나물 캐고 열매 따 먹고 살던 시절에는 팬데믹의 위협이 없었다. 하지만 동물을 가축화해 사육하기 시작하고 나서, 한마디로 인간이 문명에 들어서면서 동물을 숙주로 한 세균과 바이러스가 옮기 시작한 게다. 내 말이 아니라 《호모 사피엔스》에서 유발 하라리가 한 말이다. 인류가 1만 년 전 농업혁명으로 길을 잘못 든 거란다.

그래, 오늘의 질병은 대부분이 문명에서 온 병이다. 맨발로 다니는 마사이족에게는 디스크 같은 병이 없다지 않나. 낙타를 부려서 메르스가 생기고 인간이 박쥐의 영역을 빼앗아 코로나가 난동을 부리는 게다. 팬데믹은 자연의 위협이 아니라 문명의 위협, 인재다. 코로나19, 사스*, 조류독감이나 메르스 같은 것을 통틀어 이머징 바이러스*라고 한다. 한 번도 경험해 보지 못했던 일이 갑자기 출현한다는 뜻의 이머징. 그런 낯선 상황에 어떻게 대응하는가로 한 명 개인뿐만 아니라 나라와 민족, 심지어 인류의 사활이 걸리는 게다.

메르스보다 일 년쯤 앞서 아프리카 지역에서는 치사율이 몇 배나 큰 에

볼라가 창궐했다. 6주 안에 막지 못하면 인류가 망한다고 세계가 난리였다. 유독 우리만이 "조용한 아침의 나라", 하도 고요해서 전문가도 아닌 내가 몸살이 났다. 에볼라가 뭔지, 핵보다 더 무섭다는 이머징 바이러스의 정체가 뭔지 서둘러 글을 써 신문 지상에 올렸다.* 메아리가 없었다. 무색했다. 역시 산천은 고요했다.

* SARS(Severe Acute Respiratory Syndrome), 중증급성호흡기증후군 | Emerging Virus | 〈이어령과 떠나는 知의 최전선-에볼라의 이면〉 중앙SUNDAY, 2014. 10. 25

09 메르스가 결국 덮쳤을 때를 기억하는가. 그때도 마스크가 먼저 동이 났다. 약국은 물론이고 쇼핑몰에서 일제히 마스크가 자취를 감췄다. 병원 의사들이나 사용한다는 N95 마스크는 비싼 가격에도 구할 수가 없었다. 별 도움도 안 되는 일반 마스크도 덩달아 날개 돋친 듯 팔려나갔다. 한국의 마스크 열풍이 오죽 신기했으면 AFP 통신이 신랑 신부와 축하객들이 일제히 마스크를 쓴 기념사진을 전 세계에 퍼뜨렸겠는가. 세계적 뉴스거리는 또 있었다. 메르스와 아무 상관도 없는 바셀린이 동이 났단다. 콧속에 바셀린을 바르면 바이러스 차단막이 생겨 마스크보다 효과적이라는 뜬소문 때문이었다. 중국에서 사스가 유행했을 때 한국인만은 김치를 먹어서 괜찮다는 말과 대동소이했다.

그래서 밖에서는 한국을 '앨리스의 이상한 나라'로 보는 사람들이 생겨나기도 했다. 언젠가 어느 외국인의 블로그에서 본 글이다. "정전이 가장 적은 나라에서 촛불을 가장 많이 쓰는 나라". 당시 광우병 환자가 발생한 적이 없는데도 대대적인 촛불시위를 보고 신기하게 생각한 외국인의 지적이다. 세상 사람들이 광우병을 WHO가 정한 대로 BSE(소해면상뇌병증)*라고 부르는데 유독 우리 미디어와 정부까지 광우병이라고 했던 것도 이상하다. 또 이런 글도 보았다. "한국인은 선풍기를 켜 놓고 자면 질식해 죽는다고 믿고 있는 사람들"이란다. 할 말 없다. 나도 그랬으니까.

• Bovine Spongiform Encephalopathy, 牛海綿狀腦病症

10 그리고 2020년에는 무엇이 왔나. 메르스 때의 마스크는 약과다. 거리두기는 상상이나 했던 것인가. TV는 몇 년째 사람이 몇 명 병에 걸리고, 몇 명 죽는 것을 속보로 내보낸다. 코로나 팬데믹. 한국뿐만이 아니라 전 세계가 그 충격에 소스라친다.

메르스 때 서양인들이 마스크 쓰는 한국인들을 신기한 사람들 취급했던 것이 온당했는가. 서양 문명의 디지털적 자신감이 절정에 달하던 때, 앞서의 유발 하라리는 '호모 데우스', 신의 영역을 인간이 침범하는 광경을 묘사하던 때, 인류가 건설한 문명이 코로나바이러스에 모래성처럼 무너지고 말았던 게다. 디지털 온라인 수업만 해서 좋았는가. 선생님과 아날로그 친구들은 만나지 않아도 괜찮은 것이었는가. 디지털부터 선진화, 세계화라는 절대가치까지 의심받고 뒤집혔다. 사회의 기존 질서, 관습, 제도가 속절없이 휩쓸리는 가운데, 생명이라는 깃발이 단지 유일한 테제로 서 있다.

11 알파고 얘기를 하다 말고, 왜 갑자기 하필 메르스, 코로나 팬데믹 타령이냐. 궁금하거든 그것들과 알파고의 공통점 찾기를 해봐라. 한국인이야말로 그 방면의 선수 아니냐. 예를 들어 대학교수와 거지의 공통점 찾기란 게 있다. 1. 출퇴근이 일정하지 않다. 2. 항상 뭔가 들고 다닌다(거지는 깡통, 교수는 가방). 3. 항상 새 사람과 만난다. 이렇게 기발한 공통점을 30개까지 찾아내는 한국인의 머리가 아니냐. 그렇다면 팬데믹과 알파고의 공통점은 뭔가?

12 맞다. 첫째, 이름이 석 자다. 알파고와 팬데믹은 아리랑이란
말처럼 한국인이 선호하는 석 자 이름으로 되어 있다. 신기하
게도 코로나도 세 글자다. 심지어 메르스마저 세계 사람 모두가 MERS를
'머스'라고 하는데 우리만 '메르스'라고 해서 짝이 맞는다.

둘째, 눈에 보이지 않는다. 바이러스도 그렇지만 알파고도 눈에 보이지 않는
다. 그래서 아자 황을 알파고로 착각하는 사람들이 나타나곤 하지 않았는가.

셋째, 숨어 있다가 나타난다. 팬데믹 위기도 알파고도 갑자기 출현한다. 말
했듯 영어에서 그것을 이머징*이라고 부르는 게다. 코로나 같은 '이머징
바이러스'에도 붙고 알파고 같은 신기술, '이머징 테크놀로지'에도 붙는다.

넷째, 생명과 비생명의 경계에 속한 무엇이다. 바이러스는 다른 대부분의
DNA 생명체와는 달리 RNA 정보만 지니고 있다. 알파고 역시 0과 1의 기
계 신호만 가지면서도 인간처럼 바둑판의 성좌를 찾는 존재다. 둘 다 생
명과 비생명의 아슬아슬한 경계선에 존재한다.

다섯째, 늦장 대처로는 큰일난다. 메르스는 늦게 대응한 우리만 유독 피해
를 입었다. 코로나는 먼 동양 일이라고 방심하던 서양에서 가장 많은 사
상자가 나왔다. 알파고의 바탕이 된 딥 러닝의 신기술, 그게 벌써 2011년
에 출현한 게다. 딥 러닝이 제3차 AI 붐을 일으키며 세상을 떠들썩하게 만
드는 와중에 오직 잠잠했던 곳이 우리 한국이었다. 백 가지 천 가지의 공
통점이 있어도 가장 뼈아픈 공통점이다.

• 'emerge'에는 창발이라는 뜻도 있다.

13 그래서 땅만 쳤는가. 아니다. 메르스 때 옛날에 발표한 내 신년
서원시가 나도 모르게 〈메르스 환난에 대하여〉라는 제목으로
카톡, 인터넷, SNS를 타고 전국으로 퍼진 것을 보았다. 비록 내가 경고했

던 그 글은 아니었지만 불안해하는 사람들을 돕고 위로하려는 마음에서 나온 행동이다. 내 그 서툰 졸시까지 동원된 눈물겨운 투쟁이다. 아! 저작권을 어기고 작품을 변조하면서까지 말이다. 열심히 퍼나르는 사람들도 모두가 메르스와 싸우는 전사들이 아니냐.

코로나 때는 내가 모교 졸업생들에게 한 축사*가 팬데믹 시국의 얘깃거리가 됐다. 넥타이와 정장을 갖춰 입고 축사를 하려고 나섰지만, 축하의 꽃다발도 축하객들의 모습도, 심지어 졸업생들의 모습마저 보이지 않았다. 카메라를 홀로 대면하는 축사였지만, 사람들이 역시 열심히 퍼날라 줘서 외롭지는 않게 된 셈이다. ➦

• "'마스크 왜 쓰는가" 수척해진 이어령, 서울대 졸업축사의 울림", 《중앙일보》 2021년 8월 27일 | ➦
12 디지로그 고개 1-샛길

14 이런 사사로운 이야기가 아니라도 내가 직접 본 장면들이 있다. 마스크를 쓴 한국인의 사진들에서 희망을 발견했던 게다. 고생 속에서도 손으로는 V자를 그리고, 머리 위에는 하트 모양을 그리며 마스크 뒤에서 환하게 웃고 있는 젊은이들의 눈빛 말이다. 메르스 때 마스크 쓴 결혼식 사진도 그랬을 것이다. 그러면 그렇지. 한국인이 서양 기자가 생각하는 것처럼 과연 겁쟁이였을까. 관점을 바꿔보라. 당신들 같으면 그 와중에 결혼식을 올리겠는가. 신랑 신부는 물론이려니와 메르스 걸릴 각오 없이 그 많은 축하객이 모였겠는가. 페스트가 돌 때 교외로 도망쳐야 한 이야기를 하며 공포를 달랜 데카메론 소설과는 차원이 다르다.

코로나19는 아예 세계 모든 사람에게 마스크를 씌워놓았다. 70억의 얼굴을 한순간에 바꿔놓은 게다. 심지어 인터넷에서 보니 모나리자도 마스크를 쓴다. 모나리사에 수염을 씌워놓은 뒤샹도 모나리자 입가의 미소를 없애버릴 상상은 못 했을 게다.

하지만 마스크로 미소를 지우니 모나리자의 눈이 보인다. 마찬가지로 환갑이 넘은 내 옛 제자들이 마스크를 쓰고 병문안을 올 때, 나는 그들 입가의 주름 대신 아름다운 두 눈을 발견하는 거다. 와, 그제야 깨닫는 게다. 20대 때 보던 눈동자 그대로다. 그때의 모습 그대로 아름답구나.

15 마스크는 이른바 'K-방역' 성공의 요점이기도 하다. 정부가 꼭 쓰라고 하니까, 정부 방역을 위해서 쓰는 게 아니다. 벌금을 때리니까, 법이 그러니까 쓰는 것도 아니다. 너의 아픔이 나의 아픔이고, 너의 행복이 나의 행복인 것을 아니까 쓴다. 마스크는 내가 걸리지 않기 위한 것이기도 하지만, 남에게 옮기지 않기 위한 것이기도 하다.

물론 한국인들도 누가 코로나에 걸렸다고 하면 쉽게 그를 욕하고 그가 속한 집단을 매도하기도 했다. 흔한 말로 갑질도 한다. 그런데 누군가에게 갑인 사람도 또 다른 누군가에겐 을이 되지 않나. '나 살고 너 죽자'는 이기주의나 '나 죽고 너 살자'의 이타주의, '나 죽고 너 죽자'란 식의 물귀신 마인드가 아닌 '나 살고 너 살자' 상호주의만이 해답이었던 게다. 인류가 포식에서 기생, 기생에서 상생의 단계로 발전해 가야 한다는 것을 팬데믹이 보여 준 셈이다.

한국이 코로나로 사회를 봉쇄하지 않고 개방했는데도 피해가 상대적으로 적었던 이유는 뭔가. 이 상생의 원리를 한국인들이 알고 있기 때문이 아닐까. 남을 위해 흘려주는 눈물 한 방울을 가졌다는 게다. 위기가 왔을 때마다 발현하는 한국인의 생명 사상. 물론 문제는 있다. 우리는 마무리, 정리는 잘 못 한다.

샛길

졸업 축사

영광스러운 졸업식에 축사를 하려고 나왔지만 제 눈앞에서는 검은 카메라 렌즈만이 지켜보고 있습니다. 여러분들의 자랑스러운 얼굴은 말할 것도 없고 축하의 꽃다발도 축하객들의 모습도 보이지 않습니다!

100년 가까운 서울대의 역사 가운데 오늘과 같은 졸업식을 치른 사람이 과연 얼마나 되겠습니까. 좋든 궂든 여러분들은 비대면 강의를 듣고 학위를 취득한 최초의 그룹에 속한 졸업생이 된 것입니다. 역설적으로 디지털 세계가 얼마나 중요한 것인가를 10년 앞당겨서 학습하게 된 여러분은 살결 냄새 나는 오프라인의 아날로그 세상의 소중함도 깨닫게 되었을 것입니다. 강의를 듣는 수업만이 대학이 아니라, 잔디밭 교정을 거닐며 사사로이 친구들과 잡담을 나누던 것 역시 대학을 구성하는 중요한 요소라는 사실 말입니다.

그래서 여러분들은 디지털 공간의 '접속'과 아날로그 현실의 '접촉'이 상반 대립하는 관계가 아니라 그것들이 하나로 '융합'한 디지로그 시대를 살아갈 주역이 된 것입니다.

또한 코로나 팬데믹을 통해서 나와 무관하다고 생각한 사람의 기침 하나가 내 일상의 생활을 뒤집어 놓은 상황도 겪었습니다. 그 영향으로 어떤 물질적 가치보다도 생명의 내재적 가치가 우선한다는 사실을 발견하게 되고 그 순간 물질 자본이 생명 자본으로 전환하는 현장을 목격하게 되었을 것입니다.

이러한 코로나 팬데믹의 학습효과로 누구나 쓰고 다니는 똑같은 마스크 한 장에서도 새로운 의미를 찾아낼 수 있는 시각과 생각을 얻게 되었으리라 믿습니다. 그래서 만약 누군가 여러분에게 마스크를 쓰고 다니는 이유를 물으면 "나와 남의 생명을 지키기 위해서"라고 답변할 것입니다. 간단한 대답 같지만 우리는 지금까지 그렇게 답변하지 않았습니다. "나를 위해서 쓴다"라는 사적, 이기적 답변이 아니면 "남들을 위해서 쓴다"의 공적, 이타적 답변밖에는 할 줄 몰랐던 것입니다.

오늘날 같은 경쟁사회에서는 나에게 득이 되는 것은 남에게는 실이 되고 남에게 득이 되는 것은 나에게는 해가 되는 대립 관계로 형성되어 있었던 것이지요. 그래서 이것 아니면 저것의 이분법적 배제의 논리가 지배해 왔던 까닭입니다.

하지만 신기하게도 코로나 팬데믹으로 우리는 마스크의 본질과 그 기능이 그 어느 한쪽이 아니라 양면을 모두 통합한 것이라는 사실을 발견하게 된 것입니다. "나를 위해 쓰는 마스크는 곧 남을 위해서 쓰는 마스크"라는 공생관계가 지금까지 생명의 진화를 먹고 먹히는 포식관계나 남을 착취하는 기생관계로 해석해 왔던 편견에서 벗어날 수 있게 한 것입니다.

똑같은 마스크를 쓴 얼굴이지만 그것을 쓰고 있는 마음에 따라서 포스트 코로나의 앞날이 결정될 것입니다. 상상해 보십시오. 70억의 세계 사람을 향해서 당신은 왜 마스크를 쓰고 있는가 물어보면 어떤 대답이 돌아올까요. "나와 남을 위해서"라고 말할 사람은 거의 없을 것입니다. 많은 사람들이 정부에서 쓰라고 하니까 쓴다고 대답할지 모릅니다. 오랫동안 획일주의 전제주의 밑에서 길들여진 사람들이 많은 까닭입니다.

여러분들은 자타(自他)와 공사(公私)의 담을 넘은 포스트 코로나의 시대를 만들어 가는 주역들입니다. 지금 여러분들의 손안에 있는 학위수여증은 바로 우리의 미래를 담보하고 있는 보증서인 것입니다. 이것이 비대면으로 치러진 졸업에서 졸업생 여러분들에게 보내는 저의 축하 메시지입니다.

죽을 판에서 살 판으로

01 병균 또는 바이러스가 인간에게 전염되어 대유행하는 것을 팬데믹˚이라고 한다. 서구에서는 오래전에 일상화되어 널리 알려진 말이다. 페스트가 중세 유럽 인구의 1/4을 몰살시켰다지 않은가. 그리고 이제 코로나19 대유행으로 인해 한국인들도 모르려야 모르기 힘든 용어가 됐다. 이때의 팬(pan)은 그리스 말 π$\tilde{α}$ν으로 전체를 뜻하는 말이다. 남미 북미를 합쳐 부를 때 팬-아메리카˚라고 할 때의 바로 그 '팬'이다. 데믹(demic) 역시 그리스 말로 대중을 뜻하는 데모스(demos)˚다. 지금 우리가 애지중지하는 데모크라시(민주주의)의 바로 그 민중(民衆)을 뜻하는 말이다. 한자로 고쳐보면 팬은 범(汎)이고 데모스는 민(民)을 가리키는 말이니 범민이라는 뜻이 된다. 어디에도 페스트 같은 대유행 병을 나타내는 말이라고는 믿기지 않는다.

• Pandemic | pan-america | δῆμος

02 원뜻대로 하자면 한 사람 예외 없이 모든 군중을 통틀어 의미하는, 좋은 일이든 궂은일이든 군중의 힘이 뭉쳐 쓰나미 같이

몰려오는 거대한 물결, 누구도 풀잎처럼 눕게 만드는 반이성적 바람이다. 그러고 보면 페스트균 자체보다도 더 무서운 것이 팬데믹이라는 말이다. 공포는 대중심리를 타고 유행병처럼 전염된다. 그 결과는 이성을 잃은 광란의 굿판으로 한 집단을 몰아넣기도 한다.

그런데 우연히도 팬데믹의 'pan'과 굿판의 '판'은 음이 비슷하다. 영국에 페스트의 팬데믹이 있었다면 한국에는 질병과 귀신을 쫓아내는 굿판이 있다. 그래서 알파고의 '파'자만 보고서도 그리 놀랐나보다. 자라 보고 놀란 가슴 솥뚜껑 보고 놀란다는 말처럼.

03 어찌 보면 우리에겐 묘한 트라우마가 있는 게다. 'ㅍ'자에 대한. 파멸, 파괴, 파열, 파동, 파산, 영어로 하면 패닉[*]을 불러오는 말들이다. 폭발. 이 폭발이라는 말을 폭발로 발음하는 사람은 거의 없다. 대개가 '폭팔'이라고 발음한다. ㅍ과 ㅍ. 두 개의 파열음이 연속되니 한국말을 몰라도 그 뜻이 짐작될 거다. 뭔가 쌓이고 눌려 있던 것이 밖으로 터져 나오는, 그때의 '폭팔'음.

그중에서도 한국말의 독특한 '판'이라는 게 있다. 사람이 모여 못된 짓을 하면 패거리가 되고, 패거리 정치가 등장한다. 정치를 나쁘게 말할 때 정치판이라고 하고 노동을 비하해서 말할 때 노가다판이라고 한다. 놀자판, 노름판에 먹자판, 그러다가 막판으로 치닫는다.

• panic

04 영어로 읽으나 한자로 읽으나 우리말로 읽으나 이 'ㅍ'자는 우리에게 충격을 준다. 내가 이야기하지 않았나. 한국인은 밥 먹고 살지 않고 충격 먹고 산다고. 충격파. 그냥 충격도 아니다. 충격'파'다.

페스트의 ㅍ, 팬데믹의 ㅍ처럼 알파고의 '파'도 ㅍ이다. 그 ㅍ자 붙은 것 중에 제일 무서운 게 포퓰리즘이다. 팬데믹과 같은 민중 전체가 쏠리는 현상, 그러면서도 냄비 물처럼 금시 끓었다 식어버리는 것을 영어로 퍼내 티시즘*이라고 한다. f음 까지도 싸잡아 ㅍ음으로 표기하는 한국에서는 이래저래 ㅍ자 풍년이다.

* fanaticism

05 위기에 강한 한국 사람들. 앞으로 인공지능이 생기면 강해진 다. 인공지능이 추진체의 역할을 해 줄 때 우리가 가진 이 생명 의 에셋*은 굉장히 강한 역할을 한다. 컴퓨터 인공지능은 우리의 약점을 보완한다. 한국인은 인공지능이 제일 못하는 것을 한다.

* asset

06 여기서부터는 뒤집기다. 우리는 나쁜 바이러스도 좋게 사용해 온 민족이다. 해피 바이러스다, 지식 바이러스다 해서 퍼뜨리 는 걸 봐라. 좋은 쪽으로 반전시킨다는 거다. 이 판도 나쁜 것인데 반전시 킬 수 있는 민족이라는 게다. 한밤중에 선잠에서 깨어나 봉창을 뜯어도. 봉창 뜯어서 정말 좋은 쪽으로 간다는 거다. 한국 사람들이 그런 깜짝 놀 랄 반전을 하는 민족이라는 거다. 자, 이제 그 놀라운 반전의 고갯길로 들 어가 보자.

07 우리가 잘 쓰는 말에 '판'이라는 것이 있다. 번역하기 힘든 한국 특유의 말이다. '정치'라고 하면 막연하게 들리다가도 거기에 판자를 붙여 '정치판'이라고 하면 금시 생생한 정치적 상황이나 어떤 현

김홍도, 〈씨름〉 　　　　　　　　　신윤복, 〈단오풍정〉

장의 분위기가 떠오른다. 외국 TV의 와이셔츠 광고에 등장했다는 국회의
원들의 싸움판처럼 구체적인 영상으로 나타나기도 한다. 이렇게 신기한
효과를 일으키는 '판'이란 대체 무엇인가.

08　　국어사전보다는 씨름판을 그린 단원의 그림을 보는 것이 좋을
　　　　것이다. 그림 한복판에는 가위표 모양으로 승부를 가리는 씨
름꾼이 있고 그 둘레에는 동그랗게 에워싼 구경꾼들이 앉아 있다. 제각기
다른 모습 다른 표정이지만 그 시선은 일제히 씨름꾼 한군데로 쏠려 있
다. 그래서 그 씨름판은 차축˚을 향한 수레바퀴 살처럼 팽팽한 구도를 이
루고 있다. 이렇게 씨름판은 단순히 씨름을 하는 물리적인 모래판(마당)만
을 의미하는 것이 아니라 씨름꾼과 구경꾼이 함께 만들어내는 게임 전체
의 흐름과 승패를 나타내는 소프트 파워를 가리키는 것이기도 하다.

• 車軸

09   아니다. 판은 씨름꾼과 구경꾼만으로 되는 것도 아니다. 으레 이런 판에는 단원의 그림에서처럼 엿장수까지 한몫 끼어든다. 엿장수의 시선은 구경꾼들과는 정반대 방향으로 향해 있다. 그의 관심은 씨름꾼보다는 엿을 팔 구경꾼들에 있다. 그래서 그의 모습은 관객들과는 전연 딴판이지만 실제로 가장 살 판을 만난 것은 다름 아닌 엿장수이다. 그리고 그 판을 좌우하는 중요한 변수가 되기도 한다.

10   엿장수의 가위소리는 씨름판의 흥을 한결 달굴 수도 있고 거꾸로 판을 식히고 깨는 방해물이 될 수도 있기 때문이다. 미셸 세르의 파라지트* 이론처럼 인간의 모든 시스템에는 반드시 기생물과 '잡음'이 붙어 다니기 마련이다. 한국의 '판 문화'는 그것을 배제하지 않고 적극적으로 포용하고 있는 데 그 특성을 갖는다. 만약에 단원의 그 그림에서 엿장수를 지워버린다면 그 씨름판은 얼마나 싱겁고 썰렁해 보이겠는가. 그것이 저토록 생동감을 일으키는 것은 단원이 '씨름꾼'이 아니라 '씨름판'을 그렸기 때문이다. 씨름꾼들은 서로를 마주 보고 있다. 그리고 구경꾼들은 그 씨름꾼을 보고 엿장수는 그 구경꾼을 바라본다. 이중 삼중의 서로 다른 시선들이 교차해가면서 기묘한 리듬과 구도를 자아낸다. 그렇게 해서 한국의 판 문화는 태어나는 것이다.

• parasite. 기생충, 잡음을 뜻한다.

11   그 씨름판을 그대로 소리판으로 옮기면 한국 고유의 '판소리'가 될 것이다. 씨름꾼은 소리꾼이 되고 구경꾼은 청중이 된다. 그리고 엿장수의 역할을 더 강화한 것이 북 장단을 치는 고수(鼓手)이다. 판소리는 소리를 부르는 사람과 듣는 사람 그리고 그 사이에 앉아 있는

고수가 한데 어울려 벌이는 소리판이다. 그래서 아무리 명창이라도 혼자서 놀려고 하면 판은 깨지고 만다. 독재자와 독선적인 정치가가 독판을 치고 다닐 때 정치판이 깨지는 것과 같다. 귀명창이라는 말이 있듯이 듯이 좋은 청중이 있어야 비로소 제소리를 내는 것이 판소리이다. 그래서 부르는 사람과 듣는 사람 사이에 판을 만들어주는 것이 고수의 힘이다.

12 고수는 잠시도 소리꾼에서 눈을 떼지 않고 그 호흡과 장단을 맞춰주는 일을 한다. 그러면서도 결코 관중들에게 뒤통수만 보이고 지휘봉을 흔드는 관현악단의 콘덕터*와는 구별된다. 고수는 소리꾼만이 아니라 듣는 사람들 편에서도 북을 치고 추임새를 하기 때문이다. 결국 판소리는 문자 그대로 '판에서 나오는 소리'이다. 그래서 고수는 우리의 상식과는 달리 명창과 청중을 제치고 아랫목 차지를 한다. 그것을 판소리 판에서는 '일 고수, 이 명창. 삼 청중'이라고 한다.

* conductor

13 로봇이 소리꾼이라고 가정해보라. 독주는 못 한다. 도밍고나 파바로티는 혼자 노래 불러도 도밍고고 파바로티다. 그런데 안숙선은, 나도 여러 번 물어본 적이 있지만, 고수가 옆에 없으면 못 한다. 꼭 고수를 지정한다. 그리고 그가 말하더라. 가장 고통스러운, 창이 안 될 때는 오페라 극장에서 노래할 때라고. '무대'는 있는데 '판'은 없기 때문이다. 관현악이든 오페라든 최상의 청중들이란 연주를 하는 동안 소리를 내지 않는 사람들이다. 그래서 악장과 악장 사이에는 박수가 아니라 사방에서 참고 있던 기침 소리가 터져 나온다. 관객은 고사하고 민감한 지휘자들은 연주자들의 악보를 넘기는 잡음까지도 없애기 위해서 종이 대신 실크나

비닐로 된 악보를 요구하는 경우도 있다.

14 판소리는 아니다. 그런 극장이 아니라 둥그렇게 에워싸 1 고수, 2 명창 3 청중의 '공생의 판'을 연다. 귀명창이라는 말도 있지 않나. 판이 이루어지면 그게 릭라이더*가 이야기하는 그 논리보다 더 확실한 공생의 분위기, 판이 형성되는 거다.

* Joseph Licklider

15 요즘 정보용어로 말하자면 관현악이나 오페라는 노이즈를 철저하게 제거한 일방통행적 소통이라고 한다면 판소리는 인터랙티브*의 쌍방향 소통의 소리, 노이즈까지도 적극적으로 끌어들이는 소리 문화라고 할 수 있다. 그러기 때문에 한국의 '판 문화'는 개인주의나 집단주의의 잣대로는 잴 수가 없다. 굳이 정의하자면 그런 대립개념에서 벗어난 '상호주의'라고 하는 것이 옳을 것이다. 그러고 보면 판 문화는 독립성(independence)과 의존성(dependence)의 틀을 뛰어넘은 상호의존 관계(interdependence)로 이룩된 21세기 네트워크 사회의 특성과 비슷한 데가 많다.

* interactive

16 인터넷에 접속하여 수시로 자료를 교환하고 채팅을 하고 웹사이트에 커뮤니티를 만드는 사이버공간이야말로 정보 시대의 판이 아니고 무엇이겠는가. 인터넷은 내 것도 아니며 어느 집단의 것도 아니다. 클릭 하나로 판이 만들어지고 클릭 하나로 판이 사라진다. 러브 바이러스*처럼 한 사람의 힘으로 판 전체를 깰 수도 있으며 리눅스처럼

프로그램의 소스 공개로 인터넷 전체에 새판을 벌일 수도 있다. 그런 점에서 인터넷은 산업주의 시대를 지배해온 관료주의 조직과는 아주 다르다. 앨빈 토플러가 지적하고 있는 것처럼 관료제에 대응하는 애드호크라시(임시조직)* 이다. 그리고 그것을 한국말로 옮기면 바로 '판'이란 말이 된다. 그렇다. 한국말의 '판'과 인터넷의 '인터'는 서로 닮은 데가 많다. 그것은 말 머리나 꼬리에 붙어서 서로 다른 것들이 관계를 맺고 어울리는 신개념을 낳는다.

* Love Virus. 세계적으로 가장 유행한 컴퓨터 바이러스로 꼽힌다. | Adhocracy

17 한마디로 판이란 그때그때 벌이는 임시적인 조직이며 자연발생적인 공동체 모임이다. 소리에 판자가 붙으면 판소리가 되듯이 돈에 판자가 붙게 되면 '판돈'이 되는 것과 같다. 판소리가 소리꾼 한 사람의 소리가 아니라 판 전체의 소리, 공유의 소리이듯이 판돈은 각자의 돈이면서도 동시에 판 전체를 만들어내는 '공동의 돈(자본)'이다. 그래서 출자* 와 마찬가지로 판돈은 '낸다'고 하지 않고 '댄다'고 한다.

* 出資

18 더욱 주목해야 할 것은 판은 공간만이 아니라 시간을 나타내는 단위이기도 하다는 점이다. '한 판', '두 판'이라고 할 때처럼 판 위에 숫자를 붙이면 시간 속에서 일어나는 횟수나 순서를 뜻하는 말이 된다. 일본씨름(스모)은 단판 승부지만 한국의 씨름은 대개가 삼세판으로 이어진다. 판은 연결되고 지속하고 반복한다. 그러고 보면 국토라는 공간의 판과 역사라는 시간의 판에 의지하며 살아온 것이 우리 한국인이었다고 할 수 있다.

19　그런데 한국인들을 하나가 되게 하는 이 판 문화가 점차 비속한 것으로 추락해가면서 '판' 자는 부정적인 말을 나타내는 접미사로 변해가고 있다. 술판, 노름판처럼 판자가 붙은 것 치고 온전한 것이 없다. 정치에 판이 붙어 정치판이 되면 싸움판, 모략 판이 되고 선거에 판이 붙어 선거판이 되면 먹자판, 욕 판이 된다. 판이 그 질서를 잃을 때 연예인들의 판은 딴따라 판이 되고 시장판은 난장판이 되고 신성한 노동판은 노가다 판 같은 상말이 되고 만다.

20　판은 잡다한 사람들이 모여 끈끈한 시선이 교차되는 통합의 자리이고 입장이 다른 사람들이 어울려 서로 장단을 맞추는 동질성을 이루는 장이다. 누군가 혼자서 판을 치게 되면 그 판은 금방 '독판'이 된다. 상호성과 다양성 그리고 엿장수 가위의 잡소리까지도 흥겹게 울리던 판 문화의 질서는 무참히도 깨지고 만다. 막판에 남는 것은 극단적인 개인주의가 아니면 광적인 집단주의이다. 비속한 표현 그대로 '개판'이 되고 마는 것이다. 그래서 판 중에서 가장 무서운 '이판사판'이 된다.

21　"비단 신이 없는 아이는 다리 없는 앉은뱅이를 만날 때까지 계속 운다"는 말이 생각난다. 판만 살아 있으면 언젠가 비단신을 신을 수 있는 날이 온다. 하지만 판 자체가 깨어지면 발 없는 사람처럼 비단신이 생겨도 신을 수 없게 된다.
씨름꾼과 구경꾼이 그리고 엿장수까지도 모두가 둥글게 둥글게 하나가 되는 세상 그 판 문화의 원풍경 속에 우리 미래의 마당이 보인다. 그런데 명창도 있고 구경꾼도 있는데 지금 고수가 없다. 판을 만드는 고수의 북

장단이 없는 거다. 우리가 눈여겨봐야 할 대목이다. 이것이 한국인의 디지로그가 설 판이다.

22　한국 사람들은 이 판에 살고 판에 죽는다. 그런데 이 판은 혼자 만드는 것이 아니다. 서로 다른 사람들이 어울려 만드는 것이 판이다. 좋고 나쁨의 이항대립 극단으로 가지 않고 삼항순환의 판소리로 가면 한데 어울려 아름다운 소리를 낸다. 이것이 바로 기승전결의 '전'이요 터닝인 게다. AI가 한국과 결합하면 AW*가 될 수 있다는 자신은 바로 이 '판'에서 나온다.

* Artificial Wisdom(인공 지혜)

23　그렇다면 한국 사람은 어느 때 판을 벌이는가. 세시풍속 때다. 앞에서 인용한 단원 그림의 시점은 단옷날이다. 옛날 풍속을 보면 단옷날 여자들은 창포로 머리를 감고 남자들은 씨름을 했다 하지 않나. 그러니까 이 판을 만들어주는 진짜 핵심은 공간이 아니고 시간이다. 단옷날만은 자유롭게 씨름도 하고 상하 계층이 함께 어우러진다. 모처럼 살판이 생긴 거다. 그런데 놀라운 게 하나 더 있다. 계급도 없고 계층도 없는 판에 여자가 없다. 그러니까 남자 판이다. 여기에 임금님이 신하에게 나눠준 단오선을 들고 자랑하고 있는 거다.

24　단오절 남자들은 남자들끼리 모여서 씨름할 때 여자들은 여자들끼리 가서 이 창포로 머리를 감고 그네를 탔다. 이게 여자 판 단오절 신윤복의 '단오도'다. 시대도 비슷한 대표적인 풍속화가 두 사람이 한 사람은 남자들 남자 코드인 단오를 그렸고 한 사람은 여자 코드인

여자 판의 단오도를 그린 거다. 여태까지 우린 이 두 그림을 합쳐서 생각하려고 하지 않았다. 근데 판 문화를 얘기하다가 '아, 이 두 대표적인 풍속화가 한 판 붙었구나' 한 거다. 여자 판 남자 판으로 붙은 거다. 그러니 이 그림을 알면 저 그림을 알고 저 그림을 알면 이 그림을 알게 된다. 온전한 단옷날이 되려면 신윤복 '단오도'와 단원의 '씨름도'를 모르면 안 되는 거다. 이렇게 해서 모든 우리 문화를 종합적이고 통합적인 것으로 만들어내고 있으니 말이다.

25 결국 우리네 판이란 것은 인간과 기계의 판, 컴퓨터와 로봇, 그 판을 형성하는 거다. 그래서 SF에 나오는 로봇들의 위협이 죽을 판에서 살판으로 180도 패러다임을 바꿀 수 있는 게다. 바둑판의 판, 판소리의 판, 단원의 씨름판, 그리고 자연의 냇물 속에서 처음으로 해방된 여성들이 단옷날 창포로 머리를 감고, 상생하는 혜원의 단오의 목욕 판이 생겨난 거다. 그래서 판이 만들어진다. 거기서 따로와 서로가 합쳐진다. 따로 또 같이. 서로 다른 것 같지만 죽을 판에서 살 판으로, 반전의 꼬부랑 고갯길을 넘어간다. 거기서 디지로그에서 합쳐지는 거다.

4차 산업혁명과 디지로그

01 내가 《디지로그》를 쓴지 벌써 십오 년이 넘었다. 책은 베스트
셀러가 되었고 '디지로그'라는 말 역시 대중들에게 널리 퍼졌
으니 다른 나라에 비해 스타트가 빨랐던 게다. 하지만 우리가 어영부영하
는 사이 하나씩 둘씩 우리를 앞지르는 나라들이 생겨나기 시작했다. 하지
만 걱정하진 말자. 디지로그를 만든 것도 한국인이고 디지로그를 이끄는
것도 한국인이 될 터이니.

02 15년 전으로 돌아가 《디지로그》 책을 다시 펼쳐본다. 디지로그
는 디지털과 아날로그의 결합어이다. 이것은 기술 용어라기보
다 좀 더 넓은 IT 전반의 문명 현상을 담고 있는 키워드이다. 즉, 온라인과
오프라인, 비트와 아톰, 클릭과 브릭,˚ 가상현실과 실제 현실, 정보 네트
워크와 물류 등, IT와 함께 대두된 디지털과 비 디지털의 이항대립체계를
해체하거나 그 경계를 관통하는 통합개념으로 '디지로그'라는 말을 새롭
게 구축한 것이다. 모두가 디지털화를 외치며 모든 세상이 0과 1의 세상
으로 변해갈 듯하다. 하지만, 현재 디지털로만 치닫는 듯한 세상의 변화는

아날로그와의 만남이 없이는 생활 속으로 파고들 수 없다.

• brick

03 디지로그를 절묘하게 보여주는 우리말이 있다. '엇비슷'과 '되다'.
먼저, 엇비슷이라는 한국말을 알면 미래 세상이 보인다. '엇비
슷'의 '엇'은 '엇박자'처럼 서로 다른 것의 이질성을 나타내는 말이다. '비
슷'은 더 말할 것 없이 '엇'과 반대로 같은 것의 동질성을 의미한다. 이
렇게 다른 것과 같은 것의 대립개념을 하나로 결합한 것이 한국어 고유
의 '엇비슷'이라는 말이다. 그러므로 '엇'은 1과 0의 디지털과 같고 '비슷'
은 일도양단* 으로 끊을 수 없는 연속체의 아날로그와 같다. '엇비슷'에서
'엇'만 보는 사람이 디지털인이고 '비슷'만 보는 사람이 아날로그인이다.
양자를 함께 보는 인간만이 디지로그의 미래형 인간이 된다.

• 一刀兩斷

04 둘째로 '되다'라는 개념을 알아보자. 아이들에게 단군 할아버
지에 대해 물어보면 이번에는 "곰이 사람이 돼 하늘님 아들과
결혼하는 이야기"라고 할 것이다. 이렇게 명쾌한 것을 어른들은 그동안
얼마나 복잡하게 답하려고 했는가. 지상에 있는 곰은 '검'고 하늘의 환웅
은 '환'하다. 곰이 동굴의 어둠이고 밤이라면, 환웅은 빛이고 대낮이다. 곰
은 낮은 땅에서 올라가고 환웅은 높은 하늘에서 내려온다.
높고 낮은 것, 열린 것과 닫힌 것, 그리고 빛과 어둠이 결혼한 자리에 엇비
슷한 세상 신시* 가 열린다. 너무 가까운 것끼리는 결혼하지 못한다. 그래
서 어둠과 빛 사이에서 단군의 새벽은 탄생한다. 그리고 좁은 동굴과 무
한한 하늘이 합쳐 아사달의 공간을 만든다.

• 神市

05 　그렇다 단군 신화는, 곰이 사람이 되는 이야기다. 곰은 그
　　　냥 곰으로 있는 것(being)이 아니다. 무엇인가가 되는 생성물
(becoming)*이다.

"내가 돌이 되면 / 돌은 연꽃이 되고 / 연꽃은 호수가 되고, …" 미당 서정
주의 시 〈내가 돌이 되면〉은 행마다 '되다'라는 말로 이어진다. 그래서 6행
밖에 안 되는 시에 '된다'는 말이 여섯 번 되풀이 된다. 그래서 이 시는 영
원히 생성되면서 순환하는 단군의 이야기와 같다. 밤이 아침이 되고 아침
은 대낮이 되고 대낮은 황혼의 저녁이 되면서 밤이 된다.

• 生成物

06 　그래서 한국 사람은 사람을 평가할 때도 '사람이 됐다'라거나
　　　'못 됐다'라고 한다. 한국 음식 역시 '있는 맛'이 아니라 입안에
서 '되는 맛'이다. 씹어야만 비로소 싱거운 밥과 짠 김치가 한데 어울려 김
치맛이 되고 밥맛이 '된다'. 그러니 누가 김치맛과 밥맛을 따로 분간할 수
있겠는가.

"군(君)다이 신(臣)다이 민(民)다이"라고 노래한 충담사*의 〈안민가〉 역시
'되다'의 세계를 읊은 것이다. '다이'란 말은 '답다'로, '되다'와 같은 뿌리에
서 나온 말이기 때문이다.

'대통령이 된다'는 것은 곧 '대통령다워진다'는 말이고 한국인이 된다는
것은 바로 한국인다워진다는 말이다. 더 나아가 사람이 된다는 것은 사람
다워진다는 것을 의미한다.

• 忠談師

07　　사람다워지는 것, 이것은 결국 소통하고 사랑하는 거다. 여기
　　　　에서 내가 디지로그의 발상을 떠올렸다. 나는 2002년 한일 월
드컵 당시 3천 명이 17개 국어를 통역할 수 있는 bbb *를 만들었다. bbb
는 비포 바벨(before babel), 즉 바벨탑 이전 시대와 군대의 여단 혹은 단
(團)을 뜻하는 브리게이드(brigade)를 합친 말이다. 구약성서 창세기에 따
르면 노아의 방주 이후 사람들은 하나님을 불신하고, 자신들을 높이고자
하늘에 다다를 목표로 높은 탑을 쌓기 시작했다. * 이를 괘씸하게 여긴 하
나님이 그때까지 한 언어를 쓰게 했던 것을 각기 다른 언어로 흩어놓아
인간들이 상호 간 의사소통이 어려워짐으로써 탑 쌓기를 포기하게 된다.
그 탑을 '바벨'이라 명했으며, 그 뜻은 '그가 온 땅의 언어를 혼잡하게 하
다'이다. * bbb란 모든 인류가 하나의 언어를 통용했던 바벨탑 이전 시대
로 돌아가 언어 장벽이 없는 소통의 세상을 꿈꾸는 언어 · 문화 봉사단을
뜻한다. 자신의 휴대전화를 통해 통역자원봉사단(Brigade)을 구성해 우리
나라를 찾은 외국인의 언어소통을 돕자는 거다.

* Before Babel Brigade | 창세기 11:1~4 | 창세기 11:9

08　　이것이 디지로그의 발상이다. 당시 《중앙일보》가 펼친 이 운동
　　　　은 월드컵 경기 전후 2달여간 2만 5천여 건의 통역 서비스를
제공했다. 잘한 것이 월드컵 때 한국을 온 외국인만 도운 것이 아니다. 어
느날 한 남성이 나를 찾아왔다. 이 사람이 베트남 여성과 결혼하였는데
말도 안 통하고 문화적 차이가 있어 몹시 힘들었단다. 부부싸움을 한 뒤
어떻게 풀 수가 없어 bbb에 도움을 요청한 거다. 부인에게 "내가 당신을
무척 사랑한다. 어려움이 있겠지만 극복하자"고 하면서 진심을 전했단다.
말이 통하니 부부싸움도 칼로 물베기였을 기다. 이런 것을 만들어줘서 고

맙다고 나한테 직접 인사를 하러 온 것이었다.

09 이 디지로그에서 인간과 기계의 공생관계가 이루어질 수 있는
거다.

잠시 1997년으로 거슬러 올라간다. 가리 카스파로프＊라는 사람이 '딥블
루'라는 컴퓨터와 체스를 뒀다. 결과는 완패. 그는 컴퓨터에 졌다고 낙담
하기는커녕 이듬해 희랍신화에 나오는 반인반마＊ '켄타우로스'의 이름을
딴 프로젝트를 만든다. 인간과 컴퓨터의 공생, 이 둘의 컬래버레이션을 만
든 거다. 딥블루에 완패한 덕분에 알 수 있었다. 사람이 약한 것에 기계가
강하고 기계가 약한 것에 사람이 강하다는 것을. 이 인간과 기계의 협업
팀은 그랜드 마스터나 고성능 컴퓨터로만 구성된 팀을 쉴 새 없이 물리쳤
다. 기계를 이용하여 기계를 넘어서는 공생작전의 새로운 미래 가능성을
보여준 게다.

인공지능과의 대결에서 중요한 것은 졌느냐 이겼느냐의 문제가 아니다.
딥블루와 싸운 데이터와 알파고가 싸운 데이터를 비교해보라. 지고 난 뒤
그들은 어떻게 하는가. 거기에 그들이 전하는 메시지가 있는 거다.

* Garry Kasparov | 半人半馬

10 그러니 앞으로 기계와 인간의 싸움이 일어나게 된다면 인간 편
에서 도와주는 기계와의 공생만이 기계의 위험에서 벗어날 수
있는 희망이다. 1991년 영화 〈터미네이터 2〉를 보라. 그 이전 시리즈에서
는 미래에서 온 기계와 인간의 일원적 대립이었다면 이번에는 인간을 죽
이려는 기계와 그 기계에 맞서 인간을 지키려는 로봇이 나온다. 인간은
그 로봇의 도움을 받아 훗날 인류의 지도자가 될 소년을 지켜낸다. 이것

이 인간을 배반하는 로봇보다 인간 편에서 인간을 위해 싸워주는 켄타우로스의 이야기인 것이다.

11 우리 아이들은 이미 디지로그에 익숙하다. 닌텐도 게임 '위' (Wii)를 통해서이다. 게임에서 권투를 한다. 스키를 탄다. 요가를 하기도 한다. 그런데 무엇으로 하는가? 내 몸으로 한다. 아날로그인 내 행동이 디지털로 변해 화면 속의 신호가 되고, 동작이 되어 권투를 하는 것이다. 그러니 어릴 적부터 디지로그에 푹 빠져 성장하는 것이 우리 아이들이다. 적응 못 하는 것은 어른들의 문제일 테다.

내가 디지로그를 얘기할 때 구체적인 사례로 자주 언급하는 것이 일본의 닌텐도 위(Wii)다. 화면 앞에 게이머가 키보드, 마우스, 또는 조이스틱을 조작하여 플레이하는 것이 아니라 센서가 달린 컨트롤 바를 움직여 내 몸의 움직임을 그대로 디지털 화면과 연동한다. 요컨대 몸으로 직접 스포츠 경기를 하듯이 움직여서 게임을 하는 전자 장치를 만들어낸 거다. 화면에서는 디지털이, 밖에서는 아날로그의 신체성이 연동되어 디지로그 게임이라는 신개념을 만들어낸다.

닌텐도는 인간의 신체성, 즉 몸의 아날로그 자원을 디지털 세계 속에 연동시킨 발상에서 MS나 소니의 기술과 경쟁해서 이길 수 있었다.

12 하지만 닌텐도, 그래봐야 방안통수다. 모니터와 셋톱박스가 있는 집 안에서만 즐길 수 있는 게임이다. 하지만 2016년 여름, 게임과 현실 세계를 이어주는 문이 열렸다. 바로 '포켓몬고'다. 각각 다른 공간 속에 존재하던 게임과 현실이 하나가 돼 게임이 현실로, 현실이 게임 속으로 들어갔다. 지구 전체가 커다란 게임판이다. 증강현실˚이 만들

어낸 신세계다. 증강현실이란 실제 사물을 볼 때 그 위에 가상 이미지가 함께 보이는 기술이다. 포켓몬고 게임을 통해 거리를 보면 귀여운 괴물이 살고 있는 것이 보인다. 이 괴물을 포획하고 진화시켜 포켓몬 도감을 완성하는 것이다.

• Augmented Reality, AR

13 한때 강원도 속초에서 플레이가 가능하다는 사실이 알려지면서 사람들이 몰려드는 소동이 있었다. 무작정 속초로 달려간 그들이 사냥한 것은 '포켓몬'이 아니라 디지로그인 거다. 이후 우리나라 전역에서 포켓몬고가 가능해지자, 사흘 만에 하루 이용자가 400만 명을 넘어섰다는 뉴스가 떴다. 한 통계는 포켓몬고 게임을 위해 미국인들이 걸어 다닌 총량을 1,440억 걸음으로 집계하기도 했다. 이것은 지구와 달 사이를 143회 왕복하는 것과 같은 거리다. 웬만하면 움직이지 않는 사람들을 이렇게 움직이게 한 게 디지로그다.

14 "이런 일찍이 제가 했던 실험들은 물리 세계와 디지털 세계 두 세계를 보다 깔끔하게 연결하려는 시도였습니다. 그런데 이 모든 실험에는 한 가지 공통점이 있었습니다. 저는 물리 세계를 디지털 세계로 옮기려고 했던 것입니다. 어떤 물체나, 실생활의 직관적인 인터페이스를 디지털 세계로 옮겨 가져와서 디지털 세계의 장비들을 좀 더 직관적으로 다룰 수 있도록 하는 것을 목적으로 하고 있었던 것입니다."
TED에서 화제가 되었던 강연이다. 개발자이자 강연자는 삼성전자 실리콘밸리 연구소 최연소 상무로 있는 프라나브 미스트리.• MIT 미디어랩에서 그가 개발한 '식스 센스'••라는 기계를 설명했다. 이 사람을 한국에 뺏기고 일본이 땅을 치고 후회했다는 후문도 들린다.

• Pranav Mistry | Six-sense

15   식스 센스는 실제 아날로그 세계와 디지털 세계를 연결한다. 말 그대로 디지털 기술을 우리의 일상생활 속으로 가져온 것이다. 예를 들어 우리는 카메라를 찍을 때 양손으로 프레임을 잡는다. 누구한테 딱히 배운 적도 없지만, 몸에 밴 일상의 제스처다. 식스 센스가 있다면 양손으로 프레임을 잡는 순간 그 장면이 그대로 카메라로 찍힌다. 아무 장비도 없는데 말이다.

식스 센스는 키보드와 마우스를 없애고 실생활의 물건들을 사용해서 그것이 그대로 디지털 정보로 바뀌도록 한다. 손바닥에 전화 다이얼이 보이고, 종이컵을 올리니 쓰레기통의 위치가 나타난다. 종이 한 장에 클립을 끼우니 종이는 컴퓨터 게임기가 된다. 그대로 컴퓨터가 되어 문서를 수정하고 프린트할 수도 있다. 그의 말대로 우리는 디지털 세상이 실제로 실세계와 통합된 시대에 살게 되었다. 디지로그가 구현된 세상을 살고 있는 것이다.

16   3D 프린터 속에도 디지로그가 있다. 그래서 우리 환경이 하루 아침에 동화가 되기도 하고 미래의 나라가 되기도 한다. 디즈니랜드의 놀이터와 일상적 생활 현장의 구별이 사라진다. 꿈을 스캔하면 마법의 성처럼 하룻밤 사이에 찍어내는 3D 프린팅은 도시 전체를 박물관, 미술관으로 만든다.

2015년 청주시가 일본의 니카다, 중국의 칭다오와 함께 3국 정부가 정한 문화노시도 신포되고 내가 명예위위장에 위촉되었을 때다. 제일 먼저 한 일이 생명문화도시 선언과 함께 3D 프린팅 프로젝트를 발표한 것이다.
3D 프린팅을 이용해 한국의 전통적인 주택, 마을과 세계 가로등 거리를
조성하자는 거다. 한국의 초가지붕은 한국의 마음과 자연이다. 그것을 요
즘 젊은이들은 모른다. 초가지붕은 물질이 아니라 일종의 생명이다. 어린
생명이 자라 어른이 되고 노인으로 점점 늙어가는 것과 마찬가지다. 낡은
지붕은 가을 추수가 끝나면 노랗게 새로 태어난다. 생명의 아름다움을 이
처럼 완벽하게 반영한 건축물은 다시 없을 게다.

17 3D 프린팅을 활용하면 초가지붕 또는 종래의 복잡한 주택의
곡면 등을 최대한으로 살릴 수 있다. 건축의 경비를 약 1/3 정
도로 줄일 수 있고 건물의 유지, 보수 등의 경비 절감 효과 또한 크다. 건
축 시간은 획기적으로 줄어들고 플라스틱, 유리, 콘크리트 등의 건축 자재
를 재활용해 환경친화적이다. 게다가 경우에 따라 이동이 가능한 융통성
이 있다. 전통적 양식의 미래 건축물이, 그것도 최저 비용으로 만들어진
다. 복고가 아니다. 창조다.

18 외국의 3D 기술보다 더 진보한 형태가 있었다. 2010년 내가 대
본을 쓰고 무대에 올린 '디지로그 사물놀이 죽은 나무 꽃피우
기'가 그것이다. 이는 홀로그램으로 만든 입체영상과 실제 공간이 함께하
는 4D 현실의 탄생 서곡이다. 중국과 일본에는 없는 우리 고유의 사물놀
이는 징, 꽹과리, 장구, 북으로 이루어진다. 2개의 가죽과 2개의 금속, 유기
물와 무기물로 이루어진 세계이다. 4가지 악기는 각각 봄 여름 가을 겨울
을 상징한다. 그 4가지가 어울리는 장이 바로 사물놀이다. 명곡인 '비발디
의 사계'조차 사계절을 각각 따로 표현하지만, 우리의 사물놀이는 4계절

이 한꺼번에 서로 얽히면서 어울리는 우주적인 울림을 들려준다.

19   영화 〈아바타〉는 입체영상을 보려면 특수 장치(안경)을 장착
해야 한다. 그리고 그 영상 안으로 우리의 몸이 들어갈 수 없
다. 반면 '디지로그 사물놀이'에서는 한 명의 김덕수가 동시에 한 공간에
서 네 개의 사물놀이를 연주하는 라이브와 입체영상이 어우러지는 4D의
공간을 안경 없이 자연 상태에서 체험한다. 우린 근육과 핏줄과 땀방울이
살아 숨 쉬는 인간과 디지털 홀로그램이 하나가 되어 춤추고 노래하는 새
로운 차원을 창출한 것이다.
가장 전통적인 문화를 가장 첨단적인 광학기술과 접목시킨 이 프로그램
은 세계문화예술교육대회의 위원장을 맡아 3000명의 세계 전문인들 앞
에서 첫선을 보였다.

20   GPS라는 것은 원래 군대에서 사용된 위치 추적 장치다. 이것
으로 폭격을 하면 정밀도에서 거의 차간거리 정도의 오차 정도
밖에 나지 않는다. 인공위성의 기술과 지도를 읽는 GPS의 기술을 가지면
정밀타격이 가능해 이것을 '스마트탄'이라고 부른다. 이것을 자동차에서
사용할 수 있도록 가격도 싸지고 기술도 발전하니 지금은 어느 차든 카
네비게이션을 갖추게 된 거다.
매쉬업*으로 다른 기술을 도입하면 자신이 원하는 목표만이 아니라 관광
지나 식당가의 정보까지도 얻을 수 있도록 되어 있다. 그 지역에 들어갔
을 때는 지역 정보만이 아니라 안내 음성이 그 지역 사투리로 나온다. 토
포필리아.' 인간에게는 공간에 대해 본능적인 끌리는 힘이 있다. 처음 가

는 고장이라도 흙냄새를 맡고 그곳 사람들의 사투리를 들으면 위치정보
가 인간 정보로 바뀐다. 정보통신(情報通信)이라고 할 때의 정(情)자로 바뀌
는 것이다.

과문한 탓인지 내가 아는 한 사투리 내비게이션은 한국과 일본에만 있다.
이것을 서양과 다른 아시아, 바둑 문화권이자 젓가락 문화권, 한자의 문화
밈을 가진 곳의 특성으로 본다면 더욱 그 의미는 증폭된다.

* mashup | Topophilia(장소애, 場所愛)

21 여기서 끝나서야 되겠는가. 나는 전자공학이나 로보틱스, 이런
분야의 구체적인 기술은 전혀 모른다. 그 대신 아침저녁으로
내 서재의 전자키를 조작할 때마다 응답하는 어느 여성의 목소리를 들으
며 상상을 한다. 이 여성의 목소리가 매일 달라질 수는 없는가. 그렇다면
싸늘한 전자키의 숫자 열쇠가 아니라 손을 내밀어 악수를 청하는 다감
한 생명체와의 교류 같은 인터페이스를 실현할 수 있을 텐데. 이를테면
주인이 귀가할 때 강아지가 뛰어나와 짖으며 꼬리를 흔들어 환영하는 것
같은 기쁨을 누릴 수 있을 게다. 오죽하면 "house is not home, without a
dog"이라는 말이 있겠는가. 아이보가 로봇이 아니라 귀여운 강아지였듯
전자키가 강아지로 변하는 거다.

22 나는 작은 예를 들었지만, 손정의는 모든 사물이 인터넷과 연
결되면 1000조 원의 시장이 만들어진다고 하지 않나. 나는 국
수주의자나 히틀러와 같은 민족 우월론자가 아니어서, 손정의가 한국인
이라 일본의 IT 산업을 이끈다고 생각하지 않는다. 게다가 그 손정의에게
도 한국인의 마음이 결여되어 있는 점이 있다. 사물인터넷 *을 왜 숫자만

으로 생각하고 경제적 생산성만 이야기하는가.

사물인터넷이 1000조 원의 돈으로 깨어나는 것이 아니라 인정이 배어나는 것으로 깨어난다고 생각해 봐라. 내 주변의 기기들이 그렇게 살아나면 옛날 멀고 먼 할아버지의 할아버지의 할아버지, 할머니의 할머니의 할머니 때로 거슬러 올라가게 된다. 돌멩이도 숨 쉬고 바람도 말하고 강물도 속삭이는 그런 놀라운 애니미즘, 생명에 충만한 자연 속에서 살게 되는 거다.

• IoT(Internet of Things)

23 이런 만화를 그려볼 수 없겠나. 어느 외로운 시간에 실연한 사람, 사업에 실패한 사람, 또는 시가 써지지 않는 시인이라도 좋겠다. 그가 어두운 밤거리를 쓸쓸히 걸어간다. 옛날에는 그게 유행가 가사집 표지 그림이었다. 거기에 비까지 내린다. 그런데 가로등이 문득 "힘내세요, 외로우십니까. 제가 보고 있습니다"라고 말을 한다면. 그렇게 말하는 가로등이 불가능한가.

'크리미널 콜'을 하는 CCTV가 가능하다면 축 늘어진 어깨로 밤길을 걷는 사람에게 위로의 말을 하고 작은 멜로디를 선물하는 그런 가로등도 존재하는 세계가 올 수 있다는 거다. 한국의 어느 거리에서.

24 이제 제조업의 생산 현장인 공장으로 가보자. 독일 남부의 카이저슬라우테른,* 제4차 산업혁명의 발상지라고 불린다. 여기에는 지멘스*를 포함한 20여 개의 기업이 참여해 추진하고 있는 인공지능생산시스템이 갖추어진 공장이 있다.

이곳의 스마트디지털 공장이 제품이 개발시간을 단축하는 원리는 실로 매우 간단하다. 시행착오에 따른 불필요한 시간을 줄이는 것이다. 어떻게 줄이는 걸까? 디지털 세상으로 먼저 간다. 가상의 디지털 공간에서 실제와 비슷한 조건을 만들고, 착오가 일어날 만한 일들을 미리 검증하고 평가해 나간다. 디지털, 즉 컴퓨터 속 가상공간에서 수행되는 이러한 작업은 실제 공간에서 수행되는 것보다 소요비용이 매우 적고 시간 역시 적게 소모된다.* 내비게이션으로 갈 길을 시뮬레이션하듯이, 디지털 세상에서 제품을 만들어 보는 것이다.

* Kaiserslautern | SIEMENS | 한석희 외, 《인더스트리4.0》, 페이퍼로드, 2015

25 이것이 생산설비로 구현되면, 기계설비와 같은 사업장의 물리적인 세계를 거울처럼 대칭적으로 보여주는 디지털 정보로 된 가상세계는 쌍둥이(Digital Twin)가 된다. 디지로그가 되는 것이다. 실제의 물리적인 세계는 부착된 센서를 통해서 자신의 디지털 정보를 제공하고, 기계설비와 제품 보관소 등에서 일어난 상황 변화가 디지털 정보로 전달된다. 이렇게 가상세계에서 수집된 디지털 정보는 다시 물리적인 세계의 작동을 가능하게 한다.*

이러한 사이버 물리 시스템*을 적용한 독일 지멘스의 암베르크 자동화 설비 공장은 생산성이 무려 8배나 향상되었다고 한다. 그런데 사이버 물리 시스템, 이름이 어렵다. 그래서 4차 산업혁명*으로 이름 지었다. 2016년 1월 다보스 포럼에서였다. 1차, 2차, 3차에 이어 4차 산업혁명을 하자는 거다.

* 김인숙, 남유선, 《4차 산업혁명, 새로운 미래의 물결》, 호이테북스, 2016. | Cyber physical systems | The Fourth Industrial Revolution

26 원래의 산업혁명, 지금 1차 산업혁명이라 부르는 것은 1780년대 영국에서 일어났다. 그 단초는 한 소년의 호기심으로부터 시작되었다. 그 소년이 바로 제임스 와트*다. 그 호기심이 '증기기관'의 발명으로 이어진 거다. 증기기관은 수력에 의지하느라 가동이 중단되곤 했던 공장들이 일 년 내내 돌아갈 수 있게 되어, 대량생산이 가능하게 되었고 산업혁명으로 이어진 것이다.

• James Watt(1736~1819)

27 애덤 스미스*가 살던 시대였지만 그조차 이것이 혁명이라고는 생각하지 못했다. 《도덕감정론》을 쓴 도덕 철학자에서 최초의 근대 경제학 저서인 《국부론》을 쓴 정치경제학자로의 전환이었지만, 세상이 혁명 속에 있다는 것은 알지 못했던 거다.
'산업혁명'이라는 말은 경제학자 아놀드 토인비가 처음 사용한 것이다. 우리가 아는 아놀드 토인비가 아니다. 역사학자 아놀드 조셉 토인비의 삼촌이 쓴 것이다. 1884년의 저서인 《18세기 영국 산업혁명 강의》*에서 처음 혁명이라 언급했다. 100년의 시간이 지난 후이다.

• Adam Smith (1723~1790) | Lectures on the Industrial Revolution of the Eighteenth Century in England

28 그리고 2차 산업혁명이라 불리는 대량생산 시스템이 탄생한다. 전기 에너지를 이용한 콘베이어 벨트 생산방식이 20세기 초반 등장한 것이다. 이를 통해 획기적인 생산성 혁신을 만들어낸 포드 자동차가 대표적인 사례이다. 이뿐 아니라 석유자원과 함께 전화, 텔레비신과 같은 기타 미케이션기술의 발명을 주도한 미국이 제2차 산업혁명의

주도권을 움켜잡았다. 그리고 지금까지 미국이 전 세계적인 경제 주도권을 쥐고 있다.

3차 산업혁명은 공장의 자동화 시대였다. 그동안 대량생산은 모두 사람이 하는 것이었다. 이것을 조금 더 쉽고 정교하게 기계가 스스로 할 수는 없을까? 지금은 너무도 당연한 이 개념이 시작된 건 1952년, MIT였다. 전자, 제어, IT 기술을 활용한 3차 산업혁명으로 공장이 '자동화'된 것이다. 그런데 중요한 것이 있다. 벌써 이때부터 숫자의 디지털이 아날로그로 연결되기 시작한다. 디지로그의 여명은 이미 3차 산업혁명에서 보이고 있었던 거다.

29 그리고 이제 본격적인 디지로그의 시대 4차 산업혁명의 시대이다. 이제 인터넷, 스마트폰, IoT, 클라우딩 컴퓨터가 새로운 산업혁명을 주도해나가고 있다. 그런데 지금까지의 산업혁명은 1차 증기기관, 2차 전기 사용, 3차 컴퓨터 사용으로 인한 제조업 혁명과 그에 따른 사회 · 문화적인 변화를 혁명의 시기가 지난 후에야 그것이 '혁명'인 줄 알고 이름을 붙였다. 그런데 지금의 4차 산업혁명은 진행되는 도중에 '혁명'이라 부르고 있다.

문제는 무엇인가? 두 가지이다. 하나는 제조업에서의 변화인 산업혁명으로 세상의 변화를 모두 설명하려 하니, 사회문화적인 변화들을 놓치기 십상이다. 둘째는 2차, 3차, 4차, 또는 산업혁명 3.0, 4.0이라고 쓰는 것은 단순한 선형논리이다. 시작부터 잘못된 거다. 3, 4차 그다음엔 뭐가 오나. 5차 산업, 6차 산업혁명이 온다는 거다. 토플러의 '제3의 물결'이 옳았다면 제4의 물결은 어떻게 된 것인가? 결과론에 대해서 1, 2, 3을 붙이는 이런 사고방식이 이미 잘못된 거다. 그래서 나는 가급적 이런 말을 쓰지 않는다.

30   오늘날의 AI와 디지로그, 사이버 피지컬*을 독일과 일본이 산업주의의 연장선에서 바라보는 한 그들에게는 희망이 없다. 그런데 한국에는 희망이 있다. 우리는 산업주의에서는 후발주자였지만 디지로그 자산을 가장 많이 갖고 있는 나라가 아니던가. 지금의 기술변화는 물리학과 디지털 그리고 생물학 사이에 놓인 경계를 허무는 기술적 융합이 특징이다. 바로 디지로그이다. 이것은 온라인과 오프라인이 일치하는 세상이다. 그런데 여기서 중요한 것은 온라인의 상상이 먼저라는 점이다. 사이버 세상의 완전한 시스템 구현이 먼저이다. 상상력이 무엇보다 중요해지는 세상이 온다.

• CPS(Cyber-Physical Systems)

31   나는 그 옛날 "산업화는 뒤졌지만, 정보화는 앞서가자"고 외쳤다. 그런데 이제는 외칠 필요가 없다. 노래하는 거다. 새로운 4차 산업혁명 시대, 융합의 시대에는 '미닫이'라고 이름 붙일 줄 아는 융합의 한국인이, 로봇과 인공지능이 도저히 따라 할 수 없는 따뜻한 가슴의 인(仁)을 가진 한국인이, 세계 어느 국민보다 넘치는 창의력을 가진 한국인이 세상을 앞서가리라 생각하기 때문이다. 2006년 《디지로그》에서 나는 이렇게 이야기했다.

"두고 보라. 디지털과 아날로그의 대립하는 두 세계를 균형 있게 조화시켜 통합하는 한국인의 디지로그 파워가 미래를 이끌어갈 날이 우리 눈앞으로 다가오게 될 것이다."

이어령 유작 목록

채집시대로부터 농경, 산업, 정보화 시대를 넘어가는 거대한 문명의 파도타기!
평생의 지적 편력을 집대성한 최후의 저작 시리즈!

한국인 이야기 | 전4권

너 어디에서 왔니(출간)

해산 후 미역국을 먹는 유일한 출산 문화와 더불어 한국인이 태어난 깊고 넓은 바다의 이야기들. 아가미로 숨 쉬던 태아의 생명 기억으로부터 이어지는 한국인 모두의 이력서.

너 누구니(출간)

복잡한 동양사상과 아시아의 생활양식이 함축된 한국의 젓가락 문화를 통해서 한국인 특유의 생물학적 문화적 유전자를 밝힌다.

너 어떻게 살래(출간)

AI 포비아를 낳은 알파고와 이세돌의 바둑 대국에서 오히려 긍정적인 한국의 미래와 비전을 도출해내는 과학과 마법의 언어들.

너 어디로 가니(근간)

한국인이라면 누구에게나 있는 일제 강점기의 어두운 트라우마. 한국 근대문화의 절망, 저항, 도전, 성취의 4악장 교향곡이 아이의 풍금소리처럼 들리는 격동 속의 서정.